UTET

...a Enzo che continua

Redazione: Via Inverigo, 2 – 20151 Milano
www.deaplanetalibri.it

Prima edizione: maggio 2017
ISBN: 978-88-511-5259-8

www.utetlibri.it

Enzo Soresi

IL CERVELLO ANARCHICO

Con una nuova prefazione dell'Autore

Presentazione di
Umberto Galimberti

UTET

Indice

Prefazione alla nuova edizione
Il cervello anarchico, *dieci anni dopo*

La storia del libro *Il cervello anarchico*, pubblicato nel 2005 e giunto alla 10ª edizione nel 2015, inizia in realtà molti anni prima, ed esattamente nel 1997. In quell'anno infatti, grazie all'amico filosofo Umberto Galimberti, fui invitato alla biblioteca comunale di Cattolica a tenere una conversazione su "Morbus sine materia, le malattie dell'anima", nell'ambito di un ciclo di conferenze che aveva come tema "Cosa fanno oggi i filosofi" organizzato dall'Istituto Italiano per gli Studi Filosofici. Da tempo con il Prof. Galimberti si discuteva sul ruolo dell'attuale medicina scientifica, che tende a prendersi carico dell'organo a livello specialistico e a non curarsi dell'individuo nella sua complessità. Dal mio punto di vista, con la scoperta della PNEI (Psico-neuro-endocrino-immunologia) la medicina non poteva più preoccuparsi del paziente in modo segmentario ma doveva tener conto della relazione fra cervello e corpo in maniera olistica. Il titolo che diedi alla conversazione, *Il cervello anarchico*, nasceva appunto da queste considerazioni: e cioè che da non molti anni il cervello, da organo immanente, è stato riconosciuto come un organo plastico a tutti gli effetti, con una componente neuroendocrina interessante le strutture emozionali ipotalamiche e bulbari. Si tratta di una spettacolare officina neurochimica, in grado di comunicare attraverso i neuromediatori (citochine, neuropeptidi ed ormoni) con tutto l'organismo tramite il sistema immunitario e quello neuroendocrino. Al momento della nascita il cervello, l'organo più straordinario di tutto il nostro corpo, si trova ad aver già lavorato per tutto il periodo della sua vita fetale in armonia con gli altri sistemi, eppure già prima della nascita sono iniziati i problemi e i condizionamenti. Il termine "anarchia" pertanto è inteso al contrario di quanto si pensi: ovvero nel senso che se il cervello fosse anarchico, e quindi non condizionato dagli elementi esterni, crescerebbe in sintonia con gli altri organi e tutto l'organismo si svilupperebbe in modo armonico.

Il libro fu pubblicato nell'ottobre 2005 e immediatamente ne spedii una copia con dedica al Prof. Galimberti, in fondo l'unico responsabile di questa mia prima opera di saggistica. E qui avvenne il vero colpo di fortuna: Galimberti infatti si infilò il libro in borsa e partì, con destinazione Cagliari, per una delle sue numerose conferenze. Al suo rientro, giunto in aeroporto, fu annunciato un ritardo di qualche ora nel volo, per cui il mio libro fu letto dal professore quasi d'un fiato, in quell'attesa. Galimberti ne rimase entusiasta e mi telefonò immediatamente, promettendomi una sua recensione su "Repubblica". Poco tempo dopo la pubblicazione ricevetti poi questa mail che, dopo aver combattuto da medico per 35 anni contro il tumore del polmone, mi riempì di orgoglio:

> Carissimo dr. Soresi sono qui con la presente per ringraziarla tantissimo per il contributo immenso avuto leggendo una sua interessante opera come *Il cervello anarchico*. Caso ha voluto che leggessi una recensione del suo libro sul giornale "la Repubblica" ciò ha stimolato il mio interesse verso la sua opera in quanto plurifumatore decorato (la mettiamo sul ridere fino a che si può) e quindi all'acquisto di essa. La lettura è stata per me folgorante al punto che, seguendo il suo consiglio, ho fatto una TAC a spirale dove si è evidenziato un adenocarcinoma di 7 mm al polmone destro (io come tante persone stavo benissimo). Il passo successivo è stato l'intervento all'ospedale di Reggio Emilia il 27/12/06 eseguito bene dal dr. G.F. Orasto ed ora seguo il protocollo usuale di follow up dell'oncologia di Reggio Emilia e risulto libero da malattia. Il suo libro, al momento, sembra mi abbia salvato la vita. Cordialmente la saluto e sempre le sarò grato. Resto in attesa di un suo cordiale riscontro. Grazieeeeeeeeeeeeeeeeeee
>
> G.B.
>
> P.S. a tutti i fumatori che conosco racconto questa mia esperienza e di lei.

In questi dieci anni gli inviti alle presentazioni del mio libro e le mail ricevute sono state innumerevoli, ma in questo breve ripasso introduttivo mi limiterò a raccontare alcuni episodi significativi, che sono rimasti scolpiti nella mia memoria per la profonda umanità dei contesti in cui mi sono trovato. Il primo invito alla presentazione del mio libro avvenne pochi mesi dopo la recensione di Galimberti; si trattava di un medico psichiatra responsabile di una ASL in provincia di Salerno, che gentilmente voleva lo presentassi a un gruppo di colleghi con cui collaborava. Arrivato presso la sede della ASL la dottoressa, prima di accompagnarmi nell'aula dove sarebbe avvenuta la conversazione, mi invitò a visitare con lei la struttura sanitaria di cui era responsabile. Aperta una porta che dava sul corridoio di un appartamento, mi resi subito conto che nell'alloggio risiedeva un gruppo di pazienti schizofrenici o comunque psicotici, gestiti dai responsabili sanitari della stessa struttura. Era il primo esempio di assistenza psichiatrica domiciliare a cui assistevo e di cui avevo letto solo i presupposti teorici del Prof. Basaglia. Un altro episodio toccante mi capitò nel marzo 2007, quando ricevetti un invito all'11° Convegno Nazionale della Globalità dei Linguaggi. Ricordo che arrivai a Riccione, sede del convegno, in tarda mattinata e mi recai presso il teatro dove si svolgeva l'evento. Appena entrato, fui accolto da un'anziana signora sorridente appoggiata a una carrozzella dove era seduta una ragazza disabile – solo più tardi capii che si trattava di sua figlia, e che l'associazione era nata sui presupposti di un serio problema famigliare. Il calore umano che trovai in quei due giorni fu eccezionale e il mio unico imbarazzo fu l'aver tenuto la mia relazione, profondamente laica, appena prima di quella di un sacerdote in cui l'afflato umanitario in chiave religiosa era dominante. Un altro episodio singolare accadde a Venezia quando, invitato a parlare al Festival Internazionale del teatro danza, un gruppo di artisti mi fece i complimenti per l'intervento. Alla mia risposta, ovvero che mi ero limitato a raccogliere dati sulle nuove scoperte della biologia, uno di costoro guardandomi mi apostrofò: «No, dottor Soresi, è lei che è molto intelligente nel saper raccogliere ed esporre questi dati!» In fondo aveva colto la mia sensazione, e cioè che credo di possedere un cervello predisposto alla raccolta ed elaborazione dei dati, cosa che mi consente di assemblare informazioni derivanti da studi e letture di vario tipo, ascolti musicali, interessi artistici etc. In altre parole la ricerca nasce, nel mio cervello, da un assemblaggio di nozioni varie, che poi si dipanano fino ad elaborare percorsi con un solido *fil rouge* scientifico ma che consentono al pubblico di capire bene come funziona il nostro organismo e come si possa e si debba fare prevenzione tramite uno stile di vita adeguato, e, in ultima istanza, di conoscere meglio noi stessi attraverso la biologia evoluzionistica.

Un altro ricordo, ancora: circa tre anni fa accettai un invito in uno spazio vicino al mio studio, nel centro di Milano, dove la psicologa Carolina Traverso insegnava "mindfulness". Di cosa si trattasse sinceramente non avevo idea, salvo che fosse, genericamente, una forma di meditazione, ma mi colpì in quell'occasione la tipologia di persone presenti: prevalentemente giovani, accovacciati per terra, molto motivati e attenti alla mia presentazione e agli insegnamenti di Carolina. Come al mio solito, sviluppai il tema della PNEI enfatizzando il ruolo dei neurotrasmettitori e dei neuropeptidi (endorfine, insulina, cortisone etc.) nel sostenere questa comunicazione all'interno del nostro organismo. La PNEI va considerata una nuova scienza in medicina, e spiega molto bene come una condizione emozionale negativa o di stress cronico possa favorire vari tipi di malattie, dalla banale influenza a malattie più serie, anche di tipo tumorale. Nel caso del tumore polmonare, ad esempio, dove la causa primaria è sicuramente il fumo, una condizione di stress cronico con abbattimento delle difese immunitarie può favorire l'insorgenza della neoplasia. Si tratta in questo caso di effetto nocebo, esattamente il contrario dell'effetto placebo (interessante risposta del nostro organismo a eventi da cui ci aspettiamo un beneficio). L'effetto placebo, se somministrate sostanze inerti a pazienti con mal di testa, può raggiungere risultati superiori al 50 percento nella scomparsa del dolore contro l'80 percento ottenibile con gli antinevralgici.

Dopo la pubblicazione del mio libro, mi sono spesso trovato a fronteggiare pazienti stressati, che, una volta letto *Il cervello anarchico*, si sono rivolti a me per chiedere aiuto. Il suggerimento di fare un fitness non stressogeno e mantenere un'alimentazione povera di zuccheri e di carboidrati raffinati sono sempre state le armi in mio possesso, associate a quelle di tipo farmacologico come l'uso di antidepressivi o ansiolitici, o, per chi rifiutava i farmaci, fitoterapici con buona attività in clinica (quali gli estratti di iperico o di rodiola oppure il *pelargonium sidoides*, in commercio con il nome di Kaloba o altri tipi di integratori). Con la scoperta della mindfulness, invece, da tre anni ho potuto suggerire ai pazienti che mi chiedevano aiuto questo tipo di terapia complementare, di cui potrete scoprire tutte le potenzialità leggendo il libro della Traverso *Mente calma cuore aperto* (Sperling & Kupfer 2016). Forse il mondo del lavoro ha sfruttato maggiormente questo tipo di meditazione, in particolare l'ambito finanziario. Ricordo il caso di un caro amico che, lavorando come operatore di borsa a Londra, quando era sotto pressione, e quindi in piena condizione di stress, si copriva di una dermatite bollosa che in condizioni di tranquillità invece scompariva. I costi sociali dello stress in Europa si aggirano sui 200 milioni di euro e negli Stati Uniti raggiungono i 300 milioni di dollari. Come scrive giustamente Carolina Traverso, le definizioni di mindfulness sono molteplici, ma di una cosa sono certo: e cioè che questo tipo di terapia sottintende la necessità di essere consapevoli e quindi davvero presenti nella propria vita, momento per momento. Questo significa, per il nostro cervello, attivare i lobi frontali, anzi precisamente le regioni prefrontali. E a questo proposito la vera novità, interessante dal punto di vista neurobiologico, è stata per me scoprire come funziona la mindfulness nel controllo dello stress. Nelle strutture emozionali del cervello e cioè l'ipotalamo e l'amigdala, nucleo cerebrale delle emozioni, abbondano i recettori per il cortisolo e la corticotropina, tanto più numerosi quanto più da bambini siamo sottoposti a condizioni di stress. Di fronte a tali condizioni di ansia si libera una maggiore quantità di cortisolo e questo, oltre alle lesioni a carico di vari organi, può anche indurre danni all'ippocampo, noto come nucleo cerebrale della memoria. Come messo in luce dalle nuove scoperte nell'ambito delle neuroscienze, le regioni prefrontali del cervello, particolarmente sviluppate nell'*homo sapiens* e nei delfini, hanno molti collegamenti sinaptici con le strutture emozionali profonde del cervello, le strutture limbiche, per cui un buon apprendimento di questo particolare tipo di meditazione può modulare i recettori del cortisolo e contenere i danni da stress. Nel mio ultimo libro, *Mitocondrio mon amour* (Utet 2015), nel capitolo su neuropeptidi ed emozioni scrivo che l'unico modo per essere noi stessi, in modo biologicamente autentico, è quello di avere fiducia nelle possibilità di imparare a riconoscere, esprimere e comunicare le proprie emozioni. Come ha scritto lo psicologo Daniel Goleman, esiste un quarto di secondo in cui le nostre emozioni emergenti sono collegate all'evento estemporaneo che le ha generate. Praticare mindfulness vuol dire addestrarsi a saperle cogliere. Dopo questo intervallo di tempo infatti le emozioni vengono ingabbiate nei modi di pensare e agire abituali, nei nostri schemi cognitivi ed affettivi. Alcuni mesi fa assieme a mia figlia Ludmilla, da poco laureatasi in psicologia clinica, ho partecipato a un seminario organizzato da Erica Poli, medico psichiatra ed esperta nella terapia ISTDP (Intensive Short-Term Dynamic Psychotherapy o psicoterapia intensiva a breve termine di orientamento psicodinamico). Si tratta in sostanza di osservare le emozioni e di provare a interpretarle in virtù di videoriprese fatte durante la seduta di psicoterapia. Poco prima di partecipare a quella giornata di formazione, per una delle strane casualità che spesso capitano nella mia professione, avevo visitato una paziente venuta da me per una riacutizzazione bronchitica che mi aveva raccontato in modo entusiastico di una nuova forma di psicoterapia in cui lo psichiatra registrava a video la seduta. La ISTDP è un approccio psicoterapeutico sviluppato dallo psichiatra H. Davanloo e successivamente elaborato da A. Abbass. Si tratta di un approccio in cui il terapeuta è attivo nel processo che porta al cambiamento del paziente. Nel percorso psicoterapico il terapeuta si avvale di tecniche quali "inchiesta", "pressure", "challenge", utilizzate in modo contestuale, vale a dire valutando di volta in volta quanto il paziente è in grado di tollerare emotivamente e come risponde agli interventi dello psichiatra, che possono oscillare da un approccio più supportivo ad uno più espressivo-elaborativo. L'obiettivo degli interventi, effettuati osservando in quali modi il paziente tende a scaricare l'ansia, è quello di giungere al "break through" cioè di accedere alle emozioni inconsce del "nucleo affettivo centrale", emozioni che, represse, agiscono comunque manifestandosi nel comportamento, in atteggiamenti, pensieri o parole del paziente. Qualche anno fa con l'amico e coautore del libro *Mitocondrio mon amour*, Pierangelo Garzia, abbiamo attivato un blog di neuroscienze, www.bioneuroblog.wordpress.com, in cui potrete trovare la recensione del libro *Archeologia della mente* e una lunga intervista all'autore, l'antropologo

Jaak Panksepp, che spiega come le neuroscienze affettive rappresentino le fondamenta su cui costruiamo tutto il nostro edificio cognitivo e comportamentale. Ed ecco quindi che ritorniamo al tema che più mi appassiona da qualche anno e su cui negli Stati Uniti è stato costruito negli anni novanta un movimento definito "da 0 a 3 anni": nome che tende a sottolineare l'importanza dei primi anni di vita nella costruzione del nostro cervello. Avendo già affrontato l'argomento nel libro che state leggendo, l'ho poi sviluppato in un secondo libro dal titolo *Guarire con la nuova medicina integrata* (Sperlig & Kupfer) e infine l'ho approfondito, rendendolo ancora più esauriente, nel capitolo "la nascita del cervello" del mio ultimo libro *Mitocondrio mon amour*. È il tema che racchiude il concetto di memoria implicita, inaccessibile alla psicoterapia, quella che io definisco la scatola nera del nostro agire nel mondo.

In definitiva, caro lettore, se penso ai mei cinquant'anni di medicina, onorati da una medaglia d'oro riconosciutami dall'ordine dei medici di Milano, l'idea di avere attraversato mezzo secolo di scoperte di biologia e fisica quantistica mi ha proiettato verso una nuova medicina, sempre più vicina, finalmente, ad una vera scienza, non basata solo su protocolli statisticamente validi ma incentrata sull'unicità di ogni essere umano e sulla possibilità di attivare cure personalizzate sia in senso farmacologico che proponendo terapie complementari o integrate. Nel suo ultimo libro, *Anatomia della coscienza quantica* (Anima Edizioni), Erica Poli scrive a questo proposito che come medico, per fortuna, non si deve dire ciò che è vero e giusto, ma ci si deve attenere a ciò che funziona per la persona che si ha davanti. Come è lontana questa affermazione dai presupposti della medicina scientifica, o EBV, cioè basata sull'evidenza (statistica), ma come è nello stesso tempo rispettosa dell'individualità biologica e dell'interazione medico-paziente!

Presentazione[1]
di Umberto Galimberti

Devo parlare del cervello anarchico, ma sarà proprio ciò che non riuscirò a fare, perché è ovviamente impossibile organizzare un pensiero sull'anarchia. Tuttavia, devo subito confessare che l'idea centrale del libro del professor Enzo Soresi mi è sembrata, fin dall'inizio, formidabile, al di là del fatto che essa sia vera o falsa, perché davvero su questi temi non è facile esprimere un giudizio netto.

Ma andiamo con ordine, o meglio, per rispettare il criterio anarchico, con disordine.

Questo libro è il risultato di una serie di conversazioni che si sono svolte tra il professor Soresi e me. Durante questi incontri, via via che i temi si ramificavano, intuivo che sullo sfondo di ciò che trattavamo c'era qualcosa di profondamente vero, sebbene, come ho detto, molti punti mi sfuggissero, nonostante le grandi capacità di spiegazione di cui è dotato Enzo Soresi. E sentivo che lì c'era del vero, nonostante il fatto che i linguaggi scientifici siano poco accessibili a chi non pratica le discipline scientifiche.

Ma in questo, Soresi ha l'enorme vantaggio di essere anche filosofo. Beninteso, essere filosofi non è una prerogativa speciale: Aristotele dice che tutti noi siamo filosofi per il solo fatto che ci poniamo problemi e che tentiamo di trovare soluzioni, le quali soluzioni poi contano alla fine meno rispetto al fatto che le si cerchi.

Dunque è proprio grazie a questa attitudine o sensibilità di tipo filosofico che Enzo Soresi ha potuto intuire cose molto importanti, e prima fra tutte che il nostro cervello non ha una struttura rigida, ma che è, al contrario, in continua modificazione. Si badi, *modificazione* e non evoluzione, perché in effetti noi non ci evolviamo, ma di volta in volta modifichiamo le nostre strutture mentali a seconda della nostra relazione con il mondo. Ecco, è proprio di questo che si tratta, e spero davvero di avere colto a fondo le complesse tematiche di Soresi, perché siamo di fronte a un libro importante, per la proposizione scientifica

[1] Trascrizione a cura di Massimo Tallone della relazione introduttiva di Umberto Galimberti al convegno *Cervello e creatività, ovvero la relazione mente e corpo alla luce delle neuroscienze*, tenutosi a Milano il 12 novembre 2005.

che contiene. Importante, ho detto, certo, ma anche sorprendente, accattivante, per le modalità tecniche di narrazione, che ne fanno una specie di romanzo ricco di esempi e di aneddoti comici, di cose ridicole e drammatiche, di cenni spumeggianti.

Ma attenzione, il professor Soresi appartiene in ogni caso al contesto culturale neuro scientifico, e su questo punto, dopo aver conosciuto il suo pensiero, mi permetto di suggerirgli di prendere tranquillamente le distanze da quell'ambito. E mi spiego subito, dicendo che le neuroscienze sviluppano con parole nuove una antichissima concezione, nata con Platone e ribadita dal Cristianesimo, secondo la quale la natura umana si compone di due elementi. Questi due elementi un tempo erano definiti *anima* e *corpo*. In seguito, dopo che la dimensione emotiva del sentire ha perso prestigio, la parola *anima* è stata sostituita dalla parola *mente*, ma siamo rimasti nella originaria, e a mio avviso discutibile, duplicità. Mente e corpo? Ma siamo davvero così scissi? Davvero noi siamo 'due cose'? Ne dubito. Se qualcuno accusa la mia mente dandomi del cretino, il mio viso diventa rosso, ovvero ho una vasodilatazione, che è una reazione del corpo. Ecco, fino a quando ciò avverrà, io non riuscirò a credere di essere composto da due entità, mente e corpo, ma al contrario resterò assolutamente convinto di essere uno, e quell'uno di cui sono certo si chiama corpo.

Però, per poter pensare il corpo in questo modo unitario e originario, così come l'umanità l'ha del resto sempre percepito, fin da quando gli affidò il ruolo di definire l'identità di ciascuno, occorre rimettere in gioco, rimettere in dubbio, il concetto dualistico di corpo-mente (o anima) così come è stato scientificamente ordinato intorno al Seicento, cioè a partire da Cartesio. Come spesso accade, anche in questo caso è il linguaggio stesso ad aiutarci in questa opera di ricollocazione del corpo in un ambito di unità. Infatti, nessuno di noi dice: "Ho il corpo stanco", ma tutti dicono invece: "Sono stanco" o "Io sono stanco" perché c'è una perfetta identità tra me e il mio corpo, non vi è alcuna separazione fra *io* e il mio corpo. E basterebbe questo semplice e intuitivo approccio, forse, per risolvere tanti problemi ed evitare molti sforzi, anche lodevoli.

E quando parlo di lodevoli sforzi mi riferisco a quelli, davvero enormi, compiuti negli ultimi secoli, a partire appunto da Cartesio, per connettere, saldare, unire la mente con il corpo, chiamando in causa ad esempio la ghiandola pineale. E io sono davvero molto contento che si siano fatti e si facciano questi sforzi, perché vuol dire che c'è una tensione, un desiderio di trovare un'unità, ma so già che questa unità fra mente e corpo non potrà mai essere trovata, perché tutta la riflessione prende le mosse dall'errore di origine, quello che presuppone la divisione, la dualità fra mente e corpo.

Anche operazioni culturali dove si coniuga l'illustrazione del cervello con la sua rappresentazione filmica fanno parte di questo grande tentativo di oltrepassare la lacerazione tra scienze esatte e scienze umane, che è stato un po' il diaframma e la ferita della nostra cultura, che continua a procedere secondo questa dualità.

Il fatto è che il libro di Soresi, parlando del cervello, ci impone di riflettere sul corpo. E il corpo non ha bisogno dell'anima. Senza dubbio il termine *anima* è molto importante, viene da una lunga tradizione, e gode di una sua venerabilità, ma né la cultura greca, né la cultura ebraica avevano mai pensato che da ciò potesse discendere che noi esseri umani siamo costituiti di due entità, chiamate anima e corpo, o mente e corpo, o cervello e soma. Sia la cultura giudaico-cristiana sia la cultura greca, infatti, ritenevano che la natura umana fosse definita esclusivamente, e unicamente, dal corpo. Però, attenzione, il corpo a cui facevano riferimento queste culture non è quello scisso, organico, biochimico, a cui ci ha abituati il pensiero scientifico, ma è un corpo – attenzione: è questo il punto su cui tenere fermo lo sguardo – il cui dato centrale è quello di essere al mondo, di essere in relazione con il mondo circostante.

Ecco il punto focale di questa riflessione: il corpo, il mio corpo, il nostro corpo è nel mondo, è in relazione con il mondo. Ma io non sono al mondo nello stesso modo in cui lo è, ad esempio (*Guardandosi intorno e indicando la bottiglia posata sul tavolo*, N.d.R.), questa bottiglia. Infatti, io sono al mondo non soltanto come uno che è al mondo, ma anche e soprattutto come uno che *ha* un mondo. E poiché io, oltre che essere al mondo *ho* anche un mondo, ne discende che il mio modo di essere al mondo sarà un modo continuamente dinamico, continuamente definito proprio da questo mio *avere* un mondo. In altre parole, proprio perché *ho* un mondo, io elaboro di continuo gli stimoli che ricevo, rispondo agli stimoli che mi giungono dal mondo grazie a una continua azione plastica di analisi e di adattamento a questi stimoli, una azione plastica dovuta anche al fatto che gli uomini non hanno istinti, come tutti sanno. Vale a dire che gli uomini non reagiscono con modalità fisse e rigide agli stimoli. Gli animali, invece, hanno istinti: una mucca non reagisce di fronte a una bistecca, mentre se le mostro un covone di fieno ecco che reagisce, perché la mucca, come tutti gli animali, è corredata da istinti, e ha perciò risposte rigide agli stimoli.

Noi esseri umani, dunque, non abbiamo reazioni fisse, rigide, a fronte degli stimoli che riceviamo. Le nostre risposte agli stimoli si configurano come spinte generiche a meta indeterminata, e questo è un punto di partenza da cui non possiamo prescindere. Ripeto: noi non siamo dotati di istinto, per cui mi sento di affermare che anche il famosissimo *istinto sessuale* è così poco istintivo che, in presenza di una spinta sessuale, io posso concedermi tutta una serie di possibilità, posso spaziare fra numerose perversioni, fino a pensare di fare l'amore con una scarpa dal tacco a spillo, per esempio, e questa possibilità di scelta non sembra sia concessa agli animali. Inoltre, sempre sotto la spinta di uno stimolo sessuale, posso addirittura tendere a una meta non sessuale, magari creando un'opera d'arte o volgendo quella spinta in chiave mistica.

Del resto, che gli uomini non abbiano istinto lo diceva già Platone nell'epoca antica. Racconta Platone che Zeus diede a Epimeteo il compito di dotare ogni vivente di una specifica qualità. E dunque, ubbidiente, Epimeteo, che in greco vuol dire "colui che pensa dopo", e designa perciò lo stupidotto, l'improvvido, diede a tutti i viventi una particolare qualità propria, ma ecco che, giunto il turno dell'uomo, lo stupidotto si avvide di avere esaurito la scorta delle qualità, così che l'uomo ne fu lasciato privo. Allora Zeus, mosso a pietà degli uomini, chiamò Prometeo, il fratello di Epimeteo, e gli disse: "Dai agli uomini la tua virtù". Prometeo, che vuol dire "colui che pensa in anticipo", regalò dunque agli uomini, rimasti senza caratteristiche speciali e senza istinti specifici, la virtù di immaginare le cose, di anticipare gli eventi. Per cui Hobbes, nel Seicento, diceva: "Mentre gli animali mangiano quando hanno fame, l'uomo è anche affamato della fame futura", perché pre-vede, ante-vede, e perciò immagina ciò che può accadere. La mancanza di dimensione istintuale fa sì che l'uomo sia enormemente plastico, adattabile, capace di intravedere soluzioni diverse di fronte a stimoli e condizioni. È per questa ragione che l'uomo, ad esempio, non è costretto a vivere in un ambiente definito e a lui congeniale, come gli animali. Un leone al Polo Nord non riesce a vivere, mentre gli uomini riescono, perché l'uomo è in grado di adattarsi continuamente al mondo, di elaborare un mondo, di immaginare e costruirsi un mondo, dato che non ha un codice rigido. Questa teoria, che è di Platone, ribadita da Tommaso d'Aquino, ripresa da Kant, riaffermata da Nietzsche, riconsiderata da Bergson e messa in buon ordine dall'antropologo Arnold Gehlen, mi pare sia la base per riuscire ad avvicinarsi al concetto di "cervello anarchico" di cui parla Soresi, un cervello che può fare ammalare, che può anche fare morire.

Ma facciamo un passo indietro, e torniamo al concetto di anima, intesa come elemento complementare al corpo. L'idea di anima, come viene diffusa dal Cristianesimo da duemila anni, non appartiene alla cultura giudaica. Gli Ebrei non hanno propriamente nessuna parola per dire *anima*. Nella Torah troviamo il termine ebraico *nephesh*, che nella traduzione greca è stato reso con *psyché*, che noi traduciamo con *psiche, anima*. È l'antico problema delle traduzioni. Una parola, transitando in successive traduzioni da una cultura a un'altra, perde fette di senso e ne acquisisce di nuove, sicché quella parola, alla fine del suo viaggio, si trascina gli apporti ricevuti dalle culture in cui è passata, restando priva del senso che aveva nella cultura di origine.

Nella Bibbia ebraica si legge: "*Legarono i miei piedi in ceppi, e in catene misero la mia* nephesh", che vale come *gola*. In un altro passo, gli Ebrei si arrabbiano con Dio e dicono: "*D'accordo, la manna ci ha sfamato per un po' di tempo, però adesso ci ha annoiato e logora la nostra* nephesh", che è ancora una volta la gola. Altrove si legge che il nazireo, colui che deve diventare sacerdote, non deve toccare la *nephesh met* degli animali, e siccome *met* vuole dire morto, *nephesh met* deve necessariamente significare più o meno la *parte morta*, o meglio, la *vita morta*, ovvero il cadavere dell'animale. Se *nephesh* significasse anima, così come la si intese in seguito, in quel passo biblico dovremmo vedere la proibizione di toccare l'*anima morta* degli animali, ma ciò porterebbe a dire innanzitutto che anche gli animali hanno l'anima, e poi se ne dedurrebbe che l'anima può morire, mentre per definizione non può morire. È chiaro dunque che la parola ebraica *nephesh*, da cui discende il concetto di anima, non può essere tradotta con *anima*, ma deve essere tradotta con *vita*. Si legge ancora nel testo biblico, *occhio per occhio, dente per dente, nephesh per nephesh*. Possiamo tradurre questo noto passo con *anima per anima*? No, certo. Dobbiamo tradurre con *vita per vita*. Alla stessa maniera, la Bibbia non dice "*Muoia Sansone con tutti i Filistei*", ma dice "*Muoia la mia* nephesh *con tutti i Filistei*", ovvero la mia *vita*.

Dunque, all'origine dell'anima c'è la parola ebraica *nephesh*, che significa *vita*, e in qualche caso *gola*, per sineddoche. Il fatto è che quando *nephesh* è stata tradotta con il greco *psyché*, ha acquisito su di sé tutta la cultura greca, che a quel tempo aveva già organizzato il concetto di anima e la relativa parola, da cui è poi discesa la parola *mente* tanto amata dalle nostre neuroscienze.

La parola *anima*, in realtà, è stata introdotta da Platone nel IV secolo a.C. Prima non c'era nessuna parola che significasse *anima*. *Psyché* veniva da *psychein*, che era l'ultimo respiro. Prima di Platone la *psyché* veniva nominata soltanto in riferimento all'agonia, al momento in cui una persona, morendo, esala l'ultimo *psychein*, l'ultimo respiro. Lo stesso Ulisse, secondo il testo di Omero, quando scende nell'Ade e incontra sua Madre "*tre volte tentò di abbracciarla, ma tre volte, la* psyché *gli trasvolò, perché non ha consistenza, neppure nell'Ade*". E sul piano opposto, ancora Ulisse, per ottenere dal vate Tiresia la profezia circa il suo futuro, deve dargli il "*negro sangue*", perché senza un elemento corporeo neanche il profeta, neanche il vate è in grado di parlare.

Tutto questo per dire che la mentalità greca, prima di Platone, era fortemente corporea. Ma il corpo immaginato in quel tipo di cultura precedente al dettato platonico, era diverso sia da quello che concepiamo noi oggi sia da quello che vediamo descritto nei libri di anatomia. Per Omero, e per i suoi contemporanei, il corpo non è il 'rappresentante' dell'anima, non si incarica di rappresentare i sentimenti per conto dell'anima. Il corpo, a quel tempo, è un corpo immediatamente espressivo, non rappresentativo. Allora, l'ira di Ulisse non è chissà dove, non è nell'anima o nella mente, ma è nel suo corpo e nei suoi "*lombi lordi di sangue*", è nelle sue "*braccia agili e forti*", nel suo "*balzo sul limitare*", nel suo "*inarcare l'arco e la faretra*".

Ecco, nei gesti di Ulisse, nel suo corpo, è contenuta tutta l'ira di cui dispone. Così, l'ira ha bisogno soltanto del corpo per manifestarsi, e il corpo, allo stesso modo, non ha bisogno di altro, non necessita dell'anima per 'dare corpo' (appunto) all'ira. Perché il corpo non è rappresentativo di qualcos'altro: semplicemente, reagisce al mondo, perché è al mondo.

Ma a un certo punto arriva Platone con il colpo di genio necessario a costruire e dare ordine al sapere scientifico. Per definire le basi di un sapere davvero universale, dice Platone, noi non possiamo fidarci del corpo, perché le informazioni che ci vengono dal corpo sono soggettive, la conoscenza che si ottiene per mezzo dei soli sensi umani non garantisce una visione del mondo scientifica, oggettiva e valida per tutti. I nostri sensi, afferma Platone, ci ingannano, le percezioni possono essere diverse da individuo a individuo, e i corpi inoltre si ammalano, rendendo ancora più imprecisa la conoscenza. E poi i corpi sono soggetti a passioni che alterano la percezione: insomma, il corpo non può essere assunto come riferimento per un test di verità scientifica. Ad esempio, se noi dovessimo dire se la sala in cui si tiene questo incontro è calda o fredda, fidando soltanto delle informazioni corporee, è probabile che avremmo tante temperature quanti sono i corpi presenti. E allora, dice Platone, per arrivare a un discorso oggettivo, valido per tutti, bisogna abbandonare le sensazioni fisiche, e osservare il mondo attraverso numeri e idee.

Da questo momento il corpo viene svalutato sul piano scientifico, viene messo fuori del circuito della conoscenza, non è più fonte di informazione, non è luogo di sapere, perché il sapere oggettivo, scientifico, universale, lo si può costruire e raggiungere soltanto con le idee, con i costrutti della mente. Ecco, ci siamo: nel teatro del sapere è entrata in scena una astrazione, ovvero la mente, è apparsa l'anima. Ma è essenziale tenere fermo questo punto: la mente è stata inventata per una esigenza metodologica – e su questo vorrei davvero insistere. La *mente*, dunque, nasce come uno strumento necessario per dare struttura a un sapere oggettivo, valido per tutti. La mente, insomma, è un oggetto astratto che serve a Platone per organizzare il sapere su un piano oggettivo. Ma a questo punto, dal momento che per dare forma al sapere è apparsa questa cosa nuova che è la mente, complementare ma diversa dal corpo, e per certi versi 'esterna' al corpo stesso, diventa quasi automatico ipotizzare l'organo responsabile dei costrutti della mente, l'organo deputato a generare le procedure necessarie a governare i numeri e le idee, e il suo nome è *anima*. Platone, dunque, ipotizza l'esistenza di un'anima per esigenze metodologiche. Ha bisogno di questo luogo ipotetico, l'anima, per poter fare riferimento alla capacità umana di elaborare idee astratte, escludendo così dai suoi ragionamenti le esperienze e le sensazioni sensibili. Questo passaggio è molto importante, perché non dobbiamo confondere i risultati delle esigenze metodologiche con le realtà fisiche. Nella nostra realtà di esseri viventi, infatti, noi non abbiamo bisogno di pensare l'anima, la quale invece può essere presa in considerazione soltanto come un modello ipotetico utile a definire la nostra modalità di pensare in maniera astratta.

Poi arrivano i Cristiani. All'inizio, come tutti sappiamo, la loro cultura è vaga, non possiedono un sapere, non hanno una tradizione, come appare dalle caratteristiche attribuite dai testi ai dodici Apostoli. Ma intanto stava crescendo nel mondo antico una grande competenza filosofica, diffusa soprattutto attraverso la Gnosi, una religione universale che veniva dalle conoscenze astronomiche e filosofico-religiose della Persia, dell'Egitto, della Grecia. Di fronte a questo cumulo di sapere che cosa fanno i Cristiani? Si mettono a studiare la filosofia greca, catturano da Platone il concetto di anima e lo riciclano, adattandolo alle loro esigenze. Ed ecco che l'anima platonica, nelle mani dei primi Cristiani, perde i suoi connotati di modello utile a oggettivare la verità e la conoscenza, trasformandosi in elemento utile alla salvezza eterna. E vanno oltre: stabiliscono che l'anima costituisce il principio della nostra identità, diventando sede della manifestazione di Dio e della verità (Sant'Agostino scrive: "*In interioritate animae habitat veritas*"). Così, con l'espansione della cultura cristiana, comincia a vivere e a consolidarsi negli individui la nozione di anima intesa come cultura della propria identità, della verità, della comunicazione con Dio – che diventa la cosa più importante. E questa cultura è ancora la nostra. Per questa cultura, tutto il resto, al di fuori dell'anima, è mondano, tutto il resto è città terrena, tutto il resto è qualche cosa da cui bisogna prendere le distanze. E a poco a poco si diffonde la concezione dualistica che Platone, però, aveva elaborato, come diremmo oggi, esclusivamente per esigenze metodologiche tese a costruire un sapere scientifico. I Cristiani hanno dunque intercettato la concezione dualistica di derivazione platonica per elaborare una dimensione salvifica, ma in questo modo hanno tradito lo stesso Cristianesimo, perché il Cristianesimo non nasce come cultura dell'anima, ma come cultura dei corpi. Ancora oggi i Cristiani, nel loro atto di fede, dichiarano di credere nella resurrezione del corpi, e non nell'immortalità dell'anima (e qui sorgerebbe qualche problema, oggi, con i trapianti...).

Lo stesso San Paolo era persuaso che i Cristiani non sarebbero mai morti, ma che al contrario sarebbero stati assunti in cielo, come scrive nella *Prima lettera ai Corinti*. Poi, messo alle strette dall'evidenza che i Corinti continuavano normalmente a morire e reso dubbioso da un suo stesso naufragio in cui rischiò di perdere la vita, rettificò il suo assunto, dicendo che sarebbero morti anche i Cristiani, per risorgere però in seguito, con uno "*pneumatikos soma*", con un corpo pneumatico, spirituale. Insomma, il fatto è che la cultura cristiana è una cultura corporea, e ne è una prova tutta la cultura medievale, che è fortemente fisica. Il Cristianesimo, del resto, è l'unica religione monoteistica che ammette le immagini, che produce arte. Le chiese diventano presto grandi pinacoteche a sfondo fortemente corporeo, diversamente, come si sa, dalla religione ebraica e da quella musulmana, dove invece le immagini sono vietate. E su questo punto occorre dire che in Occidente l'arte è stata salvata proprio dal Cristianesimo, e questo è avvenuto perché si tratta di una religione corporea, non mentale, non animica. Nel Seicento, quando nessuno più andava in chiesa, viene inventata addirittura una sorta di sacra pornografia, dove le Madonne sono dipinte con i seni scoperti, dove San Sebastiano è praticamente nudo. Corporeità della cultura cristiana, dunque, che però la pittura barocca mette in gioco in maniera dirompente, attraverso la grande potenza della sessualità. Ma che cosa è successo? Perché avviene questo salto di qualità? Il motivo è che nel Seicento, con Cartesio, Galileo, Bacone, nasce quella che noi oggi conosciamo come scienza moderna.

Cartesio compie un processo analogo a quello di Platone, sostenendo che per compiere un vero progresso nel campo della medicina, della cura e più in generale della conoscenza delle funzioni vitali, non bisogna studiare il corpo a partire dalle informazioni che ci derivano dalla vita stessa, dal corpo stesso: dobbiamo al contrario esaminare il corpo con le *idee chiare e distinte*. Ma che cosa sono le *idee chiare e distinte*? Le idee chiare e distinte, a quel tempo, sono le idee della fisica. Dunque, è necessario studiare il corpo e i suoi meccanismi a partire dalle leggi della fisica. Vale a dire che lo scienziato studia e anticipa i meccanismi e le funzioni del corpo umano basandosi sulle leggi della fisica e ottenendo così modelli assoluti di riferimento, validi per tutti i corpi. Soltanto a seguito di questa pianificazione lo scienziato dell'epoca potrà indagare il corpo per vedere che corrispondenza c'è tra il corpo specifico che sta esaminando e le leggi della fisica che gli consentono di interpretarlo e di intervenire.

Nasce così il *corpo medico* che nel Settecento è un corpo *fisico*, cioè pensato a partire dalle leggi della fisica. Poi, quando sarà la chimica a fornire nuovi parametri di riferimento, il corpo *fisico* sarà sostituito dal corpo *chimico*. Oggi il nostro è diventato un corpo *biochimico*, ed è già in atto il passaggio al corpo *genetico*. Cambia nome di epoca in epoca, ma questo infine è il corpo scientifico previsto ed elaborato a partire dal Seicento. Si tratta di un corpo oggettivato, assoluto, e anche ipotetico, ovviamente, un corpo astratto e teorico, sempre più lontano dal corpo reale, vero, concreto. I pittori dell'età barocca percepiscono questa sparizione del corpo reale ad opera della scienza, e reagiscono come sanno, anche quando la committenza arriva dalla Chiesa, fidando istintivamente (e con ragione) nella forte componente corporea insita nella cultura cristiana.

Ma intanto il corpo scientifico è nato. Si tratta di una visione del corpo errata? No, senza dubbio. Il procedimento suggerito da Cartesio è ineccepibile. Il corpo può davvero essere interpretato in questo modo oggettivo, sebben si tratti di una operazione riduttiva molto forte, a causa della quale il nostro corpo perde la specificità sua propria per assumere quella dimensione che noi oggi potremmo chiamare organismo. E in fondo, per la scienza è davvero molto utile poter avere come riferimento un organismo teorico. La scienza oggi non può più emettere valutazioni sulla scorta di umori, sensazioni personali, sguardi clinici generici. Deve procedere, appunto, in maniera scientifica, e per farlo ha bisogno di numeri, di misure, di parametri di riferimento, di valori statistici, di conoscenze sulla dinamica dei fluidi e simili. Ha bisogno, ripeto, del corpo scientifico. Del resto, chiunque prenda in mano il testo di Cartesio sull'uomo si rende conto subito che si tratta di un perfetto trattato di idraulica, dove il sangue, i nervi e gli organi tutti sono analizzati con il fine ultimo di oggettivare il corpo.

Abbiamo citato Cartesio, e apro qui volentieri una parentesi per citare un gustoso aneddoto riferito al tempo in cui fu ingaggiato dalla regina di Svezia come precettore personale. E fin qui è tutto abbastanza normale, senonché la regina di Svezia era piuttosto originale, e pretendeva che le lezioni di filosofia si svolgessero alle quattro del mattino. E il povero Cartesio, che era stato alloggiato in una *dépendance*, impiegava circa un'ora per raggiungere, praticamente di notte (e siamo in Svezia), la sua mattiniera allieva. Bene, dopo solo sei lezioni di filosofia, Cartesio si buscò una broncopolmonite che lo portò poi alla morte, a soli 56 anni. Ma eccoci all'aneddoto. Cartesio è in fin di vita, e la regina di Svezia, già in parte istruita sul pensiero del suo maestro, gli confessa che lei riceve informazioni sul suo corpo direttamente dal mondo della vita, e che dunque non ha alcun bisogno di *idee chiare e distinte*, non deve ricorrere alle leggi della fisica, non le serve osservare il corpo sotto il profilo del numero, della quantità, della misura. E scuotendo il capo sofferente Cartesio le risponde: *"Vedo che anche lei, nonostante il suo rango, pensa come il popolo"*.

Dunque, per Cartesio, e poi per tutti gli scienziati venuti dopo di lui, c'è un corpo del popolo e c'è un corpo della scienza. Il corpo della scienza è quello che abbiamo definito come il corpo medico. Tutti noi abbiamo esperienza di questi due modi differenti di interpretare il nostro singolo e unico corpo. Io, ad esempio, fumo cinquanta sigarette al giorno, e quindi ogni tanto vado dal professor Soresi a farmi controllare i polmoni. Eseguo gli esami e poi lui mi fa vedere una lastra che raffigura i miei polmoni. Certo, non ho dubbi che quella lastra faccia riferimento ai miei polmoni, ma al tempo stesso non sento e non percepisco come davvero mia quella cosa grigia e nera. E in parte è così, perché la lastra è una sorta di oggettivazione dei miei polmoni che non appartiene al mio corpo. I polmoni, quelli veri, non oggettivati, non raffigurati e confrontati con l'organismo assoluto di riferimento, noi li sentiamo in tutta la loro fisica percettibilità quando corriamo per prendere un treno, o quando facciamo l'amore, o quando siamo in affanno. Ecco, in quelle circostanze sentiamo i nostri *veri* polmoni. Ed è questa la differenza tra il corpo così come reagisce agli stimoli della vita e il corpo oggettivato del mondo della scienza.

Porto un altro esempio. Se mi fanno male gli occhi vado da un oculista. Quegli stessi occhi che mi servono per incontrare altri occhi nel mondo, spariscono non appena comincia la visita, e sparisco anch'io come persona. I miei occhi diventano un oggetto qualsiasi, e anche il medico, si badi, sparisce come persona, per diventare il funzionario di un sapere che parla con se stesso. La visita medica, così com'è concepita dalla scienza moderna, esiste a patto che sparisca l'intercomunicazione, che sparisca la socialità, che non entrino in gioco l'affettività e la comunicazione intersoggettiva. E deve sparire anche la stessa specificità di quell'occhio, che diventa un oggetto visivo e non più ciò che vede. Questa, ancora una volta, è la differenza tra il corpo come è percepito dal mondo della vita e il corpo come è percepito dalla scienza medica.

Dal momento in cui, dopo Cartesio, la scienza ha ridotto il corpo a organismo, a cosa astratta ed esaminabile per parametri fissi, ecco che nasce il problema della classificazione della pazzia. I cosiddetti pazzi, alla luce del corpo medico, devono essere collocati tra i sani o tra i malati? Furono osservati alcuni aspetti caratteristici e classificati: i comportamenti dei pazzi sono aberranti; durante una crisi schizofrenica si scatenano forze che nei manuali di psichiatria sono definite forze al quadrato, non giustificabili dal punto di vista della forza fisica abituale di un individuo; in altri casi, in condizione di catatonia, un soggetto può stare sulla punta di un mignolo per ventiquattro ore, e questa *performance* non è praticabile in ordinarie condizioni di vita. Come si spiegano, allora, questi fenomeni? Se il riferimento è il corpo oggettivo e teorico voluto dalla scienza, e soprattutto se noi aderiamo passivamente a quel modello di corpo astratto, è chiaro che questi fenomeni non si possono spiegare. Di fronte a casi del genere di quelli citati, gli scienziati e i medici del Settecento elaborano una teoria assolutamente nuova che prende il nome di studio del "*morbus sine materia*". Secondo questa teoria, se gli esami clinici di un individuo che appare visibilmente malato non rivelano alcuna patologia, significa che il morbo si annida nella sua anima anziché nel suo corpo.

Dell'anima si era detto tutto o quasi: che era immortale, e qualche volta anche mortale, che era vicino a Dio, ma anche lontano da Dio, che si salvava, che si dannava. Ma che l'anima potesse ammalarsi, ecco, questo lo si dice solo nel Settecento, quando nasce quella scienza che si chiama dapprima psichiatria, affiancata poi dalla psicologia, seguita infine dalla psicoanalisi. Scienze inutili, viene voglia di dire, che nascono dalla necessità di compensare il deficit derivato dalla riduzione del corpo a organismo.

Se ripensiamo il corpo come unità unica, infatti, tutti noi possiamo fare a meno delle scienze psichiche, e il libro di Enzo Soresi tratta proprio di questo prescindere dallo psichico. Sono stato davvero catturato da questa idea secondo cui tutti noi potremmo fare tranquillamente a meno della psicologia, della psichiatria e della psicoanalisi se solo recuperassimo il concetto originario di corpo così come ce lo insegna il mondo della vita.

Un importante tentativo teso a superare il dualismo mente-corpo è del resto già presente in una corrente filosofica che ha percorso il Novecento e che porta il nome di Fenomenologia, i cui massimi esponenti sono stati Edmund Husserl, Karl Jaspers e, in chiave psichiatrica, Ludwig Binswanger, Eugène Minkowski, mentre in Italia abbiamo avuto Franco Basaglia, in Inghilterra David Cooper e Ronald Laing, in Francia Michel Foucault. Essi ci dicono che il rapporto corpo-mente va sostituito con quello di corpo-mondo, intendendo dire che l'esperienza umana di essere al mondo è davvero il dato centrale, e questo nostro essere al mondo è cosa diversa, come si è detto in precedenza, da come è al mondo una bottiglia, un oggetto inanimato. Noi non siamo al mondo in modo opaco, perché oltre che essere al mondo, come si è detto, *abbiamo* un mondo, riceviamo stimoli, li elaboriamo, li restituiamo, ci muoviamo. Ecco, queste e non altre sono le modalità con cui noi siamo al mondo. E allora, se proprio vogliamo tenerci stretti la parola *psiche*, bene, diamole un significato: la psiche non è altro che la modalità con cui ognuno di noi è al mondo.

Ma procediamo, nel solco del professor Soresi, con esempi tratti dall'esperienza quotidiana. È chiaro che se la mia statura è bassa la mia modalità di essere al mondo sarà diversa da quella di una persona molto alta. Questo dato modificherà il mio modo di stringere relazioni, di stare con gli altri. Nascono problemi e magari complessi differenti tra chi è basso e chi è alto. C'è un bell'esempio legato proprio alla statura, nel libro di Soresi, che dice di aver patito questo problema per un certo periodo della sua esistenza, eppure era un affanno inutile, non interessante.

E ancora: uno è bello, uno è brutto. Queste, ovviamente, sono categorie estetiche che ci provengono dalla socializzazione, ma che generano davvero modalità differenti di reazione, di comportamento, perché, ripetiamolo fino alla noia, ognuno di noi entra in contatto con il mondo in una maniera che è specifica della propria relazione corpo-mondo (chi è affezionato alle parole può dire corpo-psiche), differente da ogni altro.

Per la Fenomenologia, dunque, il gioco non si svolge più nell'interiorità, ma nella relazione esterna. Heidegger soleva dire: "*In der Welt sein*". E poiché sono al mondo, poiché mi trovo nel mondo, ecco che costruisco intorno a me un sistema temporale, sebbene passato presente e futuro siano pure astrazioni. Sono io, sulla base del mio modo di essere al mondo, a definire il mio passato, il mio presente, il mio futuro. E la scelta non è da poco. Se mi do troppo passato rischio di essere un depresso, se mi do troppo presente, rischio di essere un maniaco, perché non ho nessuna responsabilità del passato e nessuna responsabilità verso il futuro.

Anche lo spazio che assegno al mio corpo non è di tipo geometrico. E non soltanto perché il mio corpo è diverso da ogni altro corpo (i corpi diventano uguali solo quando li osserva un medico con metodo scientifico), ma perché il mio corpo è l'assoluto *qui* di ogni *là*, così come il corpo di un'altra persona è il punto di orientamento radicale del suo proprio mondo. Insomma, il corpo è il luogo della mia relazione con lo spazio, è il luogo della mia relazione con il tempo. E possiamo aggiungere esempi a esempi. La modalità con cui si ascolta una conferenza, ad esempio, non è uguale per tutti. Per qualcuno quella mezz'ora non finisce più, per qualcun altro finisce troppo in fretta, proprio perché la modalità con cui ognuno ascolta l'oratore destruttura e ricostruisce una temporalità diversa per ciascuno.

Il tempo infatti è una cosa davvero e profondamente nostra. Non c'è il tempo oggettivo inteso come tempo interessante dal punto di vista psichico. È solo dal tempo soggettivo che nascono tutte quelle figure esistenziali quali l'attesa, la speranza: tutte categorie che hanno a che fare con il futuro. Si ha la disperazione, ad esempio, quando il futuro si chiude, e sono tutte figure del tempo che ognuno di noi si dà in base a modalità differenti.

Ma torniamo a Soresi. Vi sono pagine grandiose, nel suo libro, dedicate alle prefigurazioni delle malattie, della morte e alle modalità con cui il nostro corpo le avverte. Nella condizione della malattia, che cosa succede al nostro corpo? Accade una cosa tragica, che cercherò di evidenziare per gradi, partendo da lontano, e cioè dalla condizione di normalità, di piena efficienza, di salute. In quella condizione abituale il mio corpo si correla perfettamente e naturalmente con il mondo. Nello stato normale, io coincido in tutto con il mio corpo, e infatti tutti noi, quando stiamo bene, scordiamo il nostro corpo, o meglio non sappiamo nemmeno di averlo, proprio perché coincidiamo perfettamente con lui: vi coincidiamo "come il sole a mezzogiorno", dice Nietzsche, e "l'ombra è più corta". A mezzogiorno non vediamo la nostra ombra perché coincide con il nostro corpo. Ma quando giunge la malattia ecco che sperimentiamo il tragico, che non è la malattia in sé, perché questo è un dato oggettivo che riguarda i medici. Il tragico della malattia è invece costituito da quell'operazione schizofrenica che ogni malato fa, anche quando ha una semplice influenza, per effetto della quale il posto del mondo viene preso dal mio corpo. Detto diversamente: quando sono sano, io (che sono il mio corpo) sono rivolto verso il mondo. Quando mi ammalo, io mi dissocio dal mio corpo e rivolgo lo sguardo verso il corpo anziché verso il mondo. Durante la malattia, quello che la nostra cultura chiama io, e che un tempo chiamava anima, si separa dal corpo. E il corpo, invece di essere il veicolo per essere al mondo, quando è malato diventa l'ostacolo per essere al mondo. Il mondo sparisce e il corpo diventa il mondo.

La scissione io-corpo è il primo sintomo classico, anzi, forse l'essenza della schizofrenia. Ogni malattia comporta una scissione schizofrenica ed è precisamente di ciò che si soffre. Il mondo sparisce e il mio corpo diventa il mondo: si altera la relazione. Si tratta di operazioni schizofreniche a cui inclina anche la nostra cultura medica. Chi contrae, ad esempio, una epatite virale, viene ricoverato nel reparto dove si cura il fegato, ed entra in ospedale come rappresentante di un organo. Poi si lamenta perché in quel luogo non c'è relazione umana, e questa reazione di disagio segnala che quella persona si rende conto in forma più o meno netta che qualcosa in lei rifiuta la riduzione della personalità a organismo.

La lingua tedesca ha un termine specifico per designare l'organismo, ed è *Körper* o, addirittura, *Körper-Ding*, il corpo-cosa, il corpo oggettivato dallo sguardo scientifico. E possiede, quella lingua, un altro termine per indicare invece il corpo della relazione con il mondo, il corpo dell'esperienza, così come lo conosciamo nel mondo della vita, e questo termine è *Leib*. La parentela con *Leben* che vuol dire vita e con *Liebe* che vuole dire amore non ha bisogno di sottolineature.

La lingua dunque ci ricorda la continuità di relazione fra corpo, vita e amore. E noi sappiamo da Freud che si vive fintanto che qualcuno ci ama. Anche Soresi, in modo più trasversale, sembra dirci che l'amore è la condizione fondamentale. I vecchi muoiono perché non li si accarezza più, non li si ama più. C'è senza dubbio anche il deperimento organico, ma la sottrazione dell'affettività rappresenta un potente acceleratore.

D'altro canto, non possiamo naturalmente impedire alla scienza di oggettivare il corpo. Al contrario, dobbiamo concederle con favore questa prerogativa, se non vogliamo morire al primo raffreddore. Ma al tempo stesso dobbiamo evitare di considerare del tutto esaustivo, per noi, nel mondo dell'esperienza e della vita, questo concetto di corpo scientifico. Perché se accettiamo di ridurre il nostro corpo a semplice organismo, ecco che per completarci abbiamo bisogno dell'anima, abbiamo bisogno della mente, abbiamo bisogno della psiche, abbiamo bisogno in altre parole di tutte queste cose che, da entità uniche che eravamo, ci costringono a sdoppiarci, con tutti i problemi che ne derivano. E tutto questo soltanto perché abbiamo ridotto il nostro corpo a semplice organismo. Il libro di Soresi, per tornare al punto di partenza, oltrepassa, secondo me, questo dualismo, proprio perché non introduce mai il concetto di psiche, se non per quel tanto che è necessario per intendersi, specialmente quando si ha il fondato sospetto di rivolgersi a un lettore che magari è persuaso di essere costituito da due elementi, mente e corpo.

In realtà, nel *Cervello anarchico*, ciò che ho tentato di esporre in forme vagamente letterarie Soresi lo descrive scientificamente, attraverso le correlazioni tra il sistema immunitario, tra il sistema endocrino, tra il sistema nervoso, sviluppando il tema in passaggi tecnici che subito si espandono attraverso aneddoti che da un lato fanno capire e dall'altro allentano la fatica di capire, collocando lo scritto e l'argomento trattato in quella dimensione unitaria dove, alla fine, facciamo perfino amicizia con il nostro cervello, perché non riusciamo più a vederlo come un organo, ma come il luogo eminente della nostra identità. Tale è il grande pregio di questo libro, per la cui stesura ho così tanto sollecitato Soresi, il quale ha avuto infine la pazienza di farlo, e di farlo con il suo grande stile. E del resto, conoscendo l'uomo, non si faceva fatica a capire che sapesse scrivere con una certa grandezza e abilità.

Leggendo Soresi viene in mente una bella frase di Nietzsche: "*C'è più ragione nel tuo corpo che nella tua migliore sapienza*". Ma il corpo di cui parla Nietzsche è proprio il corpo del mondo della vita, non il corpo scientifico, non il corpo oggettivo, non il corpo medico. Per riuscire a conciliare i due corpi di cui stiamo parlando, quello oggettivo della scienza e quello sperimentato da ognuno di noi nel mondo della vita, suggerirei di pensare a quelle figure ambigue che esigono una doppia percezione, e dove nella stessa figura, a seconda che si osservi lo sfondo o i tratti, si scorgono due profili oppure un vaso. Potremmo dire che tra il corpo scientifico e il corpo del mondo della vita c'è un gioco di figure ambiguo. Questo per dire che non possiamo rigettare il corpo oggettivo così come lo intende la scienza, perché essa sa benissimo di fare un'operazione riduttiva della nostra corporeità, ma di questa riduzione ha bisogno per i fini che si prefigge e dai quali noi stessi traiamo vantaggi. Dobbiamo semplicemente lasciare alla scienza quella visione tecnica del corpo, e non farla diventare una nostra fede, perché il rischio in tal caso è quello di percepire noi stessi come semplice organismo. Il linguaggio popolare ha sempre saggiamente intuito questo pericolo, descrivendo gli eventi psichici attraverso sapienti descrizioni corporee: *quel film è un pugno nello stomaco*, *un paesaggio che mozza il fiato*, *avere il cuore trafitto*. Il linguaggio, nel dolore e nella gioia, ha sempre usato metafore corporee, perché noi siamo corpo, nient'altro che corpo.

Introduzione

In tutti gli uomini è la mente che dirige il corpo verso la salute o verso la malattia, come verso tutto il resto
Antifonte, filosofo greco del V secolo a.C.

Tutto avrei pensato di fare nella mia vita meno che scrivere un libro. Nella mia lunga storia di medico mi sono sempre cimentato con articoli scientifici, studi randomizzati, congressi, meeting, videoconferenze, insomma tutto ciò che comunque aveva un'attinenza con la mia professione di medico, fedele ai principi della EBV cioè della medicina basata sull'evidenza.

Mi sono sempre impegnato in una ricerca scientifica applicata alla clinica forse anche per dare un senso alla quantità di ammalati e di morti per tumore polmonare, inoperabile, che venivano ricoverati presso il reparto di pneumologia dell'Ospedale di Niguarda.

Sviluppando la ricerca scientifica, prevalentemente su un tipo di tumore polmonare noto come microcitoma, costituito da tessuto neuroendocrino, ho intuito che il sistema neuroendocrino, diffuso nel nostro organismo, è la chiave di volta delle comunicazioni che avvengono fra mente e corpo.

Lo studio della relazione mente-corpo alla luce della scienza definita psico-neuro-endocrino-immunologia (PNEI) e l'uso dei nuovi farmaci intelligenti che mimano le comunicazioni esistenti nel nostro organismo quali le interleuchine, gli interferoni, gli anticorpi monoclonali e altro, mi hanno permesso di interpretare meglio una serie di casi clinici *singolari* affrontati nella mia professione.

L'idea del *cervello anarchico* nasce dall'interpretazione scientifica di queste particolari storie che vanno dal giovane che ha convissuto per anni con un tumore cerebrale che doveva ucciderlo in sei mesi, alla signora morta di neoplasia polmonare per l'effetto nocebo da lei subdolamente instaurato per un legittimo desiderio di vendetta, all'effetto placebo antidolorifico esercitato da Maria Dolores sulla suocera ammalata di cancro somministrandole acqua minerale benedetta, fino agli svenimenti isterici di una giovane sposa ogni volta che il marito infilava le chiavi nella serratura. Ai numerosi e singolari casi clinici che ho dovuto affrontare cerco di dare una risposta scientifica attraverso la PNEI e in linea di massima penso di esserci riuscito; l'unico episodio che mi riesce difficile spiegare, se non in chiave metafisica, è quello dello psichiatra che aveva sognato la lapide con incisa la sua data di morte.

In un tardo pomeriggio di parecchi anni fa venne a visita nel mio studio un medico psichiatra, forte fumatore, afflitto da dolori ribelli a tutto lo scheletro. Durante il colloquio iniziale mi precisò che qualche mese prima aveva sognato una lapide con inciso il suo nome e la data della sua morte. Tutti gli accertamenti diagnostici eseguiti fino ad allora erano risultati negativi e in particolare erano negativi sia la radiografia, sia la TAC del torace. Nel forte sospetto di un tumore polmonare già metastatizzato allo scheletro chiesi una scintigrafia ossea che risultò positiva per la presenza di numerose metastasi. Eseguito un agoaspirato di una lesione ossea costale la diagnosi definitiva fu quella di un tumore polmonare occulto già disseminato allo scheletro. Non ebbi più notizie di questo paziente per parecchi mesi fino a che la moglie non mi chiamò per una visita al suo domicilio.

Lo psichiatra si era fatto curare con qualche ciclo di chemioterapia in Svizzera ma purtroppo le cure non avevano fermato la progressione della malattia. Morì, assistito da un mio infermiere, dopo qualche settimana, esattamente il giorno da lui sognato sulla lapide. Carl Gustav Jung nel libro Ricordi sogni e riflessioni racconta di un sogno in cui un amico gli comunicava che si sarebbe suicidato e lo pregava di recarsi a casa sua in quanto avrebbe lasciato una lettera indirizzata a lui in uno scaffale della sua libreria. Jung sentì nel sonno un gran colpo alla nuca e si svegliò. Recatosi tempestivamente in casa dell'amico seppe dalla moglie che questi si era sparato un colpo di pistola da poche ore. Nello scaffale della libreria, indicatogli nel sogno, trovò la lettera intestata a lui.

Di fronte a questi episodi, la medicina scientifica a cui io tento di riferirmi quotidianamente non è in grado di darci un'adeguata spiegazione così come non riesce a spiegare l'episodio raccontato qualche anno fa da un medico dell'OMS (Organizzazione Mondiale della Sanità) ad un congresso di sciamani che si teneva a Ginevra.

Quando un giornalista chiese al medico se credeva negli sciamani questi rispose con il seguente racconto «mi trovavo in un villaggio di un paese africano quando fui chiamato da un collaboratore per andare a visitare un bambino gravemente ammalato. Giunto al capezzale del malato questi era in coma profondo per una meningite, visitatolo accuratamente mi resi conto di potere fare ben poco e comunicai ai parenti che le condizioni cliniche erano gravi e che il bambino avrebbe potuto morire entro poche ore. Fu chiamato allora lo sciamano del villaggio che dopo avere toccato in più punti il bambino disse: portatemi un gallo nero! Preso il gallo lo sciamano lo collocò ai piedi del letto del malato e disse: se domattina il gallo sarà vivo il bambino morrà se il gallo sarà morto il bambino vivrà. Il mattino successivo il gallo fu trovato morto e il bambino uscì dal coma».

Siamo ancora lontani da un'interpretazione neurofenomenologica che ci possa spiegare queste storie particolari ma sicuramente la biologia e la fisica forniranno in futuro una risposta all'insormontabile divario esplicativo tra la mente cognitiva e quella fenomenologica e riusciranno a districare la complessa ragnatela che tiene uniti il mentale, l'esperienziale, il fisico e il neurale in un essere umano che, come ha scritto Piergiorgio Odifreddi, non è altro che «un'insignificante e tardiva comparsa di una grandiosa rappresentazione dell'Universo».

L'idea del cervello anarchico l'ho maturata in questi ultimi anni di professione, dopo essermi dimesso dall'Ospedale di Niguarda, ed è stato l'amico Umberto Galimberti, a cui ogni tanto confidavo queste mie fantasie, a stimolarmi a scrivere un libro su questi argomenti. Benevolmente egli mi ha assistito e dato fiducia nello sviluppo di questo particolare libro che, mi auguro, continuerete a leggere.

Il cervello, negli ultimi mesi di vita fetale, fino al momento della nostra nascita, è tutt'altro che anarchico in quanto ha stabilito un perfetto network biologico con l'organismo di cui fa parte e la comunicazione fra sistema nervoso centrale e periferico, sistema immunitario e sistema neuroendocrino è pressoché perfetta; tutti questi apparati infatti comunicano fra di loro attraverso i recettori cellulari e i neurotrasmettitori. Le emozioni nel feto vengono già regolate dai neuropeptidi, presenti in ogni distretto corporeo, e dai loro recettori specifici presenti sulle cellule del sistema nervoso e del sistema immunitario. A questo punto, se non vi sono difetti genetici, l'armonia biologica del nascituro è sicuramente di buon livello.

Subito dopo la nascita e nei primi tre anni di vita alcuni organi, fra cui il cervello, assumono progressivamente l'assetto definitivo e il meccanismo di apoptosi, cioè il suicidio cellulare, è quello che sovrintende la definizione degli organi.

A lungo si è ritenuto che lo sviluppo e il funzionamento del cervello siano predisposti geneticamente, ma recenti ricerche nell'ambito delle neuroscienze hanno dimostrato che è la molteplicità degli stimoli ambientali a determinare il modo in cui si formano le reti neuronali. Tutti gli stimoli, siano essi ambientali, fisiologici, psicosociali, hanno come unico obiettivo finale la regolazione genica.

Sia nell'uomo, sia negli animali, la fonte di questi stimoli nei primi anni di vita sono i genitori e in particolare la madre. Studi scientifici sugli scimpanzè e sui bambini hanno confermato che oltre agli stimoli intellettuali sono fondamentali per i neonati i coinvolgimenti emotivi e che l'assenza della madre determina in una certa percentuale di casi una crescita scorretta con permanenti disturbi del comportamento (Vescovi, 2005).

Il gruppo di ricerca del Leibniz-Institut fur Neurobiologie a Magdeburgo ha studiato in che modo si forma il legame emotivo fra un neonato e un genitore chiamato da etologi e psicologi imprinting filiale. Lo studio sviluppatosi su un gruppo di pulcini ha valutato quello che avviene nel cervello degli animali durante l'imprinting attraverso il riconoscimento della voce della madre. Nei pulcini che riconoscono l'imprinting della voce materna si attivano segnali neuronali molto più forti che in quelli che la sentono per la prima volta e per i quali questo stimolo sonoro non ha alcuna risonanza emotiva.

L'ipotesi che le esperienze emozionali possano influire sullo sviluppo cerebrale dei neonati umani è stata confermata da studi sui bambini, fortemente trascurati, degli orfanotrofi; in questi bambini si è dimostrata una riduzione dell'attività del sistema limbico. La definizione quindi delle strutture neuroanatomiche del cervello avviene in funzione dell'ambiente relazionale in cui il bambino si trova immerso e se gli stimoli sono scorretti lo sviluppo delle reti neuronali può risultare anch'esso alterato. Da questo non corretto sviluppo cerebrale possono nascere disturbi del comportamento, dell'apprendimento, malattie psichiche, malattie del sistema immunitario, malattie neoplastiche.

Il neurofisiologo Mauro Mancia (2004) parla di memoria implicita che si costituisce nei primi tre anni di vita in ognuno di noi e di cui non abbiamo consapevolezza; questo contenitore rappresenta, secondo i suoi studi, la premessa al nostro agire quotidiano.

Già Henry Laborit negli anni Settanta parlava di essere vivente come di una memoria che agisce.

Ma ipotizzando di uscire indenni da questa presa in carico materna in quanto amati e coccolati in modo ottimale e quindi dotati di una perfetta scatola nera, negli anni successivi iniziano le sofferenze del cervello condizionate dallo stress a cui quest'organo viene sottoposto.

Lo stress è lo scotto che dobbiamo pagare in maggiore o minore quantità per raggiungere determinati obbiettivi e allo stress il cervello risponde con una liberazione anomala di neurotrasmettitori che inducono nell'organismo una serie di sofferenze.

Per anarchia del cervello sottintendo quindi la difesa di quest'organo dallo stress e dal disagio psichico primario lasciandolo libero il più possibile di comunicare con tutti gli apparati in modo armonico. Allo scopo di riportare il mio cervello ad una buona armonia biologica, liberandolo dallo stress, mi sono dimesso nel dicembre 1998 dal ruolo, ormai troppo burocratizzato, di primario pneumologo ospedaliero, ho abbandonato l'oncologia polmonare e mi sono riproposto come specialista pneumologo impegnandomi al massimo nella prevenzione primaria e secondaria delle malattie fumocorrelate.

Nel frattempo ho avuto più tempo per i miei pazienti, per me stesso, per la mia vita privata e per l'approfondimento delle tematiche, in questi anni sempre maggiori, nel campo delle neuroscienze.

La possibilità oggi con le tecniche di imaging cerebrale (scintigrafia ad emissione di positroni e risonanza magnetica funzionale) di studiare l'attività del cervello ha aperto nuove frontiere interpretative nello studio della mente.

Con la Risonanza magnetica funzionale (RMNf) e la scintigrafia ad emissione di positroni (PET) è possibile osservare il cervello mentre si attiva e si è potuto dimostrare che non esiste atto cognitivo che prescinda da una componente emozionale e che pertanto la sintesi fra l'io neurale e l'io biologico è assoluta.

Secondo Umberto Galimberti «Fu nel 1600, con la nascita della scienza moderna, che, per esigenze scientifiche, il corpo fu ridotto a "organismo", a pura quantità, a semplice sommatoria di organi, perché solo così poteva essere trattato come tutti gli oggetti di laboratorio su cui ha potere la scienza. Nacque la medicina moderna che, come tutti i malati sanno, non conosce l'uomo che ha di fronte, ma solo il suo organismo».

Per Cartesio, in quanto macchine, gli esseri viventi erano integralmente riducibili alla materia – res extensa – ma in quanto dotati della parola e del pensiero racchiudevano un'anima – res cogitans.

Questo dualismo fra anima e corpo è ancora quello che accompagna i nostri studi di medici separando lo studio del corpo dallo studio della mente con la psichiatria.

Iniziando dalla teoria evoluzionista di Darwin, agli studi della genetica di Mendel, via via fino ai giorni nostri con le nuove ricerche sperimentali sulle emozioni del neurofisiologo Damasio, la biologia molecolare e la genomica funzionale, si sono messi in evidenza i meccanismi che integrano i vari sistemi fisiologici che si attivano nella relazione fra mente e corpo.

L'unificazione fra IO neurale e IO biologico è ormai avvenuta e non ci sono più due realtà, quella fisica e quella psichica, ma un'unica esistenza, come scrive ancora Galimberti «che dice nel corpo il proprio modo di essere al mondo».

Poiché sono dell'opinione che la cultura si debba diffondere per contagio io cerco in questo libro, con uno slalom speciale attraverso i libri di neuroscienze letti in questi ultimi anni, di dare al lettore la spiegazione scientifica di alcuni casi clinici fino alle guarigioni miracolose a cui ho assistito purtroppo raramente.

Il mio ringraziamento e le mie scuse vanno a tutte le teste pensanti a cui ho rapinato idee, concetti, tesi, intuizioni, iniziando da Gregory Bateson che con il libro Verso un'ecologia della mente mi aprì appunto la mente negli anni Settanta, via via attraverso i preziosi libri di immunologia di Gilberto Corbellini, della nuova medicina di Ivan Cavicchi, della spiegazione sulla sintesi fra emozioni e malattie così bene interpretata da Stefano Canali e Luca Pani, a Silvano Tagliagambe che con il suo libro Il sogno di Dostoevsky mi ha spiegato come è possibile essere creativi o diventare geni, ad Alberto Oliverio che con il libro La mente mi ha fatto ben capire perché sono un mediocre giocatore di golf.

Il percorso si snoda attraverso neuroscienziati italiani e stranieri quali Edoardo Boncinelli che mi ha trasmesso il suo bio-entusiasmo, Giulio Tononi e Gerald Edelman che hanno iniziato il lungo cammino alla ricerca della sede della coscienza, Steven Rose e le sue riflessioni sul determinismo genetico, Alessandro Cellerino, neurobiologo, che nel libro Eros e cervello bene riassume il significato dei processi biologici utili nello sviluppo della specie umana, Rita Levi Montalcini e il suo NGF su cui ancora c'è molto da dire a 50 anni dalla scoperta, Telmo Piovani, giovane e brillante epistemologo fondatore di «Pikaia» (http: //www.eversincedarwin.org/darw/) e il cui libro Homo sapiens ed altre catastrofi ho comprato solo per essermi riconosciuto nel titolo, Richard Dawkins biologo dell'evoluzione e teorico del gene egoista, David Servan-Schreiber, psichiatra e ricercatore che nel libro Guarire spiega come difendersi dai disagi psicologici senza farmaci.

Un grazie particolare alla mia compagna di vita e di golf Letizia che così benevolmente mi ha spiegato la differenza fra ma asseverativo e ma avversativo e ha corretto con me il testo integrandolo con alcune riflessioni letterarie in particolare per quanto riguarda i suoi due grandi compagni di vita: Emil Cioran e Marcel Proust.

Ringrazio infine l'Action painting o espressionismo astratto americano, la musica dodecafonica, Carmelo Bene, Peter Brook, Michelangelo Antonioni e tutti gli scrittori, artisti e ricercatori che mi hanno permesso di amplificare le mie reti neurali sviluppandone sia la parte semantica, sia la parte immaginativa.

Grazie a mia figlia Ludmilla che con le sue problematiche adolescenziali mi ha costretto a leggere testi di neurobiologia e psicologia per poterle stare vicino non solo con l'amore che le era dovuto.

Un ultimo e infinito ringraziamento a Marisa, giovane pittrice, morta di linfogranuloma a cui accenno nel libro, mia prima compagna di vita, a cui devo anni felici, un figlio meraviglioso, Nicolò e una frase in corsivo: a Enzo che continua che è stata per me lo stimolo a non negarmi mai ad alcun malato nel ricordo e nel rispetto della sua sofferenza.

Un grazie infine a tutti coloro che ho visitato e ho assistito nel bene e nel male, se infatti noi siamo frutto di tutti coloro che ci hanno costruito, il mio essere ciò che sono ora, come medico e come uomo, lo devo in buona parte ai miei malati.

E comunque vada a finire, caro lettore, sappi che la responsabilità di questo libro è tutta del mio sponsor il professor Umberto Galimberti che, comunque, ringrazio per avermi stimolato con questo impegno a riattivare i miei due eccellenti compagni di viaggio: i lobi frontali.

Il cervello anarchico

1. *Con il cervello tra le mani*

Ospedale di Niguarda, giugno 1966, sala anatomica: «dottore, apriamo il cranio?» Era questa la domanda rituale che mi veniva posta, alla fine dell'esecuzione dell'autopsia, dall'infermiere addetto ad aiutare noi medici, assistenti in anatomia patologica. La mia risposta, chiaramente, era in funzione della causa di morte. Se infatti il motivo del decesso poteva essere una malattia cerebrale come, ad esempio, un'emorragia o un tumore, allora era indispensabile il riscontro diagnostico e quindi l'apertura del cranio per esaminare l'encefalo.

L'infermiere al mio cenno di assenso iniziava con una sega circolare l'apertura della scatola cranica con una tecnica assolutamente simile a quella di un esperto falegname.

Dopo pochi minuti, allontanandosi dal tavolo anatomico con aria soddisfatta mi comunicava: «ecco dottore io ho finito».

Iniziava allora una vera cerimonia: mi cambiavo infatti il camice verde imbrattato di sangue per l'autopsia appena finita e mi mettevo un camice bianco immacolato, quindi sostituivo i guanti di gomma con un paio di guanti di filo verde affinché il cervello non mi scivolasse di mano e alla fine convocavo per la discussione del caso il mio superiore, un grande anatomo patologo, primario storico dell'ospedale di Niguarda, la cui esperienza era talmente vasta da tranquillizzare, con le sue conoscenze della casistica, un giovane medico appena laureato come ero io in quel periodo.

Quando tutto era pronto per l'asportazione del cervello dalla scatola cranica iniziava l'osservazione *in situ* delle meningi, cioè le membrane di rivestimento dell'encefalo; l'attenzione andava posta alla presenza di grossolani ematomi cioè raccolte di sangue o altre tumefazioni di significato patologico.

Se all'esame esterno delle meningi tutto era nella norma, con un coltello dalla lama corta e tozza, agguantando con la mano sinistra il cervello per farlo fuoriuscire dal cranio e tirandolo il più possibile verso di me, mi mettevo in condizione di potere tagliare il midollo subito al di sotto del bulbo encefalico, all'interno del canale midollare e cioè all'altezza delle prime vertebre cervicali: a quel punto mi ritrovavo nella mano sinistra un chilo e mezzo circa di una materia di consistenza duro-elastica e di colore grigio-giallognolo, espressione di un organo affascinante in quanto misterioso responsabile del nostro senso del *sé* e le cui implicazioni scientifiche in quegli anni erano, per quel che riguardava i miei studi universitari, prevalenti sui contenuti anatomici. Nonostante Ippocrate infatti avesse già definito il cervello come una ghiandola, analogamente alla ghiandola mammaria, intuendone quindi le sue capacità secretive, negli anni in cui ero assistente in Anatomia Patologica il cervello era considerato un organo immanente con le sue strutture ben descritte da Cayal e Golgi come rete neurale, cellule gliali, tessuto di sostegno ecc. e solo negli anni Venti i coniugi Sharrer dimostrarono la produzione di sostanze ormonali in una parte anatomica del cervello definita *ipotalamo*. La parte superiore dell'encefalo era costituita dalle circonvoluzioni cerebrali, il cui aspetto stranamente mi ricordava quello delle circonvoluzioni intestinali e, non a caso 40 anni dopo, il neuroscienziato Michael Gershon docente di anatomia e biologia cellulare alla Columbia University di New York, ci ha confermato, con una serie di ricerche scientifiche raccolte in un saggio che uscirà prossimamente in Italia come l'intestino vada considerato un *secondo cervello* (questo sarà il titolo del volume) in quanto vivo e in grado di comunicare con il cervello della scatola cranica. Nell'intestino infatti esistono gli stessi neurotrasmettitori esistenti nel cervello quali ad esempio dopamina e serotonina e, come sostiene Gershon, ci sono ormai le basi scientifiche per parlare di un *secondo cervello*. L'intestino pertanto, non andrebbe più considerato come un organo periferico e la malattia psico-somatica nascerebbe a questo punto direttamente dalla *memoria* intestinale e dallo stress di questo organo e non come conseguenza dello stress cerebrale. Chiariremo meglio più avanti queste interessanti scoperte parlando del sistema neuroendocrino, chiave di volta di tutte le comunicazioni all'interno del nostro organismo. Ma torniamo ora alla nostra cerimonia autoptica: appoggiavo allora, ribaltandolo, l'encefalo sul tavolo ricoperto da un panno verde posto di fronte a me e a questo punto, con la consulenza del mio maestro, iniziava il riscontro diagnostico, in qualche raro caso alla presenza anche del clinico che aveva richiesto l'autopsia, non essendogli stata chiara la causa di morte.

Allora, eravamo negli anni Sessanta, lo studio del cervello da parte di noi studenti di medicina era prevalentemente impostato, come ho già detto, su nozioni di anatomia umana ed era su queste premesse scientifiche che si sviluppava il riscontro autoptico; come dice giustamente Boncinelli (2004) «la ricerca scientifica si configura come un'impresa collettiva e progressiva che si occupa esclusivamente di "fenomeni riproducibili o degli aspetti riproducibili dei fenomeni". L'attendibilità e la potenza di una teoria scientifica – afferma Boncinelli – si vedono dalla sua capacità di prevedere e deriva da qui la condanna della psicanalisi, incapace di esprimere diagnosi e prognosi e in cui c'è una giustificazione per ogni cosa e una spiegazione per nessuna. La scienza – scrive ancora l'autore – non raggiunge e non propone verità assolute in quanto le verità della scienza sono effettivamente parziali, circoscritte e provvisorie, tuttavia esse sono molto più valide di tutte le affermazioni alternative e soprattutto sono perfettibili, cioè aperte ad un continuo perfezionamento e arricchimento». Leggendo oggi queste considerazioni di Boncinelli rifletto su quegli anni in cui proprio eseguendo le autopsie mi rendevo, a mia insaputa, complice di malattie indotte dal mio operato (verità parziali, circoscritte e provvisorie!). Una delle prime azioni infatti che noi assistenti dovevamo compiere, una volta tolto l'encefalo dalla scatola cranica, era quella di asportare con grande attenzione una piccola ghiandola posta alla base del cervello e nota come ipofisi. Questo organo, delle dimensioni di una piccola oliva, come potete vedere dalla Figura 1, è responsabile di tutta l'orchestra ormonale del nostro organismo e controlla tutti gli organi endocrini in armonia con gli ormoni dell'ipotalamo (Fig. 2) scoperti, negli anni Settanta, dal premio Nobel per la medicina Guillemin. Una volta isolate e staccate le ipofisi dalla base del cervello, era nostro compito metterle in un thermos contenente ghiaccio secco che le conservava a -20°. Tutte le ghiandole raccolte venivano poi avviate, tempestivamente, ad un'industria farmaceutica milanese che ne estraeva l'ormone della crescita, più noto come GH, molto usato nel mondo dello sport per le sue caratteristiche anabolizzanti e vietato agli atleti in gara perché ritenuto doping. Allora io agivo in perfetta buona fede senza alcun vantaggio personale e nella convinzione di collaborare al progresso della medicina: questo ormone infatti veniva usato prevalentemente in clinica per la correzione del difetto di accrescimento nei nani. In realtà negli anni successivi mi resi conto di avere contribuito al-

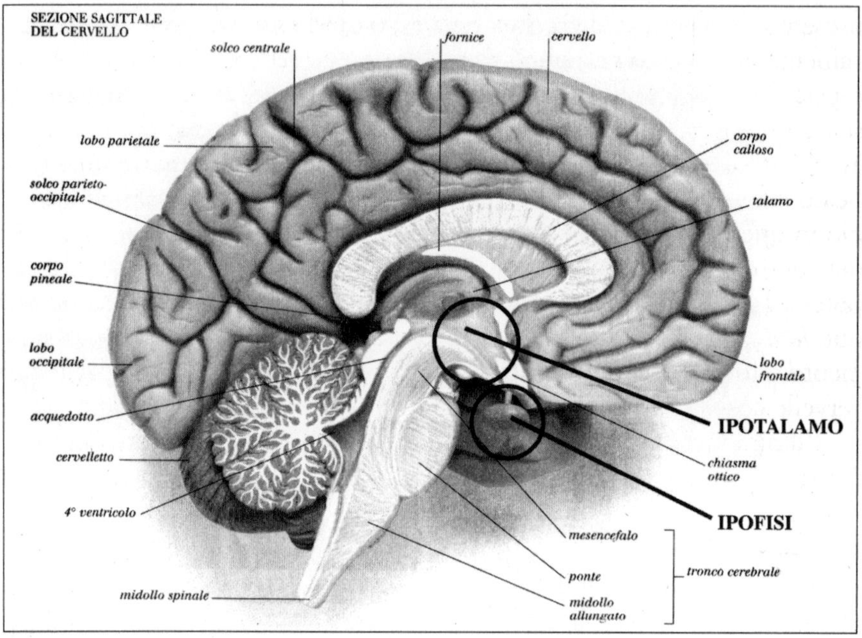

Figura 1

la possibile diffusione della malattia di Jakob-Creutzfeldt, un'antesignana della mucca pazza in cui si sviluppa progressiva degenerazione del tessuto cerebrale. Questo perché alcune delle ghiandole potevano essere portatrici di una proteina anomala e quindi l'estrazione organica dell'ormone GH poteva essere accompagnata dal rischio di diffusione di questo morbo. In Francia negli anni Settanta i casi di malattia di Jakob-Creutzfeldt nei pazienti trattati negli anni Sessanta (la malattia ha una lunga incubazione) con questo ormone di estrazione organica furono numerosi e vi fu anche un processo a carico dell'Industria farmaceutica che lo produceva. Negli anni successivi, proprio grazie alle ricerche del francese Guillemin l'ormone fu prodotto sinteticamente e la sua diffusione risultò assolutamente priva di controindicazioni tanto che da anni questo ormone si usa, iniettato sottocute, anche nei bambini geneticamente candidati a rimanere di bassa statura.

Sulla scorta delle sicurezze scientifiche conseguite con gli studi universitari, affrontavo il delicato taglio del cervello in sottili fettine andando dai lobi frontali verso il cervelletto posizionato nella nuca e ne studiavo, con l'aiuto del mio maestro, il rilievo anatomico, osservando con attenzione la presenza di eventuali alterazioni dei vasi o dei tessuti da riportare analiticamente nel reperto autoptico che avrei dovuto redigere alla fine dell'autopsia. Non potevo certo supporre, in quegli anni, che le progressive strutture anatomiche che mi comparivano nel taglio delle varie sezioni avrebbero assunto con le successive scoperte delle neuroscienze un significato allora completamente sconosciuto. Chi poteva ipotizzare ad esempio in quegli anni il significato che avrebbero assunto i due lobi frontali nel controllo decisionale ed emozionale di tutto il nostro agire? Certo, se potessi oggi tornare a sezionare il cervello mi inchinerei di fronte a questi due *lobi frontali* arbitri e giudici imparziali di tutto il nostro comportamento e forse non avrei più il coraggio di tagliare a fettine una parte del cervello così raffinata e determinante del nostro agire quotidiano.

Elkhonon Goldberg, neuroscienziato, allievo del neurofisiologo Aleksandr Lurja, ha studiato per tutta la sua vita il significato dei due lobi frontali considerati i vertici dell'organizzazione cerebrale. Scrive Oliver Sachs nella prefazione al libro di Goldberg «i lobi frontali come leader del cervello che guidano l'individuo nelle novità, nelle innovazioni e nelle avventure della vita» (Goldberg, 2001).

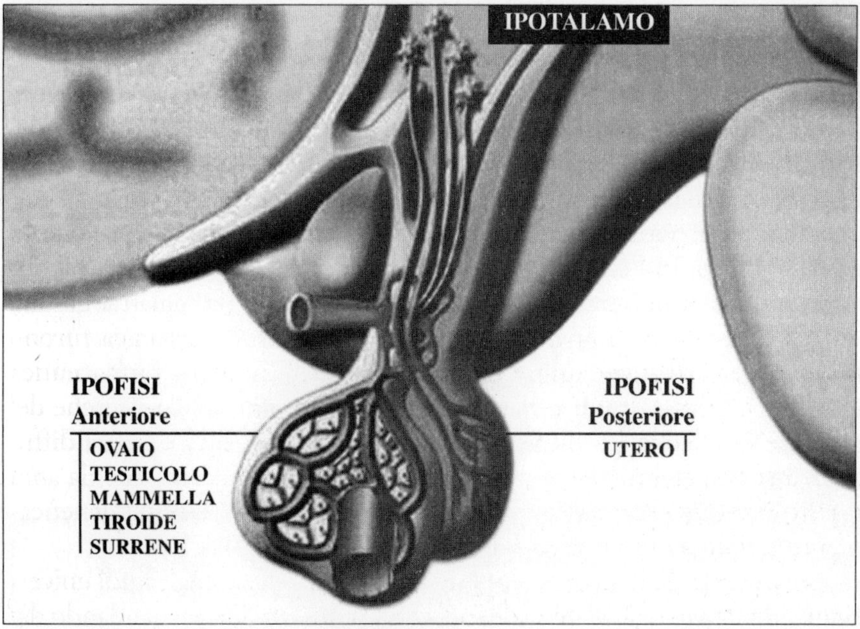

Figura 2

Ma attenzione, se i due lobi frontali non possono comunicare fra di loro per una lesione del corpo calloso (struttura anatomica che sostiene e collega i due emisferi cerebrali), tutto il meccanismo decisionale crolla. Due anni fa partecipai ad un convegno tenutosi all'Ospedale Fatebenefratelli di Roma sulle *emozioni* e il neurobiologo americano Gazzaniga (1997) presentò un film in cui si osservava un noto giocatore di scacchi che, a seguito di una lesione traumatica al corpo calloso, aveva perso ogni capacità decisionale; in altre parole egli vedeva perfettamente quale era la mossa da compiere sulla scacchiera ma, mancandogli la comunicazione fra i due lobi frontali, non aveva la spinta emozionale per decidere di fare la mossa e quindi era costretto a giocare con un compagno che muoveva per lui la pedina sulla scacchiera.

L'intenzionalità dell'individuo è, oggi, completamente attribuita ai lobi frontali, i quali sono essenziali per la coscienza superiore, il giudizio, l'immaginazione, l'empatia, l'identità insomma, come dice Sacks, per *l'anima*.

Quando nello sviluppo della mia carriera passai nel reparto di Pneumologia e iniziai ad occuparmi di tumori polmonari, spesso mi capitava di ricoverare pazienti affetti da questa patologia che, improvvisamente, iniziavano ad aggredire i famigliari con un turpiloquio assolutamente inusuale per loro manifestando una totale perdita di controllo comportamentale. La TAC cerebrale, eseguita tempestivamente, dimostrava sempre, in questi casi, la presenza di metastasi a carico di un lobo frontale destro o sinistro a conferma che queste due zone di corteccia cerebrale prefrontale sono i veri direttori d'orchestra del nostro comportamento. Sembrava impossibile trovarsi di fronte padri di famiglia sempre corretti ed educati divenuti all'improvviso soggetti aggressivi che si mettevano ad insultare senza nessun motivo la moglie o i figli o il medico che li aveva curati fino ad allora. Li guardavo attonito e cercavo di capire cosa stesse succedendo nel loro cervello e comunque in quegli anni, anche diagnosticando poi la presenza di metastasi frontali cerebrali, non avevo certo capito che la corteccia prefrontale è il vero motore decisionale di tutto il nostro comportamento.

Se il linguaggio è stata la pietra miliare per la diffusione dell'*homo sapiens* (la differenza fra il genoma umano e quello dello scimpanzè, con tutta probabilità legata alla codifica del linguaggio, è solo dell'1, 5%), i lobi frontali vanno considerati la premessa allo sviluppo della civiltà. Sicuramente sono un mediocre giocatore di golf perché l'intervento dei due lobi frontali nel mio coordinamento motorio non è sufficientemente armonico e con tutta probabilità campioni come Schumacher, Valentino Rossi o Tiger Woods devono il loro successo al perfetto sincronismo fra azione decisionale del lobo frontale destro e spinta emozionale del lobo frontale sinistro.

Talamo, ipotalamo, amigdala, ippocampo, corteccia cerebrale, corpo calloso, lobi frontali ecc. venivano da me osservati in quegli anni solo da un punto di vista anatomico macroscopico e microscopico e tutto si limitava a rilevare eventuali alterazioni morfologiche in relazione alle mie conoscenze di base.

Certo, l'osservazione anatomica del cervello allora era per me interessante sotto il profilo dell'ontogenesi: osservando lo sviluppo dell'embrione e poi del feto scopriamo che la parte più recente del cervello, cioè la neo-corteccia cerebrale compare dopo il terzo mese e quindi l'ontogenesi (sviluppo dell'individuo) ricapitola la filogenesi (sviluppo della specie) (Fig. 3). Il peso del cervello in generale varia da 1200 a 1800 grammi ma il peso non è certo in relazione con le capacità intellettuali e cognitive dell'individuo, ne è un esempio il peso del cervello di Anatole France che era di solo un chilo.

Il cervello, secondo la teoria di Mac Lean (Cfr. Canali, Pani, 2003), si può distinguere in tre diverse strutture: la prima, definita cervello di ret-

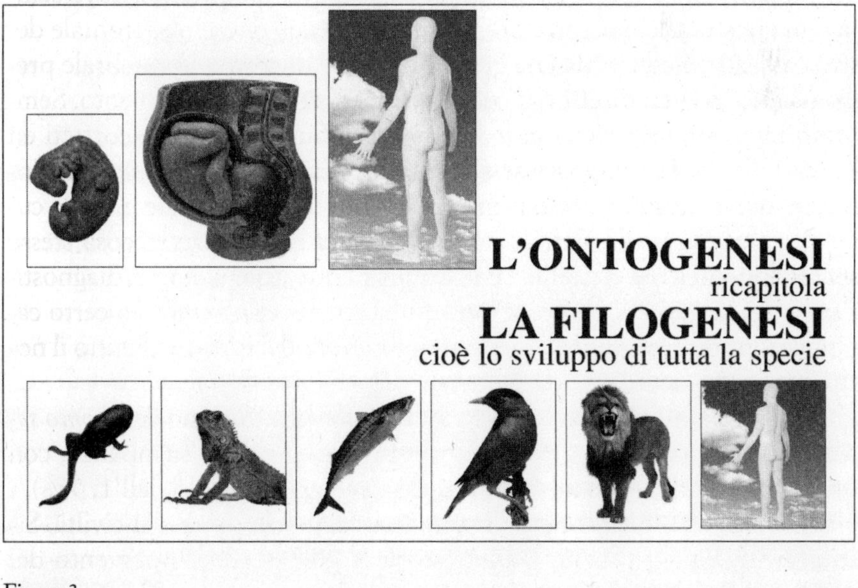

Figura 3

Figura 4

tile o archiencefalo, risalente a circa 500 milioni di anni fa, è responsabile dei comportamenti elementari; la seconda detta «cervello antico» o «cervello viscerale» o «cervello dei mammiferi», è rappresentata prevalentemente dal sistema limbico ove risiede l'affettività risalente a circa 300 milioni di anni; la terza, più recente, definita neo-corteccia è responsabile delle attività intellettive superiori (Fig. 4).

Se tutta la storia del mondo fosse condensata in un periodo di 24 ore il nostro cervello comparirebbe 5 minuti prima della fine della giornata e la quasi totalità della storia umana occuperebbe l'ultimo minuto.

Questa presunta ripartizione non è rigida ma presuppone continua interazione di aree cerebrali: è stato proprio il libro del neurofisiologo Antonio Damasio *L'errore di Cartesio* (1995) a valorizzare le emozioni come premessa ad ogni atto decisionale. L'ipotesi che i sistemi neurali fossero distinti per l'attività razionale e quella emozionale era avvalorata da credenze ampiamente diffuse. Studiando alcuni casi clinici, questo brillante ricercatore ha dimostrato come sia impossibile un atto decisionale se non è supportato da un intervento emozionale. In altre parole, emozione e sentimento sono indispensabili per la razionalità e quindi nel costruirsi della ragione cooperano sia le regioni cerebrali di livello *alto* sia quelle di livello *basso*; dai mitici lobi frontali, giudici di tutto il nostro agire razionale, si scende all'ipotalamo e al midollo allungato e da qui, con il sistema neuroendocrino diffuso a tutto il nostro corpo, si interagisce con la periferia attraverso un processo di *embodiment*. Scrive Francisco Varela (2000) nel suo saggio *Quattro pilastri per il futuro della scienza cognitiva* «la mente è fondamentalmente qualcosa che deriva dalla tonalità affettiva che è incastonata nel corpo, nel processo del sorgere momentaneo di uno stato mentale gli stadi iniziali sono radicati nelle superfici senso-motorie vicino al midollo spinale nel mesencefalo, poi salgono nel sistema cosiddetto limbico e da ultimo nella corteccia superiore» (Fig. 5). Tutti noi, e in particolare noi medici, siamo convinti che il

Figura 5

processo cognitivo sia solo quello legato alla comunicazione razionale espressa attraverso il linguaggio e la scrittura, ma se ci abituassimo a considerare cognitivo ogni stimolo percettivo riusciremmo con tutta probabilità a sviluppare una medicina molto più ricca di contenuti biologici. L'emozione, infatti, è già intrinsecamente cognitiva. Pensate solo alle carezze della mamma al suo bambino: esse risultano determinanti per tutto lo sviluppo biologico del neonato nei primi tre anni di vita e non a caso gli svizzeri, considerati da un recente sondaggio, il popolo più felice d'Europa, hanno istituito una scuola per esperti di micromassaggio a domicilio del neonato. Se poi anche da adulti ci abituassimo a maggiori *coccole* nei nostri rapporti interumani sicuramente svilupperemmo molte meno malattie sia organiche, sia psichiche. Oliver Sachs nel libro *Un antropologo su Marte* (1998) racconta la storia di una donna autistica (una grave malattia della psiche in cui il soggetto è incapace di contatti umani) che riuscì a laurearsi in zoologia e a diventare professore universitario grazie ad una macchina, da lei fabbricata, con cui si autoabbracciava proprio perché aveva capito l'importanza della comunicazione neuropercettiva nello sviluppo del nostro organismo.

Ritrovare come dice Damasio «l'ombra del nostro passato evolutivo» al livello più squisitamente umano della funzione mentale forse potrà dare fastidio, ma, come già aveva anticipato Charles Darwin, in ogni essere umano esiste l'impronta indelebile delle origini inferiori che noi portiamo nella nostra struttura corporea. Se poi consideriamo che la melatonina, il più arcaico degli ormoni prodotti dalla ghiandola pineale (Fig. 6) situata nel cervello, è un ormone di provenienza dal mondo vegetale e che la secrezione di questa sostanza è in relazione ad una serie di eventi biologici quali il tempo di insolazione e il magnetismo terrestre, possiamo comprendere quanto è stato sintetizzato in questo scritto di Robert Nozick:

NATURA, EMOZIONI, RAGIONE: L'INTRECCIO INSOLUBILE

> Noi discendiamo da una lunga serie
> di antenati umani e animali, per
> un'innumerevole successione di
> eventi casuali, incontri fortuiti,
> brutali catture, fughe riuscite,
> tentativi ostinati, migrazioni,
> sopravvivenze da guerre e da
> malattie.

Figura 6

> Per produrre ognuno di noi fu
> necessaria un'improbabile e
> complessa catena di eventi, una
> storia immensa che dà ad ogni
> individuo la sacralità della sequoia
> a ogni bambino il capriccio del
> segreto.

Allora la preoccupazione è se la dipendenza della ragione *alta* dal cervello inferiore non trasformi la prima in ragione *bassa* (Damasio, 1995), ma il fatto che l'agire in accordo con un principio etico richieda l'intervento di alcuni nuclei encefalici semplici non immiserisce il principio stesso. L'edificio dell'etica non è certo minacciato da queste premesse neurofisiologiche, anche se con il dibattito sulle cellule staminali la sensazione è quella di una regressione subdola verso strutture arcaiche come peraltro vanno considerate quando *fideistiche* o condizionate da ideologie politiche o religiose.

Molto attuale a questo proposito è stato l'intervento di Umberto Galimberti sul quotidiano «La Repubblica» quando, a proposito di questi problemi di selezione di embrioni et similia, ha proposto di adottare il principio dell'*etica del viandante* in linea, a mio avviso, con il concetto evoluzionistico darwiniano nel senso che ciò che avviene nello sviluppo di un organismo è in funzione dell'ambiente che lo seleziona e quindi avviene in quanto è la migliore soluzione per la sopravvivenza dell'individuo in quel contesto. Classico esempio è quello degli uccellini a becco piccolo delle isole delle Galapagos estintisi quando, a causa di un lungo periodo di siccità, scomparvero tutti i semi piccoli; sopravvissero allora una piccola quota di uccelli a becco grande (variazione somatica del tutto casuale) che si cibarono di semi grossi e diedero poi origine ad una mutazione genetica e quindi ad una nuova razza. Analogamente, con gli attuali sviluppi delle neuroscienze, sarà impossibile applicare principi generali di etica e sarà più opportuno affidarsi all'*etica del viandante* in grado di modularsi in funzione dei reali vantaggi che quella determinata scelta comporterà a favore dell'individuo in quel contesto socio-culturale. Per Luca Luigi Cavalli Sforza (2004) l'evoluzione culturale è segnata da continui cambiamenti in gran parte dovuti all'emergere e alla successiva diffusione delle innovazioni che hanno segnato e continuano a segnare le trasformazioni a cui va soggetta la nostra specie. Pensiamo all'agricoltura di un tempo e ad internet dei tempi nostri. Oggi, scrive Cavalli Sforza, la cultura di popoli diversi è altamente frazionata. Alcuni comportamenti variano rapidamente nel tempo, altri sembrano assi più costanti o quasi immutabili. Ciò comporta una poliedrica varietà di culture, non certo dovuta a differenze genetiche, a conferma che l'evoluzione culturale è largamente indipendente da quella biologica. Come medico, ad esempio, pensando all'effetto placebo nella relazione medico-paziente e alle sue implicazioni etniche e culturali, mi chiedo come dovrei diversificare il mio intervento in funzione dell'individuo che mi sta di fronte al fine di ottenere la maggiore risposta terapeutica. L'effetto placebo, a cui dedicherò più avanti una sezione di questo libro, poggia infatti su un nuovo capitolo della storia della medicina a tutt'oggi ancora non ben metabolizzato dai medici il cui titolo è la PNEI ossia la psico-neuro-endocrino-immunologia che spiega le correlazioni fra sistema nervoso centrale, sistema endocrino e sistema immunitario alla luce delle nuove e affascinanti scoperte della neurobiologia.

In quel periodo, il lavoro di assistente in anatomia patologica era appassionante e denso di contenuti scientifici ma la mia ambizione, da sempre, era quella di fare il medico, in particolare lo specialista in malattie dell'apparato respiratorio. Forse questa passione mi era nata osservando da bambino mio padre, medico specialista in pneumo-tisiologia, che negli anni Cinquanta si era totalmente impegnato nella lotta contro la tubercolosi. Non vorrei qui fare apologia del regime fascista ma sicuramente la lotta contro la tubercolosi sviluppatasi in quel periodo fu una delle più concrete iniziative del tanto contestato Ventennio. Con la costruzione dei Sanatori e dei CPA (Consorzi Provinciali Antitubercolari) la malattia fu tenuta sotto stretto controllo nonostante in quegli anni non esistessero farmaci specifici contro il bacillo di Koch. I CPA disseminati per l'Italia erano circa 300 e facevano capo ad un Centro clinico superiore che era a Milano. La diagnosi della tubercolosi allora avveniva con una semplice radiografia e un esame dell'espettorato quindi i malati venivano ricoverati in sanatori situati in località climatiche scelte ad hoc da tecnici dell'epoca a cui veniva dato mandato di identificare i luoghi più idonei per la costruzione. Vi immaginate oggi con il giro di tangenti che cosa potrebbe succedere? Con tutta probabilità il Sanatorio sarebbe costruito in zone paludose o vicino a discariche di rifiuti dove il terreno sarebbe fatto passare per *zona climatica* e pagato cifre esorbitanti per finanziare i vari passaggi politici di tangentopoli. È proprio di questi giorni la notizia della confisca dei beni per problemi di tangenti dell'ultimo Direttore generale dell'Ospedale di Niguarda che ho avuto l'onore di conoscere prima del mio pensionamento. Mi ricordo che negli anni della sua direzione, un primario era stato nominato personalmente da lui, semplicemente perché d'estate lo portava gratuitamente in vacanza in barca a vela. La terapia di elezione della tubercolosi, con buona pace di Boncinelli e delle parziali verità scientifiche, era allora il trattamento con il pneumotorace ideato dall'italiano Forlanini. Si trattava di infiltrare aria fra i due foglietti pleurici al fine di collassare e quindi non fare ventilare quel segmento di polmone malato, allo scopo di evitare la diffusione della malattia. Ai pazienti veniva periodicamente insufflata aria fra le due pleure fino ad avvenuta guarigione. Ricordo nello studio di mio padre l'apparecchio Forlanini che serviva appunto per il rifornimento di aria fra i due foglietti pleurici e i pazienti in attesa nella sala d'aspetto. Guardavo con ammirazione la sicurezza dei gesti di mio padre quando infilava l'ago nel torace per compiere il *rifornimento* mensile di aria. Ahimè, solo molti anni dopo si capì che tutte quelle manovre erano con molta probabilità di scarsa utilità poiché il bacillo di Koch, responsabile della tubercolosi, si diffonde attraverso il sangue e non solo per via aerea, come si pensava. La guarigione comunque avveniva in una buona percentuale di pazienti e quindi non tanto per la terapia ideata da Forlanini ma più semplicemente per l'accudimento del medico: il riposo, l'alimentazione, il clima più temperato, l'allontanamento dal mondo del lavoro e dallo stress e grazie al potenziamento dell'effetto placebo attraverso la puntura della pleura come spiegherò più avanti. Nel 1995 ad un congresso tenutosi a Parigi il professor Hirsch, pneumologo, tenne una lezione magistrale sulla epidemiologia della tubercolosi negli ultimi 30 anni; con una serie di tabelle e rilevazioni statistiche dimostrò che la riduzione della tubercolosi era dovuta solo in minima percentuale ai farmaci scoperti (15%) mentre la prevalenza delle riduzione di incidenza di tale malattia era da ascriversi a tutta l'organizzazione socio-sanitaria sviluppatasi in Europa attorno a quel problema.

Se poi pensate che alla fine del Novecento i malati di tubercolosi ricoverati in Sanatorio venivano raccolti una volta alla settimana in un'aula e chi andava clinicamente meglio era invitato a sedersi nei banchi più vicini alla cattedra, potete rendervi conto di quanto questa malattia sia sensibile agli influssi della psiche e alla attivazione dell'effetto placebo: non è un caso se il 70% dei miracoli di Lourdes sono riferiti a pazienti ammalati di tubercolosi.

Certo, allora i medici si assumevano grosse responsabilità con queste manovre: pensate che per mio padre eseguire allora in Ospedale Sanatoriale una puntura lombare per diagnosticare una meningite tubercolare attraverso l'esame del liquido cerebro-spinale era la norma. Oggi per eseguire una puntura lombare si chiama in consulenza il neurochirurgo dopo avere eseguito la TAC cerebrale e, il giorno dopo la puntura, la TAC spesso deve essere ripetuta per maggiore tranquillità del paziente e del medico.

È anche vero chc quando un paziente dopo il rifornimento di aria mensile nelle pleure, eseguito in studio da mio padre, ebbe un'embolia cerebrale, a carico di mio padre non fu aperto nessun procedimento giudiziario. Oggi, giustamente, l'attenzione della magistratura è diversa ed è il motivo per cui a tutti noi medici conviene essere coperti da un'adeguata assicurazione sul rischio professionale in relazione al tipo di attività che svolgiamo.

2. *Dalle autopsie alla clinica*

Iscritto fra i medici mutualisti milanesi (allora bastava fare regolare domanda e non esistevano liste di attesa come ora), contavo nei primi mesi di lavoro solo una trentina di assistiti, in generale persone giovani e sane. Rimasi pertanto sconcertato quando una sera si presentò in studio, in stato di grande agitazione, una coppia di miei pazienti sposata da pochi anni e con una bambina di 5 anni.

Il loro racconto mi creò non pochi problemi: tornando infatti dal cinema verso mezzanotte, mentre il marito chiudeva a chiave la portiera della macchina, la moglie si afflosciava sul marciapiede perdendo conoscenza. Presa in braccio dal marito e portata a casa, la giovane e avvenente signora riprendeva prontamente coscienza non ricordando nulla di ciò che era avvenuto.

Feci un'accurata visita neurologica non rilevando alcun deficit neuromotorio né sensitivo e quindi tranquillizzai la paziente e il marito spiegando loro che, se l'evento si fosse ripetuto, avremmo iniziato una serie di accertamenti.

Puntualmente, dopo pochi giorni, sempre rientrando nell'abitazione, la paziente ebbe un altro svenimento, ma questa volta l'episodio si verificò mentre il marito infilava la chiave nella serratura di casa al rientro da una serata passata in casa di amici.

Fatta una seconda e accurata visita questa volta chiesi un EEG (elettroencefalogramma) non esistendo ancora in quegli anni la TAC cerebrale, con il programma di inviare poi la paziente da uno specialista neurologo. È evidente che la relazione fra svenimento e *chiave nella serratura* mi scatenava le più puerili interpretazioni freudiane di isteria e relazione sessuale, ma come medico educato ad un preciso pragmatismo scientifico ritenevo corretto un rigoroso iter diagnostico. L'EEG naturalmente risultò negativo e allora in presenza dei miei due assistiti chiamai un caro amico psichiatra già affermato professionista. Descritti i due episodi, la risposta fu immediata e laconica...: quei due si possono solo separare!

Fu uno dei primi casi di divorzio a cui assistetti e avvenne in tempi relativamente brevi per quell'epoca, quasi che entrambi non aspettassero altro.

Negli anni successivi avvenne che, rimasti entrambi miei pazienti, il marito cominciò a portarmi in studio per visite di controllo una sequenza di splendide fanciulle che di volta in volta mi presentava come *nuove compagne* mentre la ex moglie, andata a vivere con la figlia, iniziò un percorso ideologico da sessantottina che mi confermò già in quel periodo come il fideismo in generale andasse osservato con diffidenza in quanto espressione di una comunicazione biologica di tipo comunque inibitorio per la salute mentale di un individuo.

È interessante a questo proposito quanto scrive il neurobiologo Alberto Oliverio nel suo libro *L'arte di pensare* (1997). Egli introduce infatti il concetto di pensiero *convergente*, più strutturato, logico, consequenziale e di quello *divergente*, basato sulle libere associazioni, sull'immaginazione, su percezioni e visioni di insieme. Analogamente, in filosofia si differenzia il pensiero forte, pragmatico, non aperto a discussioni, dal pensiero debole che induce invece ad una sospensione del giudizio, intesa come un tempo adeguato a raccogliere i vari elementi costitutivi di un problema e ad assumerne il significato senza che preconcetti e strutture già definite ce ne offuschino la visione. Oliverio parla inoltre di pensiero *laterale* cioè una forma di pensiero basata su associazioni casuali che produce idee che risultano logiche solo a posteriori. La mente infatti, scrive Oliverio, è un complesso sistema che costruisce schemi, cioè visioni del mondo, e che li utilizza in seguito in ogni giudizio, per ogni analisi, scelta, decisione. Il problema è che il nostro giudizio non fa che utilizzare e rinforzare gli schemi già esistenti, preconfezionati, senza invece cambiarli o innovarli drasticamente: il pensiero laterale rappresenta una delle soluzioni possibili per raggiungere questo obiettivo. Dal punto di vista neuro-anatomico il pensiero laterale potrebbe quindi essere espressione di attivazione di archi neurobiologici nuovi rispetto alla standard cognitivo del soggetto.

La mia assistita con i suoi *svenimenti isterici* e il suo successivo impegno ideologico come femminista rappresentò per me un interessante modello di osservazione in quel periodo e fu proprio leggendo Cioran nel testo *Il funesto demiurgo* (1987), che mi resi conto quanto fosse vera la sua asserzione: «Dio è il lutto dell'ironia» intendendo per dio qualsiasi ideologia, sia essa politica, religiosa, scientifica o d'altro genere; in altri termini assumendo con il termine *dio* qualsivoglia preconcetto o concetto accettato aprioristicamente. L'ideologia, infatti, condiziona il percorso neurochimico limitandolo, mentre il pensiero laico consente sviluppo di attivazioni sinaptiche a 360 gradi. Ancora su queste affermazioni ci conforta Cioran nel suo testo *Sommario di decomposizione* (1996) quando scrive: «adoperiamoci per far sì che il dio non si insedi nei nostri pensieri, conserviamo i nostri dubbi, le apparenze di equilibrio e la tentazione del destino immanente, giacchè qualsiasi aspirazione arbitraria e balzana è preferibile alle verità inflessibili».

In un suo intervento, il neurofisiologo inglese sir Colin Blakemore, docente all'Università di Oxford, invita tutti noi ad allenare il cervello come se fosse un muscolo, in quanto dotato di grande plasticità neuronale e di conseguenza in grado di reagire agli stimoli modificandosi. Se quindi il cervello si plasma attraverso le esperienze è evidente che più ci esperimentiamo e meglio il cervello si sviluppa e non invecchia. Quando al neuroscienziato Edelmann, premio Nobel della immunologia negli anni Settanta, chiesero che relazione ci fosse tra mente e corpo, lui rispose che ognuno di noi è un esperimento e quando gli domandarono cosa avesse da dire sulla morte rispose: «nulla, in quanto non vi è nulla da esperimentare».

Riguardo a queste considerazioni, la domanda che mi pongo è: cosa ho a che fare io con il mondo cattolico o il mondo islamico? Se come *homo sapiens* sono ad un punto di totale decondizionamento ideologico e il mio pensiero è libero di crescere senza limitazioni, se non quelle di un controllo etico consono, mi trovo, seguendo le indicazioni di Cavalli Sforza, ad uno sviluppo di *homo sapiens* in cui l'evoluzione culturale si è resa indipendente da quella biologica.

A che titolo per esempio io, come italiano, devo subire l'umiliazione di essere rappresentato al Parlamento Europeo da un cattolico integralista che considera gli omosessuali dei criminali a cui deve essere concesso il nostro perdono come cattolici?

Parlando di verità inflessibili James Hillman è uno degli psicanalisti che maggiormente critica dall'interno la psicoanalisi, specialmente quando questa tenda nelle sue interpretazioni ad imporre concetti universali e rigorosi.

Nel *Saggio su Pan* (1991) Hillman fa notare che nella tradizione conscia del nostro io non troviamo nessun rinnovamento, ma solo rinforzo per le aride abitudini di una mente monocentrica che cerca di tenere assieme il suo universo con sermoni colpevolizzanti. L'ellenismo porta invece la tradizione dell'immaginazione inconscia; la complessità politeistica greca allude alle nostre complicate e inesplorate situazioni psichiche. Anche qui, in definitiva, ci viene suggerito uno stimolo per un pensiero che riesca a fondere razionalità, conoscenza di sé, psiche e istinto, considerandoli quali elementi non antagonisti bensì facenti parte di un unicum nel nostro mondo cognitivo.

Ma giustamente Hillmann fa rilevare come l'inconscio collettivo sia profondamente diverso fra mondo occidentale e mondo orientale. Nella psiche occidentale impera Platone, S. Tommaso, Cartesio, tutti vivi e collaboranti in ciò che avviene. Non posso leggere un testo buddista e meditare, scrive Hillmann, perché i padroni della mente occidentale vivono in me: S. Agostino, Newton, Einstein. È il nostro pensiero occidentale a produrre il mondo in cui viviamo e ciò che accade nel nostro inconscio collettivo sta distruggendo il mondo. Pensare il Pan-ico non come autodistruzione ma come istantanea sequenza di paralisi e fuga. Pan riporta la psiche alla sua radice insita nell'istinto naturale semi-animale procurando un radicale mutamento di coscienza, un allontanamento totale da dove si era prima.

Con il mito di Cristo sono scomparsi tutti gli dei che sono riemersi, come dice Jung, nelle malattie in quanto rimossi e, come ci ha insegnato Freud, il rimosso ritorna sempre. Gli Dei ritornano nei nostri sintomi.

Ian Robertson, neuropsicologo, riabilitatore di pazienti con lesioni vascolari cerebrali, nel suo libro *L'intelligenza divina* (Cfr. Zorn, 1976) affronta nel capitolo relativo alle immagini divine il concetto di immagini collettive, non verbali, che trascendono la logica e spiega come con tecniche particolari di meditazione tipo lo Yoga Nindra sia possibile accedere, attivandole, alle regioni cerebrali legate alla sfera immaginativa.

Le religioni, quindi, vanno intese come custodi e tutrici delle esperienze e rappresentano un patrimonio di coscienza non verbale analogo al *sottosuolo* di Dostoevskj.

In termini biologici la creatività dipende dalle connessioni a banda larga dell'emisfero cerebrale destro in cui è raccolto il *pensiero magico*, mentre la fitta rete neuronale del lobo temporale sinistro interpreta la logica dei significati e dei concetti.

Robertson insiste sull'importanza dello sviluppo di facoltà non verbali e parla di *meditazione della consapevolezza*, ossia avere la capacità di trasformare la coscienza in un osservatore relativamente distaccato dalla realtà di noi stessi. Il segreto è quello di sfuggire al nostro io controllore; ritengo che il vero equilibrio di noi stessi derivi dalla capacità di vivere con adeguata sensibilità e astuzia i due grandi campi della mente umana, linguaggio e immaginazione, che si riferiscono rispettivamente all'emisfero sinistro semantico e metodologico e all'emisfero destro regno dell'immaginazione e del cognitivo arcaico.

Sezionando nella sala anatomica dell'Ospedale di Niguarda i miei adorati encefali riflettevo sul caso clinico della donna che sveniva quando la chiave del marito entrava nella serratura di casa e mi domandavo quali potessero essere le implicazioni biologiche che inducevano questa donna, angosciata all'idea di dovere affrontare un rapporto sessuale con il marito, a svenire. Avendo conosciuto successivamente i suoi genitori, originari di un paesino del Trentino, mi resi conto del tipo di educazione bigotta e oscurantista con cui la mia paziente era stata allevata e ne trassi le logiche conseguenze.

Certo già in quegli anni, dopo gli studi anatomici accurati dello spagnolo Santiago Ramon y Cajal, erano state approfondite le conoscenze dei neuroni, cioè le cellule cerebrali, e delle loro molteplici ramificazioni e connessioni attraverso i dendriti e gli assoni. I neuroni, in pratica formano delle reti discontinue, note come sinapsi, che stabiliscono legami fissi o mobili con un gran numero di altri neuroni.

Nel cervello umano si contano oltre cento miliardi di cellule nervose e in buona approssimazione un milione di miliardi di connessioni tra neuroni.

Il cervello, però, non si può definire come una massa compatta e immutabile di neuroni e sinapsi; ogni atto psichico o neuromotorio, infatti, presuppone l'innesco di segnali elettrici o biochimici. Con l'EEG si registrano proprio le onde elettriche cerebrali: queste registrazioni elettriche sono frutto della sommatoria di segnali microscopici elementari che avvengono a livello della cellula nervosa e delle sue sinapsi.

Le mie preoccupazioni allora di fronte ad un caso clinico così chiaro nella storia della psicologia, cioè il fenomeno dell'isteria che già Freud aveva ritenuto di potere curare con l'ipnosi, era quello di potere avere un marker diagnostico che mi confermasse scientificamente il tipo di alterazione biologica indotta da quell'evento isterico.

Ma, ahimè, non solo mi mancavano allora dati scientifici obbiettivabili, ma addirittura si verificò nello svolgimento della mia professione qualche anno dopo un caso analogo ancora più beffardo.

Inviatomi da una giovane signora, già da anni divorziata, come suo carissimo amico, si presentò nel mio studio uno splendido ragazzo di circa 35 anni che tranquillamente mi comunicò di essere un omosessuale dichiarato che però non aveva mai avuto rapporti sessuali completi. Da qualche mese per la prima volta in vita sua si era innamorato, ma ogni volta che tentava di fare sesso con il suo amico sveniva. Lo stesso paziente imputava lo svenimento all'angoscia di una sessualità fino ad allora mai espressa, pur riconoscendo in pieno la sua omosessualità e accettandola con assoluta serenità e determinazione.

Forte della precedente esperienza, stavo per inviare il paziente dall'amico psichiatra, ma mi imposi prima di tutto di sviluppare un minimo di iter diagnostico nonostante l'apparente chiarezza del caso clinico.

Chiesi allora la TAC cerebrale, da poco tempo comparsa come presidio diagnostico, convinto di richiedere un esame superfluo essendo il caso clinico, in base alla mia esperienza, di sicura interpretazione psicologica.

La risposta dell'esame fu drammatica: il paziente era portatore di un tumore cerebrale delle dimensioni di un mandarino, inoperabile. La prognosi quoad vitam era di pochi mesi. La reazione del paziente a quella diagnosi fu particolare: egli rifiutò qualsiasi tipo di ulteriori controlli neurologici e decise di convivere con l'amico di cui si era innamorato sottacendogli la verità. Io ebbi informazioni attraverso la sua cara amica, e venni a sapere che per parecchi anni questo giovane stette bene vivendo una vita normale senza più alcuno svenimento. Quando iniziarono i primi sintomi dovuti alla crescita del tumore cerebrale abbandonò l'amico e andò a morire in una clinica per lungodegenti senza volere fare più alcun esame. Le mie fantasie interpretative su quel caso furono molteplici: se da una parte infatti lo svenimento era imputabile allo stesso meccanismo psichico di isteria dovuto all'angoscia nell'affrontare il rapporto sessuale, la concomitante e occasionale presenza di un tumore cerebrale mi faceva pensare alla relazione che poteva esserci nel paziente fra disagio psichico per la sua omosessualità fino ad allora mai espressa e sistema immunitario e quanto questo disagio psichico fosse responsabile della nascita del tumore cerebrale che, date le dimensioni notevoli, era stato in gestazione sicuramente da parecchi anni. Scrive Fritz Zorn nel libro *Il cavaliere, la morte e il diavolo* (1976): «Sebbene non sapessi ancora di avere un cancro, per intuizione avevo già fatto la diagnosi giusta, perché subito intesi il tumore come *lacrime non piante*. Era come se tutte le lacrime che non avevo voluto, che non ero stato capace di piangere, mi si fossero raccolte nel collo e avessero formato questo tumore solo perché non avevano potuto assolvere il loro compito, che era quello di essere piante». E conclude poi le sue considerazioni con questo passo: «Io credo che il cancro sia una malattia psichica dovuta al fatto che l'individuo che ingoia tutta la sua sofferenza, dopo un certo tempo viene a sua volta ingoiato dal dolore che è dentro di lui». Negli anni Sessanta, Chiazza, uno psichiatra sudamericano ipotizzò che il disagio psichico infantile potesse essere la premessa allo sviluppo di malattie tumorali in età adulta. Sarà solo trent'anni dopo, con la scoperta della PNEI, che queste considerazioni assumeranno un valore scientifico.

Con il mio cervello in mano, in quegli anni mi potevo limitare a fantasie di carattere elettrico o biochimico o a ipotizzare circuiti neuronali della repressione come già li aveva descritti Freud, ma questi due casi clinici così lontani sebbene così analoghi mi rimasero impressi, sempre costringendomi ad un atteggiamento scientificamente pragmatico da una parte e molto tollerante dal punto di vista delle risposte scientifiche dall'altra. Per non parlare delle continue fantasie quando mi trovavo di fronte a persone giovani con cancro del polmone e con un evidente disagio psichico nella loro storia personale oppure ad operai che a distanza di un anno dal pensionamento sviluppavano un tumore polmonare confermando ogni volta la mia ipotesi del *cancro da pensionato*, interpretabile come riduzione del controllo del sistema immunitario conseguente allo stress psichico del pensionamento.

Ecco perché mi stupisco ogni volta che leggo gli interventi di un eminente farmacologo che negano, sempre con estrema sicurezza, il valore di ogni terapia alternativa. Come clinico infatti mi chiedo: se un uomo con tale passione e competenza scientifica avesse fatto il medico, come avrebbe elaborato certe osservazioni sull'umano? Come può uno scienziato che non ha mai visitato un paziente avere queste certezze sulla inutilità dell'omeopatia con cui si cura ormai in tutta Europa oltre il 40% della popolazione?

Da pochi anni, dimessomi dall'ospedale, ho allargato i miei orizzonti di medico organicista e a parte i fitoterapici (medicine estratte dalle piante) che da sempre ho prescritto, ho iniziato anche a consigliare alcuni prodotti omeopatici, pur non avendo specifiche competenze in questa particolare medicina alternativa. Sempre per parlare di verità parziali in medicina, dopo una recente autorevole pubblicazione scientifica sui rischi della terapia ormonale in menopausa responsabile dell'aumento di incidenza dei tumori mammari, vi è stata una controtendenza alla somministrazione di ormoni estro-progestinici, da oltre 30 anni prescritti dai ginecologi con assoluta sicurezza scientifica. Come logica conseguenza i disturbi quali vampate di calore, sudorazione ecc. non sono più sotto controllo ormonale e le povere donne che una volta venivano curate per parecchi anni con questi farmaci non hanno nulla con cui difendersi. Ho iniziato allora a suggerire un prodotto omeopatico di una nota industria italiana e la mia sorpresa è stata grande nel registrare la risposta positiva delle mie pazienti. Non si tratta degli isoflavoni di soia da secoli usati nella medicina cinese che in realtà poco controllano questi sintomi e men che meno di un effetto placebo considerando che la mia prescrizione a tutt'oggi è avvenuta prevalentemente ad amici e conoscenti in situazioni colloquiali al di fuori del mio studio.

Se nel cervello, come ho già detto, prevalgono i segnali elettrici, in molte sinapsi la chimica viene a dare il cambio all'elettricità (Goldberg, 2001). Sono infatti sostanze chimiche semplici, i neurotrasmettitori, a essere usati come segnali capaci di superare la fessura sinaptica. Il cervello, quindi, funziona contemporaneamente come una macchina elettrica e come una macchina chimica. D'altra parte si continuano a scoprire nuovi neurotrasmettitori: negli anni Trenta si conosceva infatti solo l'acetilcolina, la dopamina e la serotonina; ora invece il numero dei neurotrasmettitori, noti anche come peptidi, è sempre più elevato ed è arrivato alla famiglia delle citochine, veri pedoni nella scacchiera delle comunicazioni biologiche.

Il neurotrasmettitore viene prodotto e immagazzinato nelle terminazioni nervose; liberato nello spazio che separa i due neuroni si diffonde nella fessura sinaptica e raggiunge la cellula vicina in una frazione di secondo, qui il segnale chimico si traduce in segnale elettrico o viceversa e a volte il neurotrasmettitore è così ridondante che si diffonde in ampie zone del cervello creando implicazioni fisiologiche assai complesse.

Quanto il fenomeno isterico possa essere conseguenza di un esubero di produzione di neurotrasmettitori è difficile a dirsi, ma qualcosa si sta muovendo in tal senso; non è lontano infatti il tempo in cui i pazienti con malessere psichico andranno da nuovi medici della mente definiti neuropsicanalisti: si tratta di gruppi di lavoro formati da neuroscienziati, psicanalisti e medici nucleari, che stanno rivedendo le teorie freudiane alla luce degli studi di neurofisiologia. Come sostiene il neuropsichiatra, premio Nobel della medicina, Eric Kandel non è più tempo di dire che si cura la psiche con la psicanalisi o la psicoterapia cognitiva; bisogna anche dimostrarlo. Gli studi del cervello con la Risonanza magnetica funzionale (RMN) o la scintigrafia ad emissioni di positroni (PET) permetterano al clinico, in collaborazione con il medico nucleare, di avere una risposta alle problematiche del cervello con definizioni di mappe scintigrafiche per determinate patologie. Si potrà allora, dopo un adeguato periodo di trattamento psicoterapeutico, osservare, con degli esami di controllo, la modifica di queste alterazioni e finalmente sarà data una risposta allo scetticismo del professor Boncinelli sull'utilità della psicanalisi a cui comunque, come racconta lui stesso, per anni si è sottoposto prima di diventare un neuroscienziato. Sarebbe stato bello nel suo caso avere una mappa scintigrafica cerebrale prima e dopo la psicanalisi vista la buona riuscita che successivamente il suo cervello ha fatto.

Come ho già spiegato, l'apertura della scatola cranica per l'esame del cervello avveniva alla fine dell'autopsia e, successivamente, tutti i frammenti di tessuti degli organi in cui si osservavano alterazioni patologiche erano avviati al laboratorio per l'allestimento dei preparati di istopatologia da osservare poi al microscopio.

Passavo in quegli anni ore e ore al microscopio scoprendo mondi a me ignoti sia per le suggestive colorazioni che assumevano i vari tessuti, sia per le scene particolari a cui assistevo nella lettura dei preparati istopatologici.

Fu proprio nell'osservazione dei vetrini che mi resi conto di come le cellule responsabili delle nostre difese nell'ambito del sistema immunitario avessero una particolare totipotenza che mi lasciava sconcertato, non essendo ancora noto in quegli anni questo trasformismo cellulare.

In particolare, quando osservavo al microscopio frammenti di un tumore prelevato dal grosso intestino (colon), vicino al tumore si vedevano cellule colorate in blu e rosa con la colorazione nota come ematossilina-eosina che sciamavano in quantità notevole attorno al tumore quasi a volerlo distruggere, proprio come un esercito che stesse assediando una fortezza inespugnabile.

Anche in quel caso le mie fantasie di giovane medico erano molteplici: come mai, mi chiedevo, con questo spettacolare apparato di difesa il tumore ha comunque il sopravvento? Che cosa consente a questo nemico di crescere indisturbato all'interno di un meccanismo di difesa così ben organizzato?

3. *La scoperta del linfocita*

All'età di 11 anni, essendo io piccolo di statura, mio padre, preoccupato, non essendo evidentemente un fan di Darwin (entrambi i miei genitori non superavano il metro e sessanta) mi portò in visita dal professor Pende. Questo medico era allora famoso per i suoi studi sulla ghiandola timo, organo situato sopra il cuore che, secondo l'imponente trattato da lui pubblicato, si riteneva allora una ghiandola endocrina responsabile dell'accrescimento. La visita si svolse d'estate ai bagni Excelsior di Rapallo: il professore si trovava lì in vacanza e si aggirava con severo cipiglio, lunghe basette e accappatoio bianco, fra gli ombrelloni e le sdraio. Io, piccolo e grassottello, fui portato da mio padre al cospetto di tanta celebrità e lo scienziato, abbassandomi il costumino e tastando i miei testicoli da lui ritenuti troppo piccoli per scarsa produzione di ormoni da parte del timo sentenziò: questo bambino ha una iperplasia (aumento di volume) del timo e la ghiandola pertanto deve essere irradiata ai fini di non inibire l'accrescimento.

Rientrati a Milano, mio padre, anche se non molto convinto di questa indicazione terapeutica, mi condusse ugualmente all'ospedale Sacco di Vialba, dove lavorava come medico tisiologo, e iniziai ad essere irradiato con la roentgenterapia, cioè l'applicazione di raggi X a scopo terapeutico. Questo trattamento era, in quegli anni, molto sfruttato nelle malattie infiammatorie quali artrosi, lombalgie, cervicalgie ecc. e nonostante il dramma di Hiroshima, con tutti i morti conseguenti alla radioattività, ci vollero parecchi anni per capire i rischi della esposizione ai raggi X in campo medico sia diagnostico sia terapeutico.

Mio padre, ad esempio, durante la sua professione, fino al 1972, tenne in studio un apparecchio a raggi X per la scopia del torace, non sapendo che ogni volta che lo accendeva per esaminare i polmoni dei suoi pazienti, i raggi X non penetravano lui, in quanto protetto dal grembiule e dai guanti di piombo, ma in realtà superavano i muri dello studio e irradiavano il custode nella guardiola della portineria che, comunque, per tranquillizzare i lettori, è morto serenamente di vecchiaia.

Dopo un paio di applicazioni roentgen, per mia fortuna, il trattamento terapeutico per la riduzione della iperplasia timica fu sospeso e io ebbi salva la vita con buona pace del professor Boncinelli e delle verità scientifiche in medicina, giustamente da lui definite *provvisorie*.

Il timo, ghiandola scoperta negli uccelli nel 1522 da Jacopo Berengario da Carpi, solo nel 1962 fu identificato da J.F.A.P. Miller come l'organo chiave del sistema immunitario: se avessi continuato quel trattamento terapeutico sarei con tutta probabilità morto in età adulta per qualche infezione batterica non avendo, con l'irradiazione del timo, potuto organizzare in modo corretto le mie difese immunitarie.

L'iperplasia del timo, infatti, è la norma nell'età adolescenziale, in quanto attraverso questa ghiandola passano i globuli bianchi noti come linfociti che vengono marcati al fine di acquisire la memoria immunitaria specifica necessaria per organizzare le difese dalle malattie.

Pochi anni fa, a cena con un gruppo di amici, parlando di questa esperienza conobbi un collega di Genova il cui fratello era morto di infezioni ricorrenti a 40 anni avendo anche lui subito da giovane la irradiazione del timo (purtroppo lui subì l'intero trattamento) su indicazione del professor Pende.

Negli anni in cui ero assistente in Anatomia Patologica fra il 1966 e il 1970 nacque in me la prima vera grande passione scientifica, condivisa con un giovane studente allora al quarto anno di medicina, che frequentava come volontario la sala anatomica. Iniziammo così in modo artigianale a coltivare i linfociti (categoria di globuli bianchi responsabili delle nostre difese immunitarie) mettendoli a contatto, in un apposito terreno di coltura, con un estratto di fagiolo e osservando, dopo adeguata incubazione in stufetta a 40°, le eroiche gesta di cui erano capaci questi valorosi soldatini del sistema immunitario.

Le dimensioni del linfocita, dopo il periodo di incubazione a contatto con l'antigene del fagiolo, aumentavano considerevolmente e il piccolo nucleo denso circondato dallo scarso citoplasma si era trasformato in un linfoblasto cioè una grossa cellula vacuolata e ricca di granuli pronta a secernere anticorpi cioè immunoglobuline. In base alla percentuale di blasti formatisi dopo l'incubazione noi avevamo un'idea dello stato immunitario del paziente a cui avevamo prelevato il sangue per il test. Fino agli anni Settanta il conteggio dei blasti veniva eseguito con il microscopio ottico e solo successivamente nacque la possibilità di un conteggio automatico radiomarcando i linfoblasti. Quando il virus influenzale ci contagia, nell'organismo si attiva il fenomeno della *blastizzazione*: i linfociti specifici presenti nell'organismo per difenderci da quel virus, una volta che lo hanno identificato, iniziano a trasformarsi in linfoblasti e a secernere anticorpi in grado di uccidere quello specifico virus. In base alla capacità di duplicazione del virus e alle capacità di difesa dell'organismo, il tempo necessario per guarire può variare di qualche giorno e la febbre e la spossatezza a cui andiamo incontro altro non sono che la fisiologica reazione alla produzione di anticorpi. In generale, se siamo sani la battaglia è sempre vinta dal nostro sistema immunitario e solo di fronte a immunodepressione seria legata all'AIDS o a terapie immunosoppressive, come nei trapiantati d'organo o nei pazienti sottoposti a chemioterapia, l'organismo può soccombere.

Pensate al nostro stupore di allora quando, osservando al microscopio lo striscio di sangue dopo l'incubazione, vedevamo questi *alieni* pronti ad uccidere il nemico con le loro secrezioni e questo dopo avere per anni osservato al microscopio strisci di sangue in cui i linfociti, prevalentemente piccoli e scuri, ci sembravano privi di particolare significato.

In quegli anni le ricerche sul Sistema Immunitario esplosero e io fui assalito da una grande passione per tutto ciò che riguardava l'immunologia frequentando corsi in giro per l'Italia e ascoltando dotte lezioni ricche di spunti provocatori e innovativi dei coniugi Kline e del professor Pernis. Venire a conoscenza che nel nostro organismo ogni giorno nascono moltitudini di cellule tumorali che vengono uccise da particolari tipi di linfociti definiti *natural killer* (NK) mi agitò non poco.

Le cellule NK sono particolari tipi di linfociti definiti anche grandi linfociti granulari in grado di uccidere le cellule tumorali pur non riconoscendole in modo specifico. Gli NK ci difendono anche da virus e batteri; rappresentano circa il 5-10% dei linfociti e uccidono il nemico con un meccanismo definito di citotossicità, analogamente ad uno spray al DDT.

Uscivo da queste lezioni pieno di nuove conoscenze, che peraltro era impossibile applicare alla mia pratica clinica... Dovetti attendere oltre 30 anni per potere chiedere al laboratorio il conteggio delle cellule NK nei miei pazienti operati di tumore al fine di valutarne il sistema difensivo contro le metastasi.

A tutt'oggi le possibilità di usufruire nella pratica clinica delle continue scoperte dell'immunologia sono assai scarse e proprio per questo motivo pochi anni fa una autorevole rivista scientifica, il «New England Journal of Medicine», ha pubblicato una serie di articoli di aggiornamento nel tentativo di dare cultura ai medici su questo argomento.

La motivazione alla pubblicazione del giornale americano fu la seguente: i principi dell'immunologia pervadono la clinica medica. Medici di medicina generale e specialisti, pediatri, chirurghi, ostetrici e ginecologi, neurologi, anestesisti e psichiatri, tutti devono fare i conti con situazioni in cui il sistema immunitario fa sentire i suoi effetti diretti o indiretti oppure, al contrario, con disordini che colpiscono l'immunità come conseguenza di una malattia non immunitaria.

I primi esempi in medicina di stimolazione del sistema immunitario risalgono ai tempi in cui i cinesi praticavano l'inoculazione di croste di vaiolo o anche l'insufflazione di materiale infetto nel naso tramite un tubicino d'argento. Pratica peraltro diffusa anche in Africa e nelle campagne inglesi dove nel corso del XVII secolo le epidemie di vaiolo su dieci persone colpite ne uccidevano due sfigurando le rimanenti.

Nel 1722 anche i principi di Galles acconsentirono all'inoculazione nella cute dei propri figli di croste di valiolo prelevate da persone che erano sopravvissute alla malattia che, per questo motivo, veniva ritenuta meno aggressiva.

Tale pratica non era peraltro così efficace e si dovette all'intuizione di Edward Jenner l'elaborazione del primo vaccino nella storia della medicina. Fu proprio questo medico a rilevare come nelle campagne inglesi, dove era endemico il vaiolo bovino, le persone si ammalassero di meno in quanto stavano a contatto con gli animali ammalati e di conseguenza sviluppavano una difesa naturale dalla malattia.

In seguito a quest'intuizione Jenner inoculò materiale infetto di vaiolo vaccino. Sulla base dell'osservazione clinica fu pubblicato un rapporto sufficientemente chiaro riguardo ai risultati, ma in realtà non fu data nessuna vera interpretazione a questa pratica: essa funzionava e basta; questo fu sufficiente perché tale modalità terapeutica si propagasse rapidamente in tutto il mondo.

Nel 1881 Louis Pasteur dimostrò con esperimenti su animali che è possibile attenuare, ossia indebolire, germi patogeni e quindi ottenere vaccini definiti *svirulentati* in grado di provocare la risposta immunitaria nei soggetti trattati. Iniziarono così le prime vaccinazioni per la rabbia, il colera e l'antrace.

Negli anni successivi la ricerca in questo campo esplose e da Pasteur a Ehrlich si svilupparono numerose teorie sul sistema immunitario e sulla relazione antigene-anticorpo, identificata come la chiave fondamentale della risposta immunitaria.

Fu però N.K. Jerne nel 1955 a proporre un cambiamento radicale ipotizzando la selezione da parte dell'antigene di proprietà già esistenti. In altre parole non era la chiave (anticorpo) a produrre la propria serratura (antigene) ma era la serratura giusta che incontrava casualmente la propria chiave. Fu Burnett, qualche anno dopo, a proporre la selezione clonale e ad identificare la proprietà essenziale del sistema immunitario ovverossia la sua capacità di memoria.

La teoria della selezione clonale ipotizza che se un antigene si adatta bene ad un recettore cellulare, si lega a questo e stimola la cellula a dividersi e a produrre altri recettori costituendo una progenie di cellule identiche a quella selezionata dall'antigene, in altre parole un clone cellulare con anticorpi specifici per quell'antigene.

Provate ad immaginare (se non l'avete visto vi consiglio di cercare il DVD) il film del regista giapponese Kurosawa *Kagemusha o l'ombra del guerriero*, dove nel gran finale tutto l'esercito (in questo caso milioni di linfociti-soldati) è schierato nello sterminato campo di battaglia disseminato di fiumi, torrenti e ruscelli (il nostro organismo con il torrente circolatorio). Il nemico (ipotizziamo l'ingresso nell'organismo di un virus influenzale) una volta entrato sul campo di battaglia identifica un unico soldato da attaccare con cui ha una affinità specifica, lo attacca ma così facendo lo induce a riprodurre milioni di soldati uguali che possano contrastare l'attacco virale. L'esito, dopo qualche giorno di combattimento, è l'annientamento del nemico con la vittoria del clone di soldati che si è costituito. Tutto questo lavoro comporta da parte dell'organismo un grande impegno di energie che si traduce in febbre elevata e lascia, come ho già detto, il soggetto chiaramente sfinito.

Da qui l'importanza dopo un attacco virale di dare tempo all'organismo di riprendersi.

Se però il soggetto è stato vaccinato o comunque ha memorizzato l'antigene per un precedente episodio influenzale allora è già pronto il clone di soldati specifico, che controlla immediatamente il nemico eliminandolo senza grosso impegno del sistema immunitario.

Questo tipo di reazione antigene anticorpo si definisce *immunità specifica* ed è quella che disperatamente da anni la ricerca oncologica porta avanti per sconfiggere il cancro nel tentativo di abbandonare finalmente l'era della chemioterapia e delle sue note conseguenze tossiche.

Se infatti fosse possibile selezionare in modo preciso l'antigene di ogni tipo di tumore si potrebbe allestire il vaccino specifico con cui combatterlo.

In particolare uno dei primi tumori su cui da oltre 30 anni si sta sperimentando il vaccino specifico è il melanoma (il nevo cutaneo che talvolta degenera in tumore).

Questo tumore, pur provocando nell'organismo la produzione di anticorpi specifici, in realtà non consente all'organismo di difendersi in quanto paralizza l'attività del sistema immunitario consentendo lo sviluppo di metastasi in tempi assai rapidi.

Qualche anno fa alla televisione assistetti all'intervista di un vecchio contadino che raccontava di come, avendo incontrato in un viaggio ad un santuario, Madre Teresa di Calcutta, questa gli avesse dato una sua immaginetta e lui, tornato a casa, fosse guarito dal melanoma metastatico di cui era portatore. Il medico curante, al suo fianco confermava questa miracolosa guarigione.

La spiegazione di questo miracolo si può fare risalire ad una risposta biologica da me definita a suo tempo come *shock carismatico*.

In altre parole, l'evento atteso dalla psiche del contadino era la guarigione miracolosa; per cui il suo stato mentale al momento della consegna della immaginetta si è totalmente modificato, attivando il network esistente fra sistema immunitario e sistema nervoso centrale, consentendo in tal modo l'utilizzazione di anticorpi già esistenti contro l'antigene tumorale rappresentato dal melanoma ma che non potevano attivarsi spontaneamente per la eccessiva aggressività dell'antigene.

Tratterò meglio nel capitolo sulla PNEI la spiegazione biologica di questo miracolo e non è un caso, come ho già detto precedentemente, che i miracoli di Lourdes siano con discreta incidenza relativi a guarigioni di pazienti affetti da tubercolosi. Il bacillo di Koch, agente patogeno della tubercolosi, ha la caratteristica di stimolare efficacemente il sistema immunitario e uno stato mentale proiettato verso la guarigione può favorire la produzione di neurotrasmettitori (citochine) prodotti dai neuroni cerebrali e in grado di attivare i linfociti specifici favorendo l'eliminazione del bacillo. Il *mycobacterium tubercolosis* (MTB), agente patogeno della tubercolosi, penetra nell'organismo umano attraverso le vie respiratorie, provocando un focolaio polmonitico limitato che, nella maggiore parte dei casi, è controllato dalle difese immunitarie dell'ospite. I meccanismi che entrano in gioco in questa fase sono soprattutto quelli dell'immunità innata o aspecifica rappresentata a livello polmonare dai macrofagi alveolari, questi, una volta processato l'antigene del MTB, lo presentano ai linfociti T: a questo punto si sviluppano i meccanismi dell'immunità acquisita. È su queste premesse che una forte attivazione dell'immunità specifica sostenuta da una particolare attivazione psichica può favorire la guarigione del soggetto.

Uno dei filoni di studio in cui l'Italia si colloca fra i primi posti nel mondo è proprio il campo dei vaccini contro i tumori. Attualmente queste ricerche riguardano prevalentemente vaccini aspecifici, cioè non diretti contro l'antigene tumorale, ma in grado di stimolare tutte le risorse del sistema immunitario mettendolo in condizione di eliminare o ridurre le cellule tumorali.

In altri termini: combattere il tumore dall'interno senza gli effetti collaterali della chemioterapia. Questi vaccini sono già stati sperimentati, come ha affermato in un'intervista, qualche tempo fa, Filippo Belardinelli del Dipartimento di Biologia cellulare dell'Istituto Superiore di Sanità, per il melanoma, il tumore renale, quello del colon retto e quello della prostata. Tutti questi tumori si caratterizzano per la loro capacità di interagire con il sistema immunitario. Su queste neoplasie la chemioterapia risulta poco efficace e attualmente la migliore cura consiste nella chirurgia precoce, in modo da eradicare il tumore prima che questo possa sviluppare metastasi.

In letteratura i casi di guarigione spontanea di tumori sono raramente descritti e vengono genericamente attribuiti a quello che viene definito *apparato immunitario naturale* (Bizzarri, 1999). Negli anni Novanta assistetti ad un caso di guarigione di un tumore renale metastatizzato di cui si era ammalato un mio compagno di infanzia. Il tumore, al momento della diagnosi, aveva già sviluppato numerose metastasi polmonari, ma è noto in letteratura che in alcuni casi, operando il tumore renale primitivo, le metastasi successivamente possono regredire spontaneamente. Detti pertanto indicazione all'intervento di asportazione del tumore renale primitivo e circa quaranta giorni dopo l'intervento iniziai un trattamento per via intramuscolare con una citochina in commercio da qualche anno nota come interferon-gamma (IFN-gamma). La funzione di tale citochina è quella di far riconoscere meglio all'organismo l'antigene tumorale. Dopo tre mesi di trattamento una TAC del torace dimostrò la scomparsa di tutte le metastasi e a distanza di dieci anni il mio amico è vivo e sano.

Uno studio internazionale eseguito su migliaia di pazienti affetti da tumore renale disseminato e trattati con interferon-gamma ha dato percentuali assai basse di guarigione e quindi il mio amico si può considerare molto fortunato; a tutti gli effetti un "miracolato" dalla relazione biologica fra il suo organismo e il tumore.

Negli anni Ottanta, trasferitomi ormai da tempo dalla Anatomia Patologica al reparto di Pneumologia dell'ospedale di Niguarda iniziai un trattamento con vaccino BCG (vaccino antitubercolare) ai pazienti operati di cancro polmonare allo scopo di prolungarne la sopravvivenza e ridurre l'incidenza di metastasi. Il tumore polmonare, anche se operato in fase precoce senza presenza di metastasi visibili o dimostrabili in altri organi, tende a svilupparle dopo l'intervento e in generale su cento pazienti operati al primo stadio, nei successivi cinque anni circa il 30% decede per metastasi diffuse.

La chemioterapia post-chirurgica definita *adiuvante* non modifica queste percentuali per cui i tentativi da perseguire sono quelli di potenziare l'immunità naturale allo scopo di eliminare presunte cellule neoplastiche già diffuse per via ematica prima dell'intervento e non dimostrabili con gli esami di stadiazione pre-operatoria.

Negli anni Ottanta, all'interno di un gruppo oncologico interdisciplinare europeo noto come EORTC, fu proposto un protocollo con un vaccino da anni in commercio contro la tubercolosi, noto come vaccino di Calmette Guerin (BCG).

Il vaccino BCG è un vaccino specifico contro la tubercolosi, costituito da germi svirulentati e ha la caratteristica di essere fortemente immunogeno cioè in grado di provocare il sistema immunitario sia in senso specifico, attivando le difese contro il bacillo tubercolare, sia in senso aspecifico, intendendosi per immunità aspecifica una generica risposta del nostro sistema immunitario in cui si attivano i co-fattori dell'immunità, la cosiddetta immunità naturale.

In altre parole, se con l'esercito di linfociti bene organizzati noi siamo in grado di combattere selettivamente il nemico una volta identificato, siamo anche in grado, con l'attivazione dei co-fattori dell'immunità, di tenere alto il livello di difesa, riuscendo in questo modo ad eliminare un considerevole numero di cellule tumorali malgrado il sistema immunitario non le riconosca in modo specifico.

Il protocollo dell'EORTC prevedeva un trattamento costituito da vaccinazioni mensili con tre dosi vaccinanti di BCG, intradermiche, agli arti superiori e in regione parasternale di pazienti operati di tumore polmonare in stadio iniziale definito 1° stadio A (tumore di dimensioni non superiore ai 3 cm di diametro e linfonodi regionali non interessati da metastasi).

Il trattamento fu mantenuto per un anno e il *follow-up* dei pazienti per oltre cinque anni. Al termine dello studio i risultati ottenuti dimostrarono che questa immunoterapia aspecifica aveva ridotto dell'8% l'incidenza di decessi per metastasi.

La cosa singolare di questo studio multicentrico che sembrava essersi perso nel nulla è quella che i risultati furono recuperati da un gruppo di studiosi, francesi e inglesi, che ebbero l'idea di sviluppare una meta-analisi su tutte le pubblicazioni scientifiche riguardanti l'uso di questo vaccino nel tumore polmonare, cercando di selezionare i lavori scientifici più omogenei come se fosse un unico studio.

Il risultato di questa disamina scientifica ci fu comunicato in un full immersion di 3 giorni a Cambridge nel 1990; fu in quell'occasione che ebbi conferma dei vantaggi della terapia con vaccino BCG somministrato ai pazienti operati in I° stadio A, come peraltro avevo visto nel mio gruppo di 128 pazienti.

Un ulteriore campo di ricerca che si sta ampliando è quello riguardante la sintesi di nuovi farmaci con attività immunomodulanti, cioè in grado di modificare alcune caratteristiche dei tumori rendendoli più vulnerabili ai vaccini.

Ricordiamoci comunque che in generale la migliore prevenzione dai tumori e dalle malattie si ottiene con un adeguato stile di vita; se il medico di famiglia riuscisse a riappropriarsi di un suo ruolo di tipo preventivo sicuramente i nostri sistemi immunitari ne trarrebbero grande beneficio.

Una delle caratteristiche degli sciamani era ed è tutt'ora quella di intervenire attivando le risorse guaritrici di ogni individuo; in altri termini non curare, bensì prevenire, analogamente alla medicina cinese quando i medici venivano pagati fino a quando il paziente rimaneva sano, mentre cessava il pagamento alla comparsa della malattia.

Una delle premesse per il buon funzionamento del sistema immunitario è quella di ridurre l'aggressione dei radicali liberi dell'ossigeno (ROS) responsabili dello stress ossidativo.

Come medico pneumologo mi occupo di prevenzione secondaria dei danni biologici correlati al fumo di sigaretta e uno degli indici di maggiore tossicità nei fumatori è l'alterazione del bilancio ossidativo che naturalmente si ripercuote sull'efficienza del sistema immunitario.

Il bilancio ossidativo è rappresentato dal giusto equilibrio fra gli aggressori, i radicali liberi (ROS), che inducono danni tissutali, e il *pool* di difese antiossidanti costituito dallo stile di vita.

Se invece di scrivere sui pacchetti di sigarette *il fumo uccide* avessero scritto *cammina un'ora al giorno* oppure *bevi una spremuta di arancia* o ancora *mangia una tazza di mirtilli* si sarebbe avviata una campagna di prevenzione secondaria assai più interessante di quella attuale, nata in teoria per scoraggiare i fumatori, ma in verità finalizzata a scaricare le società produttrici di tabacco da responsabilità medico-legali.

Assumersi la responsabilità della propria salute significa semplicemente adottare uno stile di vita che influenzi il sistema immunitario innalzando il livello di resistenza alle malattie. Il popolo italiano è il secondo al mondo per longevità, dopo i giapponesi, grazie alla dieta mediterranea notoriamente antiossidante. Se a questa associassimo l'abitudine di camminare un'ora al giorno e la integrassimo con il consumo di pesce crudo, sicuramente passeremmo al primo posto. Gli acidi grassi omega-3 omega-6 contenuti in particolare nel pesce azzurro sono potenti protettori della membrana cellulare e stanno assumendo un ruolo terapeutico in molte malattie cronico-degenerative (morbo di Crohn, prostatite, artropatie, ecc.) (Sharma, 2002).

In uno studio sui fumatori da me condotto in collaborazione con un radiologo e un biochimico del CERSS (Centro di Eccellenza per le Ricerche e lo Studio dello Stress ossidativo) la somministrazione di acidi grassi omega-tre omega-sei ha ridotto di molto il danno ossidativo dei soggetti in esame (Accinni, 2005).

La produzione di radicali liberi dell'ossigeno nei mammiferi è in funzione del metabolismo individuale ed è noto come i nemici siano rappresentati da radiazioni, fumo di sigarette, inquinamento, grassi saturi e stress cronico. Lo stress, che genericamente si riteneva responsabile di un eccesso di liberazione di CRH (corticotropin releasing factor) nel sangue con conseguenti danni tissutali, in realtà attiva una risposta organica assai più complessa che mette in gioco la liberazione di citochine (interleuchine, interferone ecc.) alcune delle quali sono definite pro-infiammatorie per la loro caratteristica di accendere l'infiammazione a carico di organi bersaglio.

Nella vita professionale di ogni medico sicuramente esistono esempi di pazienti stressati che bombardano il loro organismo con citochine proinfiammatorie liberate dai neuroni e dai linfociti. Un caso singolare mi è capitato recentemente quando una paziente, che per anni aveva lavorato in una casa con diversi piani di scale senza avere avuto mai alcun problema di dolori alle ginocchia, alla comunicazione della figlia ventunenne di trasferirsi a vivere in Inghilterra, nell'arco di una settimana si invalidò per il gonfiore e il dolore all'articolazione del ginocchio destro. Una lastra eseguita tempestivamente dimostrò una grave lesione a carico dell'osso tibiale, sicuramente esistente da numerosi anni; l'interpretazione di questo caso mi è stata chiarita da un recente articolo di Francesco Bottaccioli su un giornale di divulgazione scientifica in cui si spiegava come lo stato di stress protratto produca liberazione di IL6, una citochina proinfiammatoria.

Se quindi lo stress psichico è responsabile di danni organici, il problema è come difendersi da questi bombardamenti di neurotrasmettitori e radicali liberi.

Sappiamo che il nostro organismo è in grado di tollerare solo per brevi periodi uno stato di alterata omeostasi, definita di allostasi. Quanto più si rimane in questa condizione organica disarmonica o eroica tanto più si pagano danni che si possono così riassumere:

1. aumenta il cortisolo ematico per aumento del CRH;
2. si riducono i globuli bianchi e si altera la formula leucocitaria;
3. si riducono il linfociti CD4 responsabili delle nostre difese immunitarie;
4. si riducono le cellule NK che ci difendono dai tumori;
5. si riduce la blastizzazione linfocitaria (la risposta dei linfociti ai fitogeni);
6. si riduce la produzione di IFN-gamma-IL1-Beta IFN;
7. aumentano i titoli anticorpali dei virus latenti (Herpes virus-Ebstein-Barr);
8. si riducono le cellule nervose dell'ippocampo;
9. aumenta la pressione arteriosa;
10. aumenta la frequenza cardiaca.

Lo stress può essere nocivo ma anche benefico. Una certa tensione, paragonabile al tono muscolare, è persino necessaria per potere fornire prestazioni efficienti. Non è semplice d'altra parte capire quando siamo in pericolo in quanto lo stress è una condizione personalizzata sia per quanto riguarda la capacità di risposta del nostro organismo sia per il tipo di eventi scatenanti. Molti ricercatori nel campo della endocrinologia e della neuropsichiatria sono alla ricerca di indicatori dello stress al fine di elaborare uno strumento che ci metta in condizione di capire fino a che punto possiamo «tirare la corda» (Englert, 2003).

L'omeostasi, come spiega Steven Rose nel suo ultimo libro *Linee di vita* è la tendenza dell'organismo a operare per regolare il *milieu interieur* cioè l'ambiente interno dell'organismo; ma altro non è che la costante messa a punto della dialettica fra il biologico e il sociale (Rose, 2001). I valori programmati per l'omeostasi cambiano continuamente in quanto lo stesso organismo gioca un ruolo attivo nel determinare il proprio destino essendo dotato di grande plasticità nel corso dello sviluppo. Steven Rose introduce il concetto di *Darwinismo dinamico* ossia la modificazione dell'organismo in relazione all'ambiente non in modo passivo bensì in modo attivo, cioè la capacità dell'organismo di modificarsi in relazione all'ambiente sociologico che affronta. Questa autopoiesi, ossia costruzione del sè, è quindi una caratteristica di noi umani, ma è importante, quando affrontiamo situazioni *eroiche* avere la percezione di ciò che stiamo pagando in quel momento per sostenere quella determinata situazione operativa. A quel punto abbiamo due possibilità: o rientrare rapidamente nello stato *quo ante* per evitare di ammalarci o capire che l'organismo è in grado di sostenere quella scelta in quanto è riuscito a modificare la sua omeostasi e a quel punto, essendosi modificato, è in grado di sostenerla.

Ricordo il caso di un paziente ricoverato presso il nostro reparto per un malattia tubercolare di una certa gravità. Mentre raccoglievo l'anamnesi emerse in modo lampante come quella malattia rappresentasse per lui, finalmente, un momento di pace tanto era l'entusiasmo con cui la viveva. Quando gli comunicai infatti che per almeno un anno non avrebbe potuto tornare a lavorare si liberò in un dolcissimo sorriso quasi fosse uscito da un incubo. Si trattava di un operaio che, diventato sindacalista della CGIL, aveva sviluppato una brillante carriera e doveva quindi confrontarsi con ministri, alti dirigenti ecc. in continue riunioni. Evidentemente quell'impegno era superiore alle sue forze e il suo organismo, non in condizioni di sostenere quel tipo di sollecitazione sociologica, elaborò una malattia da fuga. Lo stress e cioè lo sforzo, spinta, tensione, peso, fatica era in quel caso divenuto insopportabile per il soggetto in questione in quanto gli effettori neuro-ormonali che regolano l'asse ipotalamo-ipofisi-surrene non riuscivano a sostenere l'eccesso di richiesta.

L'asse neuroendocrino surrenalico gioca un ruolo assolutamente centrale nella complessa integrazione della risposta dell'organismo agli stress sia fisici, sia psicobiologici, attraverso il controllo del metabolismo intermedio, della funzionalità del sistema cardio vascolare della pressione arteriosa, della regolazione di altri assi neuroendocrini, dell'interferenza del sistema nervoso centrale. Fu il fisiologo Hans Selye, considerato il padre della sindrome da stress, che descrisse per primo nel 1936 su «Nature» la sindrome generale da adattamento distinguendola in 3 stadi:

1. reazione di allarme;
2. lo stadio di resistenza;
3. lo stadio di esaurimento.

Come meglio vedremo nel capitolo sul sistema neuroendocrino, il sistema nervoso centrale, una volta percepito l'evento stressante, attiva una cascata di fattori neuroendocrini che mettono l'organismo in grado di modificarsi e di adattarsi alle nuove richieste; ma se l'evento stressante diventa cronico, si va verso l'esaurimento delle risorse in periferia e la malattia è la naturale conseguenza di questo eccesso di richiesta. Le conseguenze pertanto di uno stress male tollerato possono portare a sviluppare: arteriosclerosi, obesità addominale, ipotrofia muscolare, atrofia neuronale in particolare a carico dell'ippocampo con deficit del sistema cognitivo, osteoporosi, diabete mellito di 2° tipo. Queste patologie sono conseguenza dell'eccesso di ormoni glicocorticoidi liberati dall'asse ipotalamo-ipofisario. Questo eccesso di produzione ormonale può anche favorire l'insorgenza di malattie autoimmuni.

In alcuni particolari casi invece l'organismo è in grado di adattarsi a queste nuove richieste e di sostenere lo stress cronico, in quanto subisce modificazioni sostanziali nell'organizzazione dell'asse neuroendocrino: in questo caso Steven Rose parla di Darwinismo dinamico proprio per spiegare come le modificazioni biologiche siano indotte dall'impatto con l'esperienza.

Chiave di volta del controllo dello stress è l'ippocampo, una piccola struttura situata nei nuclei della base cerebrale, che immagazzina come engrammi neurali (cioè memorie precostituite) la rappresentazione dell'ambiente esterno in virtù delle esperienze precedenti. In tal modo l'ippocampo è in grado di valutare gli eventi reali con modelli teorici predeterminati. Una volta eseguito questo check, l'ippocampo innesca una cascata neuroendocrina attivando l'asse ipotalamo-ipofisi-surrene. Così facendo questa efficientissima struttura cerebrale opera in due modi, controllando il mondo esterno e, in determinate situazioni, trasformandosi in un centro di attivazione neuroendocrina. Ma proprio la presenza in questo organo, di recettori che rispondono agli ormoni dello stress, di fronte ad uno stress cronico induce un deterioramento delle funzioni cognitive del soggetto (Mayer, Saper, 2000).

Nel 1998 mi sono dimesso dal ruolo di Primario pneumologo ospedaliero proprio per uscire da un carico allostatico che era diventato intollerante. Il tipo di sviluppo della funzione primariale non aveva più niente a che fare con quella di medico; ogni atto decisionale era diventato burocratico, il rapporto con il personale sanitario e parasanitario doveva tenere conto della giuste recriminazioni di tutti verso le carenze della amministrazione. Nel frattempo la mia libera professione come specialista pneumologo in Milano si era consolidata, per cui il mio impegno quotidiano fra ospedale e studio raggiungeva punte di lavoro superiori alle 12 ore al giorno. Lo stato di stress era di conseguenza cronico e il mio futuro era disegnato verso un probabile infarto del miocardio anche considerato il mio rischio genetico.

La decisione di dimettermi anticipatamente è nata da una mia antica abitudine, in condizioni di difficoltà, ad affrontare delle scelte *paradosse*, proprio per uscire da condizioni di stallo. Così dall'oggi al domani diedi le dimissioni e mi riappropriai di trentasei ore settimanali di vita.

Dopo questa saggia decisione, la mia professione di medico si è progressivamente modificata; il rapporto con i pazienti ha assunto un tono più modulato e il mio sistema immunitario, reso molto più efficiente dalla mia scelta, è diventato il caposaldo del mio invecchiamento, sostenuto anche da un minimo di due partite di golf alla settimana equivalenti a 10 ore circa di cammino.

La vecchiaia è in teoria perdita di flessibilità o perdita delle complessità o ancora perdita delle variabili che creano strutture organizzate secondo i sistemi caotici.

Come dice il gerontologo Vergani (1999) la *nuova longevità* è rappresentata dall'osservazione che il 50% dei soggetti che arrivano a 75 anni hanno un'aspettativa di vita fino agli 86.

Mi ritrovo ora come medico *young old* (65-75) a interagire prevalentemente con pazienti coetanei o *old* (75-85) o *old-old* (sopra gli 85) e di conseguenza ad applicare tecniche di prevenzione che hanno il vantaggio di essere proposte a gente prevalentemente uscita dal mondo dello stress e su cui pertanto gli obbiettivi sono semplificati dalla assenza del danno biologico indotto dai bombardamenti dei fattori stressogeni ampiamente illustrati precedentemente.

Difendere l'omeostasi, ossia mantenere costante l'ambiente interno all'organismo di questi soggetti, è molto più semplice e anche l'*horror autotossicus*, cioè il processo biologico per cui l'organismo aggredisce se stesso attraverso i radicali liberi, è nettamente ridotto.

Giunti a questo punto è sufficiente convincere i miei pazienti a sviluppare un'attività fisica di tipo aerobico per proteggerli sia a livello organico, sia cerebrale.

Camminare infatti, se possibile a passo svelto almeno 40 minuti al giorno, migliora la sopravvivenza di circa 10 anni ed evita anche il decadimento cognitivo.

L'attività aerobica, se sviluppata sistematicamente almeno 4 volte alla settimana, incrementa le abilità cognitive, attenua i deficit motori e addirittura si mostra capace di stimolare la produzione di nuove cellule nervose (neurogenesi) allontanando lo spettro dell'Alzheimer o della demenza senile.

Insomma, una regolare attività fisica, bloccando la perdita di neuroni legata all'età, si comporta come un potente fattore antinvecchiamento e come scrive lo psichiatra Servan Schreiber nel suo libro *Guarire* (2003) gli effetti sul cervello dell'esercizio fisico sono del tutto simili a quelli prodotti dai più moderni farmaci antidepressivi e ansiolitici.

L'insieme di questi effetti positivi trova una spiegazione nell'aumento di disponibilità cerebrale indotto dalla attività fisica di un importante fattore di crescita nervoso, il BDNF (fattore nervoso di derivazione cerebrale) (Bottaccioli, 1995). Questa sostanza si trova al centro della ricerca scientifica analogamente al NGF scoperto da Rita Levi Montalcini negli anni Trenta per le sue possibili applicazioni nella terapia dei danni neurologici da eventi acuti (ictus) o degenerativi. Il BDNF sembra avere un effetto neuroprotettivo e neurotrofico, avendo in laboratorio dimostrato la capacità di aumentare la sopravvivenza dei neuroni e di promuovere la crescita dei prolungamenti cellulari (assoni e dendriti). Nelle cavie l'infusione di BDNF protegge l'ippocampo (l'area della informazione della memoria) e la corteccia dai danni da ischemia cerebrale.

Il BDNF aumenta anche la cosiddetta plasticità cerebrale, cioè la capacità di creare nuove connessioni (sinapsi) soprattutto nell'aria ippocampale. Non solo l'attività fisica stimola il BDNF, ma anche gli stimoli cognitivi e questo spiega la nostra ammirazione per i grandi vecchi quali ad esempio lo sono stati Cesare Musatti e Norberto Bobbio il cui invecchiamento non ha certo inciso sulla capacità creativa.

Anche la depressione sembra essere collegata a un deficit di BDNF che viene recuperato dalla somministrazione di antidepressivi che aumentano i livelli di serotonina.

La plasticità cerebrale, massima nei primi anni di vita, si mantiene tale anche nell'invecchiamento grazie a questo fattore di nutrizione del sistema nervoso centrale e non meravigliamoci quindi, quando leggiamo sul giornale di soggetti *old* laureatisi a pieni voti in età avanzata.

Il legame fra il fattore nervoso e la molecola antidepressiva per eccellenza ci permette di capire meglio il funzionamento dell'*intelligenza cenestesica* costruita sui corretti rapporti dell'apparato muscolare e dei centri nervosi.

La decisione di correre, di nuotare o comunque di mettere in movimento i grossi muscoli del corpo comporta l'attivazione di vari centri cerebrali, tra cui innanzitutto le aree corticali prefrontali dove si realizza la decisione e si concepisce il piano di attività; le cortecce motorie dove si prefigurano traiettorie, obbiettivi e dove sono depositati i programmi di attivazione di specifici gruppi muscolari.

Nel contempo vengono anche attivate aree profonde come i gangli della base, il cervelletto, il setto, il mesencefalo (Cavicchi, 2002). L'attivazione di queste due ultime aree in particolare comporta anche la liberazione di neurotrasmettitori come acetilcolina e serotonina che fanno sentire i loro effetti sia in periferia, sia nel cervello. Dai muscoli in attività vengono liberate e tornano al cervello, tramite la circolazione sanguigna, due sostanze neuroattive: l'IGF1 (fattore insulinosimile di primo tipo) e l'andamina.

In questo modo si conferma come l'attività percettivo motoria sia la più alta forma di intelligenza in quanto maturatasi nel corso dell'evoluzione.

Entra così in gioco, come dice Ivan Cavicchi (2002), il nuovo *concetto di vitalità*: dare al corpo il suo vero significato di benessere biologico; quindi non più corpo come macchina cartesiana, ma come espressione di uno sviluppo filogenetico costituitosi in 4 miliardi di anni. Nella nuova idea di benessere il corpo è parte integrante dell'identità della persona; esso è, rispetto al benessere, la congiunzione tra natura e cultura e il corpo diventa la base delle nostre emozioni.

L'atto mentale rappresenta la summa di un flusso neuropercettivo che raggiunge il cognitivo e in questo modo lo stato mentale è una continua modificazione di flussi biologici (metaforicamente è come pensare ad un concetto di Nazione).

A questo punto non è velleitario parlare di intelligenza del corpo e superare la visone, molto cara alla medicina, di corpo come macchina, con la conseguente necessità di creare il concetto di anima.

L'anima in funzione della macchina ha un senso, in funzione dell'intelligenza cenestesica meno. Il benessere del corpo è rispetto della sua dignità biologica e, in questa nuova cultura del benessere, il corpo da oggetto diventa soggetto e in quanto tale, come dice Cavicchi (2002), rivendica di accrescere le sue capacità e sconfiggere le proprie incapacità, prima fra tutte il dolore.

Qualche anno fa un disco intervertebrale della mia colonna uscì dal suo alloggiamento (ernia discale cervicale) e le possibilità che mi si offrivano erano quelle di rimanere invalido e non potere più giocare a golf convivendo con il mio handicap oppure di farmi operare. Ebbi la fortuna di conoscere un neurochirurgo, figlio di un noto psicanalista morto qualche anno fa, che con grande lucidità mi spiegò il tipo di intervento e le possibilità di rapida guarigione che mi si offrivano. Entrato in ospedale il lunedì sera, il martedì fui operato e il mercoledì dimesso; dopo un mese riprendevo a giocare a golf con il mio disco artificiale in titanio piantato con una staffa, anch'essa in titanio, fra le mie due vertebre. Bionica, biotecnologia, ingegneria genetica, cellule staminali ecc. non sono altro che mezzi per migliorare il corpo e consentire di adattarci al meglio nell'ambiente in cui viviamo in senso evoluzionistico e quindi soprattutto «adattamento tecnomorfo all'ambiente creato dall'uomo» (Cavicchi, 2002).

Nella nuova concezione del benessere, biologia e tecnologia non sono più concetti opposti ma complementari.

Secondo Sidney Perkowitz docente di fisica all'Università di Atlanta e autore del libro *Digital people: from bionic humans to androids* (Joseph Henry press) stiamo addirittura passando dall'uomo bionico, cioè prevalenza di contenuti umani con inserimenti biotecnologici, al Cyborg cioè corpo artificiale controllato da mente umana o animale. Secondo questo scienziato uno dei prossimi passi del futuro tecnologico sarà il *brain remote control*, già in parte applicato, per cui un uomo, completamente paralizzato, attraverso degli elettrodi innestati nel suo cervello è in grado di operare sul computer con il solo controllo del suo pensiero. Parallelamente si arriverà a dei robot biologici frutto di una robotica avanzata sintesi di nanotecnologia e ingegneria genetica.

Quando negli anni Ottanta compivo, assieme con il primario, il giro delle visite ai malati ricoverati in reparto, la tolleranza del malato era la premessa cui noi sanitari ci appellavamo per farlo convivere con la sua sofferenza. Oggi il paziente in ospedale deve rifiutarsi di essere *tollerante* ed esigere che il suo dolore sia rapidamente controllato dalle tecniche analgesiche o dagli oppiacei che la medicina ha elaborato.

Non ha senso oggi, come ho visto per anni, assistere al dolore dei pazienti affetti da cancro polmonare con metastasi diffuse, senza intervenire adeguatamente con le giuste dosi di oppiacei visto che nel nostro Paese non è prevista neppure l'eutanasia passiva. Per quanto riguarda poi l'accanimento terapeutico, contro cui mi sono battuto per anni, vi racconto questo episodio esemplare.

Un pomeriggio mentre mi trovavo in reparto con il collega di guardia, arrivò, inviata dal Pronto Soccorso, una suora che avevamo in cura da qualche mese per un cancro del polmone inoperabile.

La paziente era in coma da ipercalcemia dovuta alle numerose metastasi ossee; in silenzio io e il collega, di pochi anni più giovane di me, ci limitammo a prescrivere fleboclisi di soluzione fisiologica per idratare semplicemente la paziente e farla morire in pace e senza sofferenze.

Cambiato il turno di guardia, subentrò un giovane collega che immediatamente intervenì somministrando alla suora calcitonina endovena e risvegliandola dal coma.

La paziente morì afflitta dai dolori ossei dopo circa 10 giorni e in uno stato di grande lucidità. Quando misi questo caso in discussione alle nostre riunioni di reparto, con medici e infermieri, tutti i giovani medici sostennero che era dovere del medico di guardia fare quel tipo di intervento terapeutico e che la nostra omissione si configurava come una eutanasia passiva, non ammessa nel nostro Paese.

Per anni ho assistito alle sofferenza dei malati operati di tumore polmonare presso la divisione De Gasperis dell'Ospedale di Niguarda; guardandoli e pensando alla prognosi infausta di molti di essi mi domandavo perché questi poveretti dovessero affrontare un simile calvario. Solo da pochi anni per fortuna questi malati ora possono fruire di analgesia cronica post operatoria grazie ad un piccolo catetere peridurale posizionato dall'anestesista attraverso il quale vengono somministrate adeguate quantità di morfina.

Se come dice il neuroscienziato Edelmann ognuno di noi nel rapporto mente-corpo sviluppa un esperimento biologico, l'autocompimento della persona in senso biologico non può che essere finalizzato al bene di se stessi.

A questo punto, conclude Ivan Cavicchi, anche il tempo entra come logica positiva e non come evento ineluttabile di morte. Se sapremo usare il tempo come bene e non come generica aspettativa di vita, il tempo entrerà a pieno titolo nella logica di bene; esso non può che essere *just in time* cioè il risultato di una sincronizzazione tra utilità, capacità, opportunità, singolarità e diritti (Cavicchi, 2002).

Così rielaborato il senso del nostro vivere, il concetto di salute si dilata e si entra in una dimensione di vitalità; non vi sarà niente di più benefico che la stessa vita e con la vitalità la morte cesserà di essere un valore, in piena sintonia con quanto ha risposto Edelmann a chi gli aveva chiesto cosa pensasse della morte: nulla – rispose – in quanto non c'è più nulla da sperimentare.

Lo sperimentare la vita e noi stessi diventerà il vero progetto di autocompimento ed ecco il motivo per cui più invecchieremo e più ci saremo sperimentati, considerando la vecchiaia non certo un momento di decadenza bensì un continuo aggiornamento del nostro esperimento.

Su questi presupposti l'attuale medicina, tesa sempre più a sviluppare protocolli diagnostici, linee guida e protocolli terapeutici preconfezionati, dovrà subire un cambiamento epocale teso prevalentemente al recupero della relazione medico-paziente e allo sviluppo di una medicina preventiva che tenga conto della relazione mente-corpo di ogni singolo paziente.

Come ha scritto Gilberto Corbellini (1990), il medico dovrà mettere in condizione l'individuo, tenendo conto del suo genoma e dell'ambiente in cui vive, di conservarsi in buona salute adottando stili comportamentali che evitino *incontri* pericolosi.

Ma a questo punto l'incontro pericoloso potrebbe essere proprio col nostro cervello nel momento in cui, per le contingenze della vita, esso perda l'armonia relazionale con il corpo a cui appartiene e con cui ha sviluppato un network di comunicazione in grado di percepire ogni più piccola variazione del *milieu* interiore dell'organismo.

4. *Il sé biologico*

Se, alla fine della autopsia, l'apertura della scatola cranica con l'esame dell'encefalo rappresentava il momento più emozionante del riscontro diagnostico, per me, già specialista in Pneumologia, altrettanto interessante era l'esame dei due polmoni.

Il torace veniva aperto dapprima con un taglio a y della cute e poi scollando cute e sottocute si raggiungeva il piano sterno-costale; quindi con uno strumento analogo ad un trinciapolli tagliavo le coste bilateralmente e toglievo il piastrone sternale per liberarmi l'accesso alla cavità toracica. Eseguito l'esame esterno del pericardio e dei grossi vasi arteriosi (arterie polmonari e aorta toracica) sezionavo la trachea e l'esofago subito sotto al giugulo e quindi scollavo, tirandolo verso di me, il blocco cuore-polmoni che veniva definitivamente liberato tagliando in basso l'aorta addominale e l'esofago, subito al disopra del suo ingresso nello stomaco.

A questo punto, appoggiavo il tutto sul tavolino di fronte a me, collocato sopra le gambe del cadavere, e iniziavo successivamente il riscontro autoptico degli organi, cuore e polmoni, in genere più ricchi di evidenze patologiche.

Le autopsie, infatti, in quegli anni erano richieste prevalentemente dai reparti di cardiologia e pneumologia per l'alta incidenza di morti per infarto acuto o tumori polmonari.

Il primario di cardiologia in quegli anni era il professor Selvini, uomo di grande cultura umanistica che partecipava personalmente alle autopsie da lui richieste; in quel caso era sempre presente in sala anatomica anche il mio mitico primario professor Parini.

Io, in questi casi, rappresentavo la bassa manovalanza che aveva il compito di aprire correttamente i vari organi lasciando all'illustre consesso l'ampio spazio per la discussione del caso.

L'apertura del cuore era nel complesso semplice: dapprima si eseguiva l'esame esterno delle pareti cardiache e non era raro riscontrare delle lacerazioni a carico della parete del ventricolo sinistro quando la morte avveniva per infarto massivo con rottura del cuore.

L'infarto infatti non è altro che una necrosi (morte) dei tessuti che perdono consistenza e possono di conseguenza lacerarsi provocando il decesso improvviso del paziente per rottura di cuore e anemizzazione acuta.

Successivamente si passava all'apertura delle arterie coronarie e spesso mi colpiva, mentre aprivo i vasi con una piccola forbicina, sentire stridere le pareti al taglio per la presenza di calcificazioni distribuite lungo tutto il vaso. Si trattava, in questi casi, di un processo di arteriosclerosi generalizzata che interessava con frequenza tutto il circolo coronarico. Mai avrei pensato, 30 anni dopo, di potere avere con la metodica diagnostica nota come TAC a spirale la possibilità di leggere lo *score calcico delle coronarie* e cioè la precipitazione di sali di calcio nelle pareti coronariche che si sviluppa nel processo di arteriosclerosi. Leggendo oggi il risultato di questo esame eseguito ai miei pazienti, ricostruisco esattamente il quadro anatomico analogamente a quando facevo le autopsie.

Si apriva a questo punto la discussione sulle cause dell'infarto, in particolare quando questo avveniva in zone ove non si rilevava evidente danno delle arterie coronariche che portano il sangue al cuore. Si parlava allora di infarto metabolico, ma in realtà non si conoscevano ancora i meccanismi patogenetici che portavano a quel tipo di morte acuta anche se già allora il professor Selvini ipotizzava la possibilità che lo stress psichico potesse esserne in qualche modo responsabile.

Le vere difficoltà le incontravo in realtà quando dovevo fare autopsie ai neonati morti per malformazione cardiaca. In quegli anni non si praticava ancora l'amniocentesi con l'esame dei villi coriali e non esisteva ancora l'ecografia, per cui il feto malformato poteva svilupparsi fino alla fine della gestazione. Mi ricordo che da bambino, negli anni Cinquanta, un allora celebre ginecologo, amico di mio padre, chiacchierando con lui, me presente, disse che se alla nascita osservava gravi malformazioni del bambino, con un secco colpo delle dita gli rompeva l'osso del collo facendolo morire per paralisi respiratoria e comunicava successivamente alla madre che il bambino malformato era nato morto. Questo racconto di un atto di eutanasia attiva così lucido e determinato mi ha lasciato addosso sempre un senso di disagio ogni volta che mi trovavo di fronte ad un paziente condannato a morte da un tumore polmonare metastatico, sentendo in me il desiderio, per liberarlo dalle sue indicibili sofferenze e dall'angoscia di morte, di favorirne l'exitus.

La prima malformazione che mi capitò fu assurda e oggetto della mia prima pubblicazione scientifica: si trattava di un neonato nato morto in quanto portatore della anomalia di UHL, dal nome del cardiologo che la descrisse per la prima volta. In sostanza mi trovai di fronte ad un cuore in cui mancavano completamente le pareti muscolari trasformate in una semplice lamina membranacea; credo che quel cuore sia ancora conservato nel museo dell'Istituto di anatomia patologica dell'ospedale di Niguarda.

Finito l'esame del cuore passavo ad esaminare i polmoni e la prima sorpresa era rappresentata dall'esame esterno di questo organo che si presentava il più delle volte di un colore fuligginoso e come incatramato; le rare volte che esaminavo i polmoni dei bambini invece li trovavo di colore rosaceo e di consistenza morbida esattamente come potremmo averli tutta la vita se vivessimo in ambienti puliti e non fumassimo o subissimo il fumo passivo degli altri.

In quegli anni già si eseguivano i trapianti di rene e iniziavano le prime sperimentazioni per i trapianti di fegato. Osservando i due polmoni durante l'autopsia ritenevo improbabile pensare che si sarebbe arrivati ad affrontare il trapianto di polmoni, proprio per le difficoltà tecniche di conservazione di questo organo così delicato e anche perché dalla mia esperienza autoptica raramente vedevo polmoni in condizione di potere essere trapiantati. In realtà, negli anni Novanta proprio nel reparto di Pneumologia dove mi ero trasferito da tempo, iniziammo ad affrontare il problema della preparazione al trapianto di polmoni di alcuni nostri pazienti affetti da grave insufficienza respiratoria conseguente a varie patologie.

I primi pazienti che subirono il trapianto li mandammo in un ospedale parigino dove un nostro giovane e brillante collaboratore si era trasferito per addestrarsi su questo nuovo impegno. Il problema del trapianto di organi, come tutti sanno, deve fare i conti con il sistema immunitario che, essendo un sistema cognitivo molto colto e preparato, si rifiuta di accettare intrusioni e rigetta tutto ciò che non gli appartiene. In sostanza, per tollerare un organo *straniero*, l'individuo deve disconoscere se stesso e rendersi anonimo; solo così potrà convivere con un estraneo, ignorandolo!

Questo anonimato lo si ottiene deprimendo il più possibile il Sistema Immunitario attraverso farmaci quali cortisonici e immunosoppressori dosati ad hoc.

Il sistema immunitario è a tutti gli effetti un organo sensoriale in grado di distinguere tra ciò che è proprio dell'organismo: *self* e ciò che gli è estraneo: *non self*.

Attraverso il riconoscimento degli antigeni egli può percepire una immagine interna del corpo e nel contempo reagire ad alterate comunicazioni. Questo sistema cognitivo riceve e trasmette informazioni contri-

Figura 7

buendo ad ampliare le conoscenze dell'organismo e a definirne la sua identità biologica.

È come se avessimo un sensore in costante attività in grado di eseguire un continuo monitoraggio del *milieu* interno dell'organismo e attraverso questo recepire le informazioni che ci arrivano attraverso le infezioni virali o batteriche. Tutte queste informazioni e percezioni vengono, attraverso un complesso network, convogliate al cervello che a sua volta reagisce organizzando le difese e le messe a punto atte a ristabilire l'omeostasi.

Nella sua lettura alla consegna del premio Nobel per l'immunologia nel 1960 Burnet disse: «in immunologia si ha a che fare con un microcosmo che riflette vividamente tutte le caratteristiche essenziali del cosmo biologico».

La premessa di questo sistema è dunque quella di ignorare il *self*, cioè esserne inconsapevole, ed identificare il *non self* al fine di acquisirne la nuova conoscenza o rigettarlo se troppo estraneo e quindi pericoloso per la sopravvivenza dell'organismo.

Si sovrappone in tal modo, oltre alla conoscenza arcaica di tutto il biologico attraverso cui siamo passati, una nuova serie di conoscenze costruite sui rapporti esperenziali.

Il sistema immunitario ha inoltre una caratteristica adattativa, nel senso che è in grado di rispondere in maniera adeguata e flessibile alle sfide dell'ambiente, con caratteristiche legate alla stessa evoluzione biologica.

Con il passare del tempo, il sistema immunitario si arricchisce di informazioni che vengono storicizzate e rimangono in archivio pronte ad attivarsi al momento necessario.

L'analogia fra sistema immunitario e sistema nervoso centrale a questo punto è evidente e non è un caso se il premio Nobel della Immunologia Edelmann con il proseguire degli studi è evoluto verso il campo delle neuroscienze.

I due sistemi sono dotati di un ugual numero di cellule (oltre 100 miliardi), neuroni e linfociti condividono la capacità di produrre un ricordo sulle base delle esperienze acquisite. Entrambi i sistemi hanno una memoria *arcaica* e una memoria *in progress* e le cellule condividono un linguaggio comune attraverso recettori cellulari e neurotrasmettitori che rispondono agli stessi stimoli.

Nel capitolo sulla PNEI chiariremo meglio il tipo di grammatica attraverso la quale i due sistemi dialogano.

Come l'organismo riesca a discriminare durante l'ontogenesi i costituenti propri (*self*) da quelli non propri (*non self*) si è molto discusso negli ultimi anni (Corbellini, 1999), in particolare quando è iniziato il problema dell'immunologia dei trapianti. È implicito che l'organismo durante le fasi dell'ontogenesi *apprende* come distinguere le strutture molecolari caratteristiche della propria individualità genetica da quelle estranee a cui successivamente sarà in grado di rispondere immunologicamente. Abbiamo già detto dell'importanza del timo, come organo appartenente al tessuto linfoide, della sua implicazione nella maturazione dei linfociti e nel rigetto del trapianto.

Nei bambini con sindrome di De Gorge (mancanza congenita del timo) la risposta agli antigeni appare debole; R.K. Gershon ipotizzò il ruolo dei linfociti T (cioè di origine timica) anche nell'induzione della tolleranza immunitaria. Le sue ricerche portarono all'identificazione delle sottopopolazioni cellulari T come i linfociti T helper la cui funzione è quella di attivare le cellule B (linfociti di origine midollare), i linfociti T suppressor che inibiscono la risposta immunitaria e i linfociti T citotossici che attaccano direttamente i tumori e gli organi trapiantati (Corbellini, 1999).

Esiste poi un sistema parallelo costituito da molecole glicoproteiche, della stessa famiglia delle immunoglobuline, che si trovano su tutte le cellule dell'organismo, che rappresenta gli Antigeni di Istocompatibilità. È la presenza di questi antigeni a permettere al sistema immunitario il riconoscimento del *self* e quindi condiziona la tolleranza immunitaria. Nello sviluppo dell'immunologia dei trapianti è emerso in tutta la sua importanza il significato degli antigeni di istocompatibilità nella risposta immunitaria specifica dipendente dai linfociti T.

La comparsa in medicina delle malattie autoimmuni è relativamente recente e la loro identificazione è stata possibile grazie alle conoscenze della tolleranza immunitaria. In sostanza si tratta di malattie in cui l'organismo si rivolta contro se stesso e tende a distruggere determinati organi disconoscendoli. Sulle cause scatenanti si sa ancora poco e non a caso, come ha precisato il professor Alberto Mantovani, ordinario di patologia generale presso l'Università di Milano e pietra miliare della ricerca in campo immunologico, la gravidanza può rappresentare un fattore scatenante di queste malattie in donne già predisposte.

Questo perché il sistema immunitario della madre è impegnato a non *rigettare* il feto che porta gli antigeni paterni e questo meccanismo determina un importante adattamento del sistema immunitario che può cominciare a colpire gli organi stessi della madre. A conferma di ciò le donne che già soffrono di queste malattie hanno un rischio elevato di vedere un peggioramento durante la gestazione.

Le malattie autoimmuni sono aumentate del 50% negli ultimi 20 anni e personalmente come clinico assisto impotente a questa epidemia, in particolare per quanto riguarda le tiroiditi autoimmuni di Hashimoto (dal nome del clinico che per primo la descrisse). Speriamo che le nuove ricerche, con la comparsa di farmaci cosiddetti *biologici*, ci portino ad abbandonare l'uso dei cortisonici e dei farmaci immunosoppressori con tutte le conseguenze che ne derivano. Quanto poi, anche in questo caso, lo stress cronico possa rappresentare una delle tante cause scatenanti, lascio agli esperti ulteriori valutazioni. Già nel 1964 lo psichiatra G.F. Solomon introdusse il termine di psicoimmunologia descrivendo alcuni casi di Lupus eritematoso in pazienti psicotici e tracciò anche alcuni profili di personalità e malattie autoimmuni quali l'artrite reumatoide (Cfr. Canali, Pane, 2003).

Da tutto ciò che ho scritto fino ad ora si evince che il sistema immunitario può essere preso come modello per capire come si sviluppa un sistema adattativo e come la relazione esperenziale ci costruisce e forma la nostra personalità.

Nel suo libro *Il Sé sinaptico* (2002), LeDoux parlando dell'organizzazione sinaptica del cervello e della sua plasticità propone il seguente schema:

NATURA CULTURA

SINAPSI

Mente e comportamento

(Il Sé)

Questo schema ci fa capire come lo sviluppo del cervello e la coscienza del Sé siano conseguenza del patrimonio genetico e dello sviluppo esperenziale di ogni individuo, ma se consideriamo il *sé biologico* o *io immunitario* che viene costruito dal sistema immunitario nello sviluppo esperenziale, forse sarebbe più corretto riproporre lo schema in questo modo:

NATURA CULTURA

IO BIOLOGICO IO NEURALE

Coscienza del Sé

Su questa proposta di rilettura della nascita della Coscienza del Sé, vi racconto due aneddoti che mi sono capitati recentemente. Il primo riguarda una coppia di anziani coniugi residenti in una cittadina siciliana che vennero nel mio studio perché il marito, affetto da bronchite cronica, continuava ad avere riacutizzazioni febbrili. Assieme ad antibiotici e broncodilatatori prescrissi delle iniezioni a base di estratto di timo bovino per stimolare l'immunità aspecifica del paziente. Dopo un mese circa la moglie del paziente mi telefonò entusiasta perché dall'inizio della cura il marito non si era più ammalato; era solo imbarazzata perché nei giorni successivi all'iniezione il marito voleva avere rapporti sessuali con tutte le amiche che venivano a casa loro.

L'altro episodio invece riguarda una giovane paziente affetta da bronchiectasie (dilatazioni bronchiali) che la costringevano spesso a ricorrere all'uso di antibiotici. Avendo da qualche mese presentato personalmente in Italia un fitoterapico molto diffuso in Germania, estratto da un fiore sudafricano (pelargonium sidoides) e attivo come antibiotico naturale lo prescrissi alla dose consueta di 30 gocce tre volte al giorno per circa un mese. Dopo 15 giorni la paziente mi comunicò di sentirsi molto bene e che tutti gli amici la trovavano più euforica. Ripetuta dopo due mesi di intervallo la stessa terapia confermò, dopo un certo periodo dall'assunzione, la stessa risposta euforizzante, con gli amici che addirittura la prendevano in giro dicendole se veramente prendeva il pelargonium o se per caso non si trattava di cannabis.

Il dato interessante di queste osservazioni è quello che le risposte biologiche sono estremamente individuali e i pazienti che hanno avuto stimoli sessuali con l'estratto di timo assai rari; non a caso la risposta più evidente l'ha avuta un siciliano il cui *Io immunitario* è con tutta probabilità diverso da quello di un piemontese.

In sostanza, entrambe queste risposte ci fanno capire quanto stimoli esogeni del nostro sistema immunitario possano modificare il nostro comportamento e come quindi la nostra *coscienza del sé* sia frutto di un complesso *embodyment*.

Il medico, come ha precisato Boncinelli in un articolo dal titolo *Il medico tra arte e scienza* (2000), grazie alle nuove scoperte della genetica si troverà sempre di più di fronte ad individui anziché ad una serie di fenomeni. Questo sarà un modo nuovo di fare interagire la parte scientifica della medicina (cioè la biologia) con il suo essere arte. Non cambierà però l'idea di obbiettività che sta alla base della scienza, basata su verità astratte e su un confronto intersoggettivo di conoscenze.

La medicina, prosegue Boncinelli, non è mai stata scienza, non lo è oggi e forse non lo sarà mai. Il medico possiede piuttosto dei rudimenti di conoscenza, proprio perché la scienza della medicina è recente e si chiama biologia.

Con il progredire delle conoscenze biologiche, come ho già detto, non potremo più considerare gli uomini una classe omogenea e il dogma dei protocolli terapeutici, uguali per tutti, dovrà essere rivisto alla luce dell'individualità biologica. Si parlerà di singoli individui e delle loro malattie e il maggiore sforzo del medico sarà quello di comprendere le caratteristiche individuali dei pazienti studiandoli sotto questo aspetto. La nuova medicina sarà di conseguenza costruita a misura del paziente.

5. *La nascita della PNEI*

Il tumore polmonare

Quando entravo nella sala anatomica dell'Ospedale di Niguarda, al mattino presto, per eseguire le autopsie, l'atmosfera era di un iperrealismo che ricordava vagamente i quadri di Edward Hopper. Grandi finestre dalle vetrate lattescenti, tavoli anatomici in ceramica di colore bianco ghiaccio, pavimento grigio attraversato da acqua corrente e cosparso di segatura gettata dagli inservienti dopo il lavaggio dei cadaveri, quattro salme livide adagiate sui tavolacci, freddo pungente.

Nonostante quest'atmosfera così irreale e apparentemente angosciante mi dava più emozione vedere il famoso quadro del Mantegna alla Pinacoteca di Brera, in cui il corpo di Cristo aveva lo stesso colore delle *mie salme*, che stare in sala anatomica ad eseguire le autopsie.

Dopo il primo mese di lavoro, con già all'attivo oltre 30 autopsie, nessuna particolare sensazione mi aveva colpito: né fobie, né attacchi di panico, né sogni angoscianti; rimasi deluso: neppure l'attività onirica da cui mi sarei aspettato grandi storie derivate dal mio inconscio traumatizzato si era in qualche modo espressa, a conferma, come dice J. Allan Hobson (2003) con grande ironia, che «non tutte le guglie sono falli né tutte le rientranze sono vagine» e che il sogno serve a riordinare le informazioni nella nostra testa, aggiornare i ricordi, eliminare le cose inutili, immagazzinare nuove esperienze. Alla luce di questa rilettura scientifica dell'attività onirica forse ha ragione il terapeuta Giorgio Nardone, formatosi alla scuola ericksoniana di Palo Alto in California, quando afferma che la psicanalisi andrebbe considerata oggi più letteratura che scienza.

Come ho già accennato, il mio pallino, da sempre, era quello di diventare medico specialista in malattie polmonari, forse perché, già dalla mia prima infanzia, come le oche di Konrad Lorenz, il mio *imprinting* era avvenuto con le radiografie del torace portate in casa da mio padre medico specialista in pneumotisiologia. In realtà quelle radiografie erano allora prevalentemente di ammalati di tubercolosi, ma questa malattia, quando nel 1966 fui assunto all'Ospedale di Niguarda, ormai si poteva considerare debellata grazie, come ho già detto, all'efficiente organizzazione sanitaria instaurata dal regime fascista, sicuramente anch'esso implicato nelle tangenti, ma pagate almeno a tecnici competenti e non a cialtroni politicanti come avviene ora nell'area sanitaria. Ma proprio dagli anni Ottanta, in concomitanza con la chiusura dei Dispensari Antitubercolari (CPA) la curva discendente dell'incidenza di TBC in Italia si è bloccata. Oggi i maggiori potenziali problemi per un ritorno della malattia nei Paesi industrializzati sono rappresentati dalla longevità, dall'aumento della popolazione a rischio e dall'aumento dei flussi migratori da paesi ad alta endemia tubercolare.

Mai avrei potuto immaginare da bambino che il mio impatto con le radiografie del torace sarebbe stato in un futuro di tutt'altra natura e che avrei dovuto combattere un nemico molto più subdolo e aggressivo della tubercolosi.

Se la tubercolosi, infatti, lascia all'organismo elevate chance di guarigione, la malattia, che per tutta la mia professione di medico pneumologo e poi oncologo avrei dovuto combattere, lascia le stesse chance di sopravvivenza che si hanno in mare aperto se attaccati dallo squalo bianco.

Ritornando alle mie autopsie, una volta aperto il torace e asportato il piastrone sternale, la prima osservazione riguardava la trachea, i grossi bronchi e il loro ingresso nei polmoni nella zona definita ilo polmonare dove avviene la divisione della trachea nei due bronchi principali, il destro e il sinistro.

Fu nel settembre del 1967 il mio primo incontro con la *belva* che avrei combattuto per tutta la vita.

Stephen Boyd, eminente patologo anglosassone, in un trattato di anatomia patologica pubblicato negli anni Sessanta, aveva spiegato come il cancro del polmone, anche in sede autoptica, fosse sottostimato e come la sua incidenza sarebbe drammaticamente aumentata negli anni a venire, sia per il reale aumento di casi clinici, sia per le diagnosi più precise che il patologo avrebbe realizzato. Mai previsione si rivelò più profetica: il tumore del polmone continua ad aumentare in modo esponenziale e la previsione, stante l'attuale longevità, è quella di un aumento di incidenza del 50%, entro il 2020 nelle fasce di età fra i 60 e gli 80 anni.

Attualmente in Italia l'incidenza di questa malattia è di 35.000 casi all'anno con una mortalità di circa il 90% entro i due anni dalla diagnosi e forse qualche speranza di miglioramento si potrà avere con la TAC a spirale del torace che sta diventando l'indagine diagnostica più precoce e tempestiva. Questo esame rileva il tumore polmonare di dimensioni inferiori al centimetro, mentre la radiografia del torace lo identifica solo quando è superiore a questa misura. La differenza di dimensioni equivale a circa un miliardo di cellule tumorali in meno. Attualmente sono in corso studi epidemiologici per validare questa metodica diagnostica, ma, in attesa delle solite linee guida, se un fumatore dopo i 30 anni di onorato fumo entra nel mio studio io chiedo immediatamente una TAC a spirale del torace con due obbiettivi: il primo di screening oncologico e il secondo per valutare i danni da fumo che il mio paziente si è già prodotto all'apparato broncopolmonare. Con questa indagine infatti è possibile, oltre alla diagnosi precoce del cancro polmonare, identificare i danni morfologici dell'apparato respiratorio (broncopatia cronica, insufflazione polmonare, enfisema) assai prima che il fumatore abbia sintomi di insufficienza respiratoria e, di conseguenza, si può proporre una prevenzione primaria o secondaria in relazione ai danni che si osservano (Soresi, Bonfioli, Accinni, 2004).

Chino sul cadavere, mi resi conto che l'ilo polmonare era invaso da una massa biancastra, costituita da linfonodi enormemente ingranditi, che bloccavano completamente la trachea e i grossi bronchi. Quando, con un coltello molto affilato, iniziai a tagliare questa massa, sentii, sotto la lama, stridere il tessuto la cui consistenza si rivelò duro lignea. Ero sconcertato di fronte ad una situazione così complessa e, preso dal panico, lasciai il coltello e mi precipitai a telefonare al primario che era ai piani superiori chino, *more solito*, sul microscopio. Come sempre fu l'esperienza del grande maestro a dar luce a quello strano caso; il professor Parini scese in sala anatomica con la perenne sigaretta accesa fra le labbra e guardando la massa di tessuto di fronte a noi disse laconico: «si tratta di un cancro del polmone, caro Soresi, e se lei da grande vorrà fare lo pneumologo si prepari psicologicamente perché sarà la sua bestia nera» e poi aggiunse, con l'ironia che lo accompagnava in ogni occasione: «si ricordi anche che, se io che sono un fumatore, dovessi morire di questa malattia, le lascerò l'onore di eseguire la mia autopsia». Per tranquillità dei miei lettori (fumatori) aggiungerò che il professor Parini è morto di vecchiaia in età molto avanzata avendo abbandonato il fumo, a fatica e forse non del tutto, dopo i 75 anni.

Si trattava, come ho detto, di un cancro del polmone che, nascendo in quel caso dall'epitelio di rivestimento della parete del bronco principale destro, risaliva lungo la parete fino alla biforcazione della trachea e quindi, infiltrando anche quest'ultima, finiva con l'invadere l'esofago, perforandolo. Questa massa tumorale poi si fondeva anche con l'ammasso dei linfonodi e il tutto invadeva e comprimeva parte della trachea e dei grossi bronchi impedendo il passaggio dell'aria.

Pareva di assistere ad un film dell'orrore e mi domandavo che drammatica morte doveva avere avuto quel povero cristo: sicuramente una morte da asfissia, come nell'impiccagione.

Da quel primo riscontro autoptico nacque in me una strana percezione di *lotta continua*, non quella ideologica di buona memoria che proprio in quegli anni mi rompeva drammaticamente i coglioni con cortei e inni popolari il sabato pomeriggio, sotto casa mia; bensì una lotta finalizzata a debellare un nemico così platealmente venuto allo scoperto.

Da quel momento le diagnosi autoptiche di tumore polmonare furono innumerevoli e ricordo che già nel 1969 avevo disegnato un particolare ago, lungo e sottile, il cui scopo era quello di aspirare un po' di materiale, passando attraverso le coste ed entrando nella massa tumorale, al fine di fare diagnosi di cancro polmonare attraverso un semplice esame citologico (cioè riscontro di cellule tumorali).

Alla diagnosi, infatti, in quegli anni si perveniva attraverso l'esame broncoscopico e, non esistendo allora le fibre ottiche, questo esame, a cui avevo più volte assistito presso la Clinica Pneumologica dell'Università, si eseguiva con un broncoscopio rigido.

Assistere alla broncoscopia per noi studenti era angosciante: al paziente veniva infilato una specie di tubo rigido che doveva passare, come una spada, attraverso la trachea per raggiungere i grossi bronchi e quindi l'operatore con un apposito catetere prelevava piccoli frammenti di tessuto a fini diagnostici. Fra me e me pensavo che, se mi fossi ammalato di tumore polmonare, mai mi sarei fatto fare un esame così traumatico e, viste le poche chance di sopravvivenza che dava questa malattia, avrei preferito farmi di canne in un'isola caraibica e morire in pace.

Disegnai allora perfettamente questo ago, con l'idea di proporre ai chirurghi toracici tale metodica che avevo definito di *agoaspirato transtoracico* a fini diagnostici. Il mio scopo era quello di evitare ai pazienti, già così duramente colpiti, l'esame broncoscopico. Prima di passare alla realizzazione pratica del progetto, non avendo un ego ipertrofico, mi dissi: «se l'ho pensato io sicuramente qualcuno l'ha già realizzato». Fu così che dopo un'accurata ricerca bibliografica (allora non esisteva internet e si doveva fare il giro delle biblioteche alla ricerca delle riviste scientifiche) scoprii che un certo dottor Nöldestrom, svedese, aveva già brevettato un ago che era in commercio con il suo nome. Questa metodica diagnostica di *agoaspirato transtoracico* oggi, con l'ausilio della TAC, è diventata la norma per una diagnosi precoce di un tumore polmonare periferico e non comporta alcuna sofferenza per i pazienti, così come lo stesso esame broncoscopico, con la diffusione delle fibre ottiche, ha perso molta della sua aggressività.

Negli anni in cui rimasi in Anatomia Patologica, e cioè dal 1967 al 1970, quasi ogni giorno avevamo richieste di autopsie per tumore polmonare e fu proprio in quel periodo che iniziai ad organizzare le mie future battaglie scientifiche, in particolare contro un tipo di tumore noto come *microcitoma*.

Chiedo scusa al lettore se mi addentro in queste spiegazioni, ma solo attraverso la conoscenza profonda del microcitoma sono arrivato a scoprire quello che è noto come *sistema neuroendocrino diffuso* che rappresenta la chiave di volta delle comunicazioni nel nostro organismo.

Una volta terminata l'autopsia, alcuni frammenti di tessuto venivano passati al laboratorio di istopatologia per l'allestimento dei preparati istopatologici e quindi la diagnosi più accurata del tipo di tumore polmonare.

Per numerosi anni la classificazione istopatologica dei tumori polmonari previde la suddivisione in tre tipi fondamentali:

1. microcitoma polmonare o tumore a piccole cellule;
2. adenocarcinoma;
3. tumore squamocellulare o pavimentoso.

Successivamente, poiché le terapie erano diverse solo per il microcitoma, si suddivisero i tumori polmonari in due grandi classi: microcitoma e non microcitoma, le cui sigle in inglese erano SCLC (*small cell lung cancer*) e NSCLC (*non small cell lung cancer*). In generale i tumori a piccole cellule o microcitomi rappresentano il 25 o 30% della casistica.

La caratteristica del microcitoma in sede autoptica è quella di essere formato, a differenza degli altri tipi istologici, da un tessuto friabile privo apparentemente di vascolarizzazioni. Si tratta di grosse palle uniformi e grigiastre, di diametro variabile, che crescono con una rapidità sconcertante e tendono precocemente a dare metastasi in tutti gli organi, in particolare nel cervello, nel fegato e nelle ossa, al punto di fare pensare ad una malattia sistemica, analogamente alla leucemia o ai linfomi. Secondo gli studi della dottoressa Mattews, insigne patologa americana che già negli anni Sessanta aveva sviluppato questa ricerca, in oltre il 95% dei pazienti morti per microcitoma polmonare si trovavano, al riscontro autoptico, metastasi microscopiche negli altri organi, non visibili con le indagini diagnostiche *in vivo*.

La definizione istologica di questo tumore avveniva con colorazioni particolari che, alla lettura al microscopio, assumevano talvolta sfumature simili al blu cobalto, come se si osservasse un cielo costellato da una miriade di piccoli punti scuri, espressione delle cellule tumorali. Ma, ahimè, questa poetica visione rimase, quando passai in reparto di pneumologia, un lontano ricordo.

Nel 1970 il reparto di pneumotisiologia dell'Ospedale di Niguarda era composto da 60 letti, divisi equamente fra maschi e femmine ma, cronicamente, i 60 letti aumentavano a 90 per la presenza sia dei letti bis che dei letti in corridoio. L'incidenza di malati portatori di tumori polmonari inoperabili era elevatissima e si aggirava intorno all'80%. Per circa 30 anni e, forse ancora oggi, la Divisione Piazza, ogni anno, ha preso in carico mediamente 350 nuovi casi di tumore polmonare inoperabile.

Il primario del reparto, il professor Sacerdoti, era una persona di grande classe e di notevole cultura scientifica. Sebbene venisse, come mio padre, da un passato di pneumotisiologia, egli si era già inserito attivamente in un gruppo di lavoro europeo per la lotta al tumore polmonare, noto come EORTC il cui Direttore scientifico, in quel periodo, era il professor Israel, primario oncologo presso un ospedale parigino.

Al primo meeting organizzato a Parigi dall'EORTC, forte di una discreta conoscenza della lingua francese, accompagnai il primario.

Il professor Israel presentò alcuni casi di tumore polmonare microcitoma trattati con due o tre cicli di polichemioterapia; i risultati erano strabilianti: il tumore scompariva come neve al sole e le aspettative di guarigione per quel tipo istologico di cancro polmonare erano enormi.

Devo precisare che, normalmente, quando si trattavano con chemioterapia i tumori polmonari non microcitomi, i risultati erano assai modesti per non dire nulli e dopo 3 o 4 cicli di chemioterapia ci si poteva ritenere soddisfatti semplicemente se il tumore non era aumentato di volume.

Rientrato a Milano, pieno di entusiasmo, assieme con gli altri colleghi iniziai le chemioterapie, in reparto, ai nostri pazienti ricoverati. I farmaci altamente tossici, si preparavano al letto dei malati senza particolari precauzioni sia da parte dei medici che degli infermieri.

Fu solo dopo gli anni Novanta che, attraverso la legge 626, vennero definite tutte le modalità per evitare che la preparazione dei farmaci citostatici potesse indurre tossicità agli infermieri addetti alle preparazioni. Ebbi il piacere di vedere comparire una cappa di aspirazione, necessaria per la preparazione di questi farmaci, solo nel 1991 nel reparto di Pneumologia, esattamente 18 anni dopo l'apertura dell'Ambulatorio di chemioterapia oncopolmonare.

Il primo paziente affetto da microcitoma che trattai, era un contadino calabrese di 60 anni, degente nello stanzone in un letto bis, e il tumore, che interessava il lobo superiore del polmone destro, aveva le dimensioni di un grosso pompelmo. Iniziammo con un ciclo di polichemioterapia con 4 farmaci somministrati tutti nella stessa giornata, per fleboclisi, uno dopo l'altro, usando due fiale di Plasil endovena come unico presidio per il vomito. Il paziente tollerò tutto perfettamente e, dimesso, rientrò dopo 28 giorni per il secondo ciclo. La radiografia del torace, eseguita una settimana dopo il secondo trattamento chemioterapico, era strabiliante: il tumore si era ridotto di oltre due terzi e dopo 4 cicli di terapia il paziente si poteva considerare guarito non essendo più il tumore visibile alle indagini radiostratigrafiche (in quegli anni non esisteva la TAC). Dimesso in sorveglianza, vista la remissione completa, con l'accordo di darci notizie sul suo stato di salute, il paziente rientrò precipitosamente in reparto, dopo 3 mesi dalla dimissione, essendo comparse metastasi epatiche e cerebrali.

6. *Il sistema neuroendocrino*

Cominciò da quel momento la mia battaglia ossessiva contro il microcitoma. Come mai, mi chiedevo, un tumore solido che risponde così rapidamente alla terapia, una volta ottenuta la remissione completa, si diffonde con tanta rapidità a tutti gli altri organi? Iniziammo allora, con un giovane patologo di Niguarda, Massimo Barberis, a rivedere con accuratezza tutti i preparati istopatologici dei pazienti affetti da microcitoma che avevo curato. Era già in parte nota in quegli anni, la derivazione neuroendocrina di quel particolare tipo di tumore ed erano state messe a punto anche specifiche colorazioni di istochimica che consentivano diagnosi più precise in tal senso, con addirittura la possibilità di stabilire la percentuale di tessuto neuroendocrino rappresentato in quel tumore. Ma come mai in un organo di derivazione epiteliale nascevano tumori a derivazione neuroendocrina e cioè con caratteristiche analoghe a quelle di un tessuto nervoso?

Fu a questo punto che presi coscienza dell'esistenza del *Sistema Neuroendocrino diffuso*. Questo sistema sembra essere la risposta a quanto espresso nei Veda, testi sacri induisti del 1500 a.C., in cui il corpo e la mente di ogni essere umano costituiscono il luogo privilegiato dove si incarna la dualità cosmica originaria.

Secondo l'anatomia e la fisiologia indiana tradizionali, il corpo degli individui è solcato da una rete intricatissima di innumerevoli *nadi* (in sanscrito «tubi») che sono i canali attraverso cui circola il prana o energia vitale (Bocchi, Cerruti, 1993).

La definizione del sistema neuroendocrino diffuso ha subito negli ultimi anni continue modifiche, conseguenti alle progressive scoperte sulla struttura e sul funzionamento di un sistema che ancora oggi affascina medici e scienziati.

In linea generale il termine neuroendocrino è utilizzato per definire un sistema di cellule diffuse in tutto l'organismo che hanno la capacità di secernere i loro prodotti in maniera controllata rispetto ad uno stimolo specifico.

Le cellule neuroendocrine non sono organizzate in veri e propri organi, ma sono diffuse nei vari organi e sono comunque capaci di produrre neuro-ormoni, cioè sostanze prodotte sia dagli organi endocrini, sia dalle strutture nervose.

Le cellule neuroendocrine sono pertanto ubiquitarie nell'organismo e si attivano in funzione del microambiente che le accoglie e che richiede o meno, in quel momento, determinate prestazioni.

Nella vita di un tumore, pertanto, ci possono essere momenti in cui predomina la componente neuroendocrina e altri in cui questa può addirittura scomparire (Fig. 8-Fig. 9).

Nel microcitoma, in particolare, questo trasformismo cellulare è quello che può rendere problematica la risposta alle varie chemioterapie e può spiegare come talvolta le apparenti remissioni complete della ma-

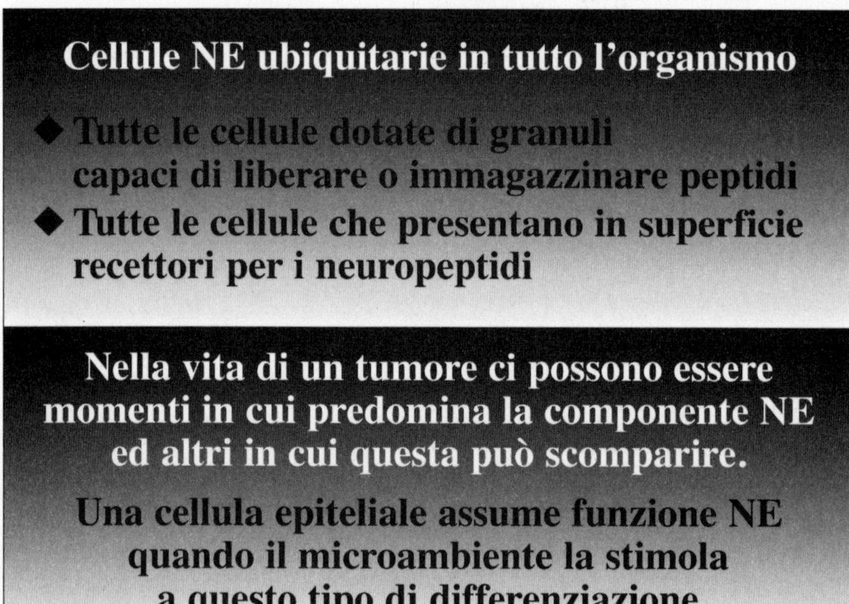

Figura 8

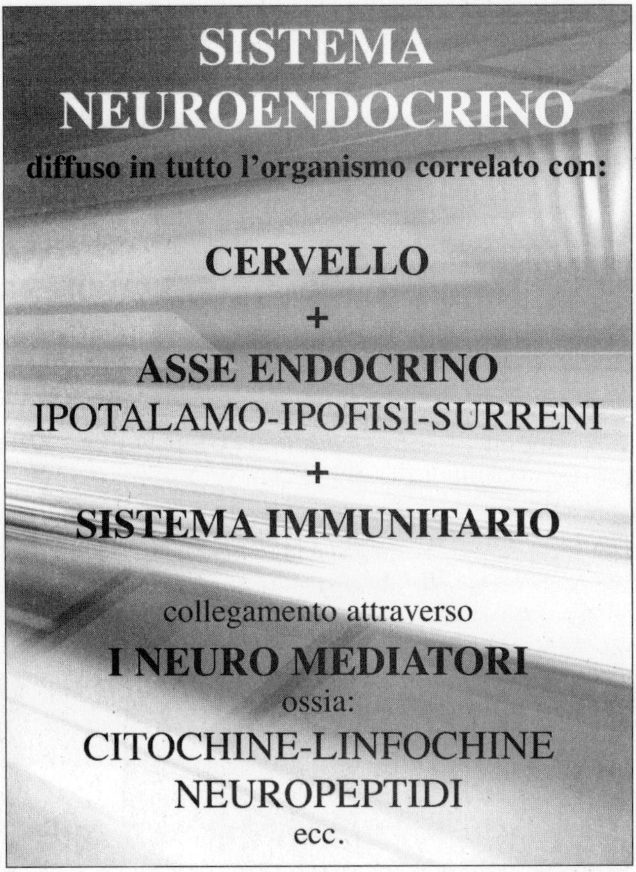

Figura 9

lattia tumorale selezionino cellule chemioresistenti che successivamente danno luogo a metastasi in altri organi.

L'attuale concetto di sistema neuroendocrino diffuso non si basa più sull'ipotesi dell'origine embriologica comune di tutte le cellule neuroendocrine, poiché è stato dimostrato che differenti tipi di cellule con caratteristiche neuroendocrine derivano da regioni diverse del neuroectoderma.

Per questo motivo attualmente una cellula si definisce neuroendocrina se risponde ai seguenti requisiti:

1. produce un neurotrasmettitore o un neuromodulatore o un neurormone;
2. tali sostanze sono contenute all'interno di vescicole o granuli intracellulari dai quali sono rilasciate con un processo di esocitosi conseguente a stimoli nervosi;
3. tali cellule differiscono dalle cellule nervose per la mancanza di assoni o terminazioni nervose specializzate;
4. differenti tipi di cellule neuroendocrine condividono molte proprietà specifiche ed esprimono diverse proteine in comune anche se l'espressione di ciascuno di questi markers proteici non è un criterio assoluto per definire la cellula neuroendocrina (Rosato, 2003).

Anche le cellule del sistema immunitario, pur non essendo neuroendocrine, sono ugualmente in grado di produrre neuropeptidi, come sintetizzato nella figura 10.

Questa tabella, apparentemente così banale nell'elenco delle sostanze prodotte dalle cellule immunitarie, in realtà rappresenta una prima sintesi della rivoluzione copernicana in cui, noi medici appartenenti a generazioni laureatesi prima degli anni Ottanta, senza forse ancora averne preso coscienza, siamo stati coinvolti.

Si deve all'immunologo Blalock (Cfr. Weigent, Blalock, 1967), negli anni Ottanta, la prima scoperta della produzione di ormoni e peptidi da parte delle cellule del sistema immunitario. Quindi, dopo la scoperta negli anni Settanta, della blastizzazione linfocitaria, mi trovai negli anni Ottanta a prendere atto che sempre le cellule linfocitarie, mentre ci difendono da attacchi virali o batterici o da altri antigeni, liberano, durante il fenomeno della blastizzazione, quantità variabili di ormoni e neuropeptidi che interreagiscono attraverso il sistema neuroendocrino con i vari organi e in particolare con il Sistema Nervoso Centrale.

Per chiarire l'interpretazione di questa tabella, basti pensare che la *febbre di crescenza*, raccontata dai nostri nonni e considerata una leggenda metropolitana, in realtà si spiega benissimo con la liberazione dell'ormone della crescita, noto come GH, da parte dei linfociti, quando blastizzano per rispondere all'attacco influenzale.

In altre parole, se da bambino mi fossi inoculato sequenze di virus o batteri, avrei con buona probabilità superato l'handicap della piccola statura di derivazione genetica. D'altra parte oggi, nei bambini geneticamente candidati a rimanere piccoli, si attua regolarmente sottocute l'ormone della crescita.

PRODUZIONE CELLULARE DEGLI ORMONI PEPTIDICI E DEI PEPTIDI NEUROTRASMETTITORI NEL SISTEMA IMMUNITARIO

Fonte	Peptidi o proteine
T Linfociti	ACTH endorfine TSH gonadotropina coriunica GH PRL metaencefalina proteina correlata all'ormone paratiroideo IGF-1
B Linfociti	ACTH endorfine GH IGF-1
Macrofagi	ACTH endorfine GH sostanza P IGF-1 peptide atriale natriuretico
Splenociti	LH FSH CRH
Timociti	CRH LHRH AVP OT
Mast-cellule e cellule PNM	VIP somatostatina
Megacariociti	Neuropeptide Y

Figura 10

Immaginate ancora la mia sorpresa nello scoprire che un organo di derivazione epiteliale come il polmone sviluppava tumori neuroendocrini che potevano comunque essere di derivazione da cellule epiteliali che in quel momento, per determinati stimoli del microambiente in cui si trovavano, assumevano caratteristiche neuroendocrine.

Un vero e proprio puzzle complicato dal fatto che il tumore microcitoma è considerato a tutti gli effetti un tumore correlato prevalentemente al fumo di sigaretta. Come mai il fumo può attivare un microambiente che richieda l'intervento di cellule neuroendocrine che poi si sdifferenziano e diventano tumorali?

Oramai la guerra da parte mia e dei colleghi era dichiarata: il microcitoma divenne, già negli anni Settanta, per la nostra Divisione di Pneumotisiologia, il nemico da sconfiggere. Tutti i casi clinici in cui il patologo emetteva diagnosi di microcitoma entravano in un programma diagnostico e terapeutico impostato secondo protocolli elaborati dall'EORTC.

Il nostro reparto divenne il centro di attenzione di vari ricercatori. Iniziarono infatti le collaborazioni con l'Istituto Mario Negri per lo studio della farmacocinetica dei farmaci antiblastici; con l'Istituto dei Tumori per la ricerca degli antigeni tumorali del microcitoma sul tessuto neoplastico fresco e con i gruppi dell'EORTC per i primi studi di metaanalisi sulle sopravvivenze dopo chemioterapia. Tutto faceva presagire grandi successi nella lotta a questa malefica *belva*.

Dopo circa 10 anni di continue lotte e speranze in realtà la situazione era sempre la stessa, cioè grandi risposte iniziali con scomparsa della massa tumorale polmonare dopo 3 o 4 cicli di chemioterapia e ricomparsa di metastasi ai vari organi dopo pochi mesi di remissione completa.

Le guarigioni o cosiddette *lunghe sopravvivenze* si contavano sulle dita di due mani e rientravano intorno al 6-8%.

Si era costituito a livello europeo, e successivamente anche con gli oncologi statunitensi, una specie di club di fanatici che raccoglievano la casistica in modo ossessivo e valutavano tutte le sopravvivenze confermandone la natura istopatologica di tumore microcitoma con la revisione dei preparati. Comunque si rigirassero però le casistiche, le percentuali di successi non superavano i soliti valori.

Addirittura ci fu un collega anglosassone che si fece fotografare con i 6 sopravvissuti al microcitoma nel giardino di un ospedale londinese e presentò la diapositiva ad un congresso internazionale.

Io stesso tenevo sotto controllo tutti i pazienti in remissione completa eseguendo periodicamente radiografie del torace, TAC cerebrali e scintigrafie ossee. Si era instaurato con loro un rapporto di fiducia e di ottimismo che comunque era utile allo sviluppo del programma terapeutico.

Era evidente che su ogni nuovo paziente che prendevo in carico proiettavo personalmente il mio inguaribile ottimismo (che sia frutto del mio assetto immunitario e del fatto che ho sempre praticato sport?) e vedevo in lui il potenziale *guarito* da inserire nella casistica. Parallelamente quando dalla chirurgia toracica di Niguarda veniva operato un paziente affetto da microcitoma venivo chiamato personalmente per la discussione del caso e l'impostazione della chemioterapia postoperatoria.

A differenza infatti dei tumori non microcitomi, in cui la chemioterapia postchirurgica non aiuta a migliorare le percentuali di sopravvivenze, nel microcitoma era indispensabile il trattamento farmacologico per migliorare significativamente le chance di sopravvivenza degli operati.

L'obiettivo era fare fuori la *dernière cellule* (l'ultima cellula) al fine di evitare che potesse ripopolare e sviluppare metastasi.

Tenete presente poi che una volta instauratasi la metastasi, questa si rivelava chemioresistente, in quanto la struttura del tumore, da neuroendocrina diventava epiteliale e di conseguenza non rispondeva più alla terapia.

Sempre con lo scopo di identificare precocemente la *belva* e tenerla sotto controllo, in collaborazione con i colleghi endocrinologhi, iniziammo a valutare nel sangue alcuni markers neoplastici, primo fra tutti la neuronoenolasi noto come NSE, marker specifico per il microcitoma. Anche in questo caso l'obiettivo era quello di potere identificare il più precocemente possibile la ricomparsa della malattia dopo che aveva risposto al trattamento chemioterapico. Come mai, pure andando in remissione completa la malattia tumorale, l'organismo non è in grado di difendersi dalle poche cellule maligne eventualmente rimaste?

Anche in questo campo raggiungemmo livelli di ricerca paranoica tentando di capire la correlazione fra il marker NSE e la risposta della malattia ai trattamenti. La neuronoenolase si rivelò l'unico marker specifico per il microcitoma e ancora oggi, se il livello basale di questo marker è elevato, il suo abbassamento dopo la chemioterapia è sicura espressione di risposta clinica al trattamento instaurato.

Pensando a quegli anni in cui l'Ospedale di Niguarda slittava verso la politicizzazione e il Consiglio di amministrazione era costituito da mediocri uomini, espressione dei vari partiti politici, io vivevo il mio delirio di ricerca e di *caccia all'untore* senza nessun problema di rapporto costi e benefici.

Lo staff dirigenziale di matrice politica era troppo impegnato a costruirsi serbatoi di voti per essere in grado di valutare il rapporto costi/benefici delle varie ricerche clinico-sperimentali in atto nell'Ospedale di Niguarda. Il nostro reparto era diventato un punto di riferimento nazionale per la diagnosi e la terapia dei tumori polmonari, ma al nostro politicizzato Consiglio Direttivo questo risultato non interessava minimamente.

L'assenza di controlli economici permise quindi studi e pubblicazioni scientifiche interessanti che si svilupparono ancor di più negli anni successivi a seguito delle nuove conoscenze emerse sulle caratteristiche istologiche del microcitoma.

Mentre ero così fanaticamente coinvolto nel tentativo di curare questa malattia, non trascuravo, come sempre, la parte legata alle difese naturali dei miei pazienti.

Se infatti l'immunologia ci aveva insegnato che l'immunità aspecifica ci difende quotidianamente dall'assalto delle cellule neoplastiche, come mai in questi pazienti, in cui la malattia era apparentemente scomparsa, l'organismo non riusciva ad uccidere da solo le ultime cellule? Le nostre valorose cellule N K (*natural killer*) che fine avevano fatto in questi pazienti? Che cosa impediva loro di attivarsi assieme con gli altri cofattori immunitari e finire l'opera di guarigione iniziata dalla chemioterapia?

Erano già comparse in quel periodo le prime pubblicazioni dei coniugi Simonton (Simonton, Matthews-Simonton, Creighton, 2003), lui oncologo e lei psicologa, che sostenevano l'importanza dell'atteggiamento mentale dei malati tumorali mentre subivano i trattamenti terapeutici.

Secondo questi colleghi infatti era importante che i pazienti, ad esempio, mentre subivano le irradiazioni, si motivassero concentrandosi sull'aspettativa di guarigione, al fine di potenziare le proprie risorse immunitarie.

Sinceramente, leggendo il loro primo libro nel 1978, mi pareva che tutto questo sforzo rappresentasse per i pazienti un impegno inutile.

C'era da dire, peraltro, che i due personaggi erano autorevoli: Carl Simonton era direttore del Centro di ricerca sul cancro a Dallas nel Texas, mentre la moglie Stephanie, psicologa, veniva da una lunga esperienza nell'assistenza ai malati neoplastici.

Entrambi erano rimasti colpiti nel constatare come i malati in fase terminale, per i quali l'aspettativa di vita media non andava sopra i 12 mesi, presentassero così significative differenze di sopravvivenza, non spiegabili dal punto di vista della scienza medica.

Nell'osservazione dell'andamento della malattia nei miei pazienti, il cui tempo medio di vita era attorno agli 8 mesi, (si trattava come ho già detto di pazienti inoperabili), non mi ero reso conto di significative differenze e l'unico rilievo che avevo fatto era sull'importanza della presenza o meno di parenti, vicino al paziente, nelle fase cosiddetta agonica.

Se il malato infatti, anche in coma, aveva vicino parenti che si davano il cambio 24 ore su 24 nell'assistenza, questi non riusciva a morire, quasi che l'empatica comunicazione di vita che i parenti gli comunicavano impedisse il distacco dalla vita stessa.

Del resto, qualche anno prima, quando lasciai per poche ore il capezzale di mio padre ricoverato in gravi condizioni per un infarto e una concomitante polmonite, rimasi malissimo perché lui approfittò di quel breve allontanamento per andarsene e io mi colpevolizzai per quell'abbandono come se fossi stato il vero responsabile della sua morte. In realtà, con il passare degli anni, mi resi conto che, con la mia vicinanza e il mio desiderio di tenerlo in vita, gli rendevo la morte, ormai ineluttabile, difficile, procurandogli una fatica in più anche nel trapasso.

Spesso quindi, anche alla luce di questa mia esperienza, convincevo i parenti, sempre con una certa difficoltà, in particolare se meridionali, a lasciare solo il malato terminale onde permettergli di morire. Puntualmente la morte sopraggiungeva dopo poche ore.

I Simonton, nella loro esperienza, avevano identificato due gruppi di pazienti: il primo caratterizzato da un atteggiamento di apatia, depressione, rinuncia che portava a un rapido peggioramento. Il secondo gruppo era invece costituito da malati che si ponevano una motivazione esistenziale forte che impediva loro di morire se prima non l'avessero soddisfatta. In altre parole questi malati erano convinti di non potere morire fino a che, ad esempio, non si fosse sposata la figlia o laureato il figlio o altro.

Questa scoperta affascinò i due medici e li indusse a cercare un percorso di addestramento psichico finalizzato ad un risultato terapeutico.

Il procedimento si sviluppava come in una *realtà virtuale* in cui il paziente doveva visualizzare la malattia, la cura che la distrugge (in quel caso la radioterapia), e le risorse naturali che li aiutavano a guarire. In altre parole si trattava di un gioco di attivazione dei due emisferi cerebrali finalizzato a potenziare tutte le risorse del sistema immunitario, bombardandolo con la liberazione di neurotrasmettitori da parte delle cellule neuronali.

I due ricercatori pubblicarono la loro esperienza scientifica sviluppata su 159 pazienti con risultati assai interessanti (Simonton, Matthews-Simonton, Creighton, 2003) ma, come ho detto, ero scettico su queste modalità di autoguarigione ed ero invece sempre più convinto dell'opportunità di stimolare le difese immunitarie con vaccini aspecifici, come successivamente misi in pratica inoculando il vaccino BCG negli operati di cancro polmonare in primo stadio.

Non avevo ancora letto i lavori scientifici di Blalock e non sapevo ancora cosa fossero le citochine, vera chiave di volta di tutte le comunicazioni fra Sistema Immunitario e Sistema Nervoso Centrale.

Ma ecco che un tardo pomeriggio, mentre stavo per finire il mio turno di guardia divisionale, sentii bussare discretamente alla porta della sala visite, posta al centro del reparto.

Entrò un uomo affascinante, sulla quarantina, alto, coperto da un tabarro scuro, che si qualificò come un sociologo cileno di nome Simone Goldstein.

Dopo avermi chiesto la disponibilità di almeno un'ora del mio tempo, mi disse che lui da anni si era impegnato nel sostegno dei malati neoplastici lavorando sul loro supporto psicologico, analogamente alle esperienze dei coniugi Simonton. Il motivo della richiesta di consulenza era legato alla mia grande esperienza sulle neoplasie polmonari e sul fatto che lui da circa due anni stava tenendo in vita, a suo dire, il suocero, portatore di un cancro polmonare inoperabile.

Con estrema accuratezza ricostruii il caso clinico, con tutte le radiografie che Goldstein mi aveva portato ed effettivamente il paziente, trattato con chemioterapia, aveva un tempo di sopravvivenza superiore alla media di circa tre volte.

Le cas des cases dicono i francesi, nel senso che un caso clinico da solo non può essere preso in considerazione quando si affronta una verità scientifica; ciononostante rimasi a parlare con lui parecchie ore e alla fine concordammo di sviluppare una collaborazione su alcuni miei pazienti. L'idea era quella di farlo intervenire sui malati affetti da microcitoma polmonare in remissione completa dopo il trattamento terapeutico e quindi in sorveglianza clinica.

Chissà se il suo intervento carismatico, mi chiedevo, sarà in grado di attivare le risorse immunitarie del mio paziente ed eliminare la maledetta *dernière cellule*?

Goldstein rappresentava proprio quel tipo di psicoterapeuta, dotato di carisma, in grado di sviluppare al meglio la relazione paziente – terapeuta che ancora oggi, secondo Nardone (2004), rappresenta la più solida premessa di una guarigione in un rapporto psicoterapeutico.

La prima paziente che affidai al cileno fu una mite signora di 60 anni che curavo da circa 6 mesi per un microcitoma e la cui malattia, dopo 5 cicli di chemioterapia, era in remissione completa.

Spiegai alla signora il tipo di intervento terapeutico che intendevo proporle a la trovai assolutamente d'accordo.

La prima cosa che fece Goldstein fu quella di telefonare alla signora pregandola di organizzare una cena alla presenza di tutta la famiglia.

Da quel momento le riunioni famigliari furono molteplici e l'intervento di Goldstein risultò fondamentale in quanto servì a riconciliare la signora con i figli e nello stesso tempo i figli fra di loro dopo anni di pessimo rapporto.

Neanche a farlo apposta la paziente rimase in remissione completa per oltre 10 anni da quel momento: avevamo centrato il secondo *cas des cases*.

Affidai a Goldstein altri pazienti e scoprii di loro cose inaspettate, quasi che la malattia fosse sempre espressione di un profondo disagio esistenziale di ognuno di loro.

Il caso più inquietante fu quello fu un uomo di 55 anni, sposato, la cui malattia non rispose a nessun trattamento ma che appoggiai a Goldstein in quanto il paziente stesso aveva chiesto supporto psicoterapeutico.

Quando Goldstein mi raccontò del disagio esistenziale di cui quell'uomo era portatore rabbrividii e mi resi conto del perché la rapida morte era stata per il paziente una vera liberazione.

Quest'uomo sembrava infatti posseduto da un demone e vomitava odio contro chiunque lo avvicinasse: moglie, figli, amici.

Nella prima seduta con Goldstein gli comunicò che la malattia e la morte per lui erano assolutamente liberatori di un disagio esistenziale e l'aiuto che cercava non era finalizzato alla sopravvivenza, ma semplicemente alla più serena accettazione della morte da lui cercata.

Dopo questa collaborazione sempre più mi convinsi di come il problema non fosse tentare di guarire i pazienti potenziando le loro risorse immunitarie, cosa, ahimè, assai rara e complicata; bensì attivare quella prevenzione, in particolare sui fumatori, che tenesse conto del disagio esistenziale come premessa allo sviluppo di malattie.

La scoperta della PNEI mi aveva portato più a capire l'effetto nocebo che l'effetto placebo e talvolta mi colpevolizzavo di fronte a malati di cancro del polmone, condannati a morte, in cui leggevo in modo evidente il disagio esistenziale come responsabile della loro malattia. Poveretti, pensavo, oltre a dovere morire per questo tumore, li rendo anche responsabili della loro malattia che invece potrebbe essere dovuta a semplice sfortuna.

Ma, ahimè, queste fantasie venivano alimentate da casi clinici così evidenti che non lasciavano adito a dubbi.

Uno di questi casi mi scioccò profondamente in quanto mi sentii usato dal paziente per una sua *vendetta*, ma non potei esimermi dal farlo, devo dire anche con un certo compiacimento. Oltre al lavoro di medico ospedaliero il Sistema Sanitario Nazionale consentiva ai medici, non a tempo pieno in ospedale, di essere iscritti agli elenchi dei medici mutualismi o, come vengono definiti oggi, MMG cioè medici di medicina generale, con un numero ridotto di assistiti.

Nel tardo pomeriggio quindi mi recavo in studio dove mi occupavo degli assistiti e dei loro problemi. La differenza fra lavoro ospedaliero e di studio era significativa e raramente fra gli assistiti, per loro fortuna, insorgevano malattie serie. Era più evidente in studio il sintomo cosiddetto funzionale, legato prevalentemente a problemi di stress.

Quando però arrivava un malato polmonare scattavano le antenne e la mia attenzione era tutta tesa ad escludere malattie tumorali.

Una sera, preannunciata da una telefonata di amici comuni, giunse in ambulatorio una piacevole signora sulla cinquantina d'anni. Di ritorno da una breve vacanza in Grecia, nel tardo autunno, avendo da parecchi giorni una tosse ribelle, aveva sollecitato la visita di uno specialista pneumologo.

Prima della visita le posi alcune domande generali sulla sua salute, sull'abitudine al fumo e altro e la cosa che più mi preoccupò, a parte il tabagismo, fu la sua franca ammissione che da parecchio tempo si sentiva depressa e triste per seri motivi personali. La paziente mi fece capire, senza esplicitarlo, che il marito da tempo la tradiva con un'altra donna.

La invitai a spogliarsi per la visita e la prima cosa che rilevai alla palpazione delle due fosse sovraclaveari fu la presenza di una tumefazione, delle dimensioni di una nocciola, duro-lignea e poco mobile, sicura espressione di una metastasi di un linfonodo.

La mia esperienza in quel campo era assoluta e dentro di me posi diagnosi, quasi certa, di tumore polmonare con metastasi ad una linfoghiandola.

Invitai la signora a venire il mattino successivo in ospedale per eseguire una radiografia del torace e un agoaspirato del linfonodo. Al termine dell'excursus diagnostico feci diagnosi di neoplasia polmonare, non microcitoma, inoperabile.

La paziente era sempre venuta da sola e mi aveva fin dalla prima visita comunicato il desiderio di conoscere tutta la verità sulla sua malattia, compresa la prognosi!

Poiché mi pareva persona intellettualmente consapevole, non mi sottrassi alle mie responsabilità e le comunicai in modo esplicito la diagnosi, scivolando sulla prognosi quoad vitam in quanto ascrivevo alla chemioterapia possibilità variabili e non valutabili prima.

Di tutto questo alla paziente nulla sembrava interessare, ma in una cosa fu molto precisa. Mi disse infatti: «Domani, dottor Soresi, verrò in ospedale con mio marito e lei dovrà ripetere esattamente quello che ha detto a me e cioè che ho un cancro del polmone e che sono condannata a morire!»

Rimasi annichilito da questa richiesta ma non potei esimermi dal soddisfarla tanto la paziente era determinata.

Il mattino successivo il colloquio si svolse nel mio studio in ospedale: la signora arrivò con il marito; notai in lui uno sguardo molto duro nei miei confronti.

Iniziai a parlare e, come da esplicita richiesta della paziente, comunicai diagnosi e prognosi. Subito dopo la sentenza il marito scoppiò in un pianto incontrollabile e la signora si limitò a guardarlo con uno sguardo trionfante: la sua vendetta si era compiuta. Seguirono mesi di difficile assistenza in quanto la paziente desiderava essere curata da me anche al domicilio, mentre il marito mi era ostile ritenendomi un sadico alleato della partner. Riuscii comunque ad assistere la paziente e a portarla all'exitus senza sofferenze somministrandole adeguate dosi di morfina a scopo antalgico.

Dopo un caso clinico così specifico, l'ascrivere al disagio psichico l'insorgenza di alcune patologie neoplastiche mi ha indotto ad esercitare una grande attenzione ai pazienti, al fine di lavorare prevalentemente sulla prevenzione del disagio, laddove riesco ad evidenziarlo.

7. *La comunicazione al paziente*

Fu dopo queste esperienze che decisi, assieme con un giovane psichiatra, il dottor Tullio Gasperoni, allora volontario presso il reparto Vergani di psichiatria, di avviare uno studio sui malati portatori di tumore polmonare. Tale studio fu pubblicato in un manuale (Soresi, Borghini, 1992) concepito come un compendio pratico per il medico di medicina generale finalizzato a fornire una cultura adeguata su un tumore così complesso e aggressivo come il tumore polmonare.

La collaborazione con il dottor Gasperoni e il suo primario, si sviluppò per un periodo di 4 anni in cui fu possibile seguire con un'unica équipe 216 pazienti portatori di tumore polmonare, sia durante la degenza che ambulatoriamente.

Fu inoltre seguito nello stesso periodo un gruppo di controllo di 100 pazienti affetti da patologia polmonare non neoplastica (prevalentemente asmatici). In questo modo si sviluppò un intervento articolato in 3 livelli: ospedaliero, individuale e familiare.

A livello ospedaliero fu organizzato un coordinamento degli interventi terapeutici mirato a rispondere ai bisogni del malato e si lavorò molto sulla comunicazione fra membri dell'équipe, paziente e famiglia.

A livello individuale emerse spontaneamente una facilitazione nella comunicazione empatica fra paziente e membri dell'équipe e di interazione tra psicoterapia, psicofarmacoterapia e terapia del dolore.

A livello familiare venne facilitato un atteggiamento di sostegno al congiunto nell'evolversi della malattia e si stabilì una alleanza terapeutica tra famiglia ed équipe curante.

Tutti i pazienti furono seguiti attraverso colloqui seriali nel tempo dallo psichiatra e, dalla raccolta anamnestica accurata, emersero dati ricorrenti significativi che si possono così riassumere:

- nel 41% dei casi perdita precoce o assenza di una delle figure genitoriali con prevalenza di quella paterna;
- frequente prevalenza di famiglie numerose;
- precoce responsabilizzazione economica e avviamento al lavoro con significativo contributo al bilancio famigliare;
- il dato più suggestivo è rappresentato dalla positività anamnestica, nel 68% dei casi fin dalla giovinezza, per sintomatologia depressiva franca o più spesso mascherata;
- nel 90% si trattava di persone affette da tabagismo grave, inquadrabile come una vera tossicofilia;
- assai frequente risultava la comparsa o il riacutizzarsi di sindrome depressiva correlata da sintomi quali tristezza, rallentamento psicomotorio, disturbi del sonno e dell'alimentazione in concomitanza dell'esordio neoplastico. La deflessione del tono dell'umore era spesso accompagnata da sentimenti di colpa depressiva, più raramente persecutoria. Pure ripetutamente sono state registrate manifestazioni di innalzamento dell'ansia generalizzata con momenti anche di angoscia. Sia la depressione, sia lo stato di angoscia possono amplificare notevolmente la sensazione fisica del dolore e fornire risposte paradosse alle terapie sia chemioterapiche, sia radioterapiche, sia antalgiche.

In fase terminale su questi pazienti si è potuto osservare uno stato confusionale che si presentava prevalentemente con diminuzione della funzione della concentrazione, della memoria e labilità dei nessi associativi. Su circa una ventina di pazienti è comparso un delirio prevalentemente persecutorio-interpretativo.

Per quanto riguarda l'applicazione di protocolli standardizzati sulle informazioni da dare al paziente comunicandogli la cruda verità sulla sua malattia e la sua morte, come avviene in genere nei paesi anglosassoni, è stato visto attraverso questa esperienza che è auspicabile fornire un'informazione modulata rispetto alle capacità del malato di accettare nel tempo una diagnosi quanto più vera possibile.

Le reazioni difensive che più frequentemente sono riscontrabili nel portatore di tumore polmonare sono di negazione dello stato di malattia.

Personalmente, dopo avere frequentato per parecchi anni un corso di metodologia analitica con il professor Rocella, psichiatra formatosi prevalentemente in Germania, forte dei suoi insegnamenti ed esperienze sulle difese intrapsichiche dei malati, ho potuto toccare con mano cosa significhi per un paziente negare la propria malattia.

Una mattina, mentre con i giovani medici volontari stavo facendo il giro di visite dei degenti in reparto, giunto al capezzale di un paziente questi mi chiese esplicitamente: «ma io dottor Soresi, che malattia ho?» rendendomi conto che, nonostante la domanda, quel paziente aveva forti difese intrapsichiche, risposi: «lei ha un cancro del polmone!». L'immediata replica del malato fu: «ma allora quando guarirò da questa polmonite?» Immaginatevi lo stupore dei giovani colleghi di fronte alla mia risposta e alla replica del malato, ma in realtà in quel caso non era stata la comunicazione verbale la vera comunicazione fra me e il paziente bensì il rapporto empatico e di fiducia che da tempo si era instaurato fra me e lui.

Come ho già detto, nella fase terminale talvolta il malato vive momenti in cui accetta inconsapevolmente la fine imminente. Questa drammatica consapevolezza spaventa i parenti e gli operatori che tendono a prodigarsi in atteggiamenti falsamente rassicuranti. In tali frangenti si deve anche accettare il progressivo disinvestimento degli affetti non provando più il malato il *bisogno dei suoi cari.*

È quindi importante far comprendere ai famigliari come questo progressivo allontanamento sia l'unico strumento per rendere accettabile il proprio morire. La partecipazione dei medici e dei congiunti, per essere vera, deve anche rispettare questa necessità di isolamento, per esempio con una affettuosa e silenziosa vicinanza.

8. *Il danno biologico primario*

Esistono oggi i presupposti anatomofunzionali per spiegare la correlazione fra disagio psichico e insorgenza di tumori? Dobbiamo innanzitutto distinguere fra il disagio psichico in età adulta che si traduce in una condizione di stress cronico e il disagio neonatale o dei primi anni di vita correlato a problemi di disaffettività o altro.

Lo stress cronico infatti, come abbiamo ripetutamente scritto, induce una serie di danni a carico del sistema immunitario indotti dal bombardamento anomalo di neurotrasmettitori. I danni che lo stress cronico induce li abbiamo riassunti nel capitolo sul sistema immunitario e tali danni bene spiegano l'insorgenza di malattie infettive o neoplastiche nei soggetti cronicamente stressati.

Interessante, sempre a proposito di stress cronico, il rilievo che i pazienti HIV positivi, a seguito della morte del coniuge, avevano una rapida progressione della malattia. Su questi pazienti molti studi sono stati condotti anche per distinguere le risposte del sistema immunitario in relazione ai vari stati emozionali, dal dolore alla depressione alla dipendenza dall'alcool o da droghe (Mayer, 2000).

In sostanza, sulla base di quanto espresso, ipotizzare che uno stato di stress possa favorire in un fumatore incallito l'insorgenza di un tumore del polmone mi pare assolutamente accettabile.

Assai più complessa è invece la ricostruzione fra disagio psichico neonatale o dei primi anni di vita e insorgenza di patologie tumorali.

Si dovrebbe parlare in questi casi di *danno biologico primario* e ci può aiutare in questa ricostruzione il professor Mauro Mancia, psicanalista e neurofisiologo presso l'Università di Milano.

Nella suo libro dal titolo *Sentire le parole* (2004), Mancia focalizza l'attenzione sulla memoria a lungo termine, implicita e non dichiarativa.

Come scrive Mancia, questa a sua volta comprende: «a) il priming, inteso come abilità del soggetto nell'identificare un oggetto visivamente o auditivamente; b) la memoria procedurale, che consiste nella memoria per esperienze motorie o cognitive, come ad esempio i movimenti necessari per determinati sport o per suonare degli strumenti; c) la memoria emotiva e affettiva che comprende la memoria per le emozioni vissute in rapporto a determinate esperienze affettive che caratterizzano le prime relazioni del bambino con l'ambiente in cui nasce e in particolare con la madre. Forse questo tipo di memoria implicita riguarda anche gli ultimi periodi della vita gestazionale in cui il feto vive una stretta relazione con la madre, con i suoi ritmi (cardiaco e respiratorio) e in particolare con la sua voce. Molte delle esperienze del bambino alla nascita e dopo saranno positive ed essenziali per la crescita mentale e fisica del bambino ma molte – scrive ancora Mancia – potranno essere traumatiche quali, ad esempio, negligenze e inadeguatezze dei genitori, una loro patologia mentale, frustrazioni, violenze, abusi che la famiglia e l'ambiente possono perpetrare ai danni del bambino. Esse costituiranno l'essenza della memoria implicita. Nella misura in cui queste esperienze fortemente cariche di emozioni e affetti sono memorizzate in questa fase preverbale e simbolica, faranno parte di un nucleo inconscio della personalità del bambino e ne condizioneranno gli affetti, il comportamento e la personalità anche da adulto».

Kandel et al. (Cfr. Mancia, 2004) studiando il comportamento in un mollusco marino, l'aplysia californica, sono arrivati alla conclusione che stimoli provenienti dall'ambiente esterno (compresa la parola) possano modificare stabilmente la funzione dei geni (non certo la loro struttura) e conseguentemente creare una condizione di plasticità neuronale e sinaptica quale base organica della memorizzazione di un'esperienza.

Già Freud sottolineava l'importanza patogena delle impressioni o esperienze della prima infanzia dimenticate, perché rimosse, ma capaci di lasciare tracce indelebili nella nostra mente (Freud, 1895).

Questo nuovo modo di concepire la costruzione anatomica del cervello in senso psicobiologico è la nuova chiave per interpretare il *danno biologico primario*. L'approccio psicobiologico, infatti, tiene conto delle modificazioni organiche indotte dalle relazioni esperenziali ed emozionali sul cervello in particolare nei primi 3 anni di vita quando i neuroni si posizionano nelle aree specifiche di appartenenza. Una disarmonica costruzione anatomica di alcune strutture cerebrali, legata ad una presa in carico da parte della madre disaffettiva o patologica, può essere la premessa allo sviluppo di una patologia organica in età adulta.

Le emozioni, di conseguenza, assumono una valenza funzionale di natura non dissimile da quella del resto delle attività organiche.

Partecipando ad un seminario sulla terapia ipnotica ericksoniana, tenuto dal dottor S. Zweig, ho preso atto di come le neuroscienze abbiano differenziato il concetto di inconscio da quello di inconsapevole.

La memoria implicita, che sembra essere localizzata nella corteccia posteriore temporo-parieto-occipitale dei due emisferi, rappresenta il contenitore *inconsapevole* delle rappresentazioni pre-verbali e simboliche che non hanno raggiunto la coscienza.

L'inconscio freudiano invece sembra essere più diretto ad un processo di rimozione della memoria esplicita o autobiografica del soggetto e in particolare alla fase edipica del suo sviluppo.

L'attuale ricerca biologica ha portato, come scrive Mancia, un contributo molto rilevante allo studio dei meccanismi molecolari responsabili dell'archiviazione delle informazioni. Il presupposto della biologia molecolare è che il processo stesso della memoria si realizzi attraverso degli eventi biochimico molecolari e strutturali che si mantengono nel tempo nell'ambito dei punti di congiunzione dei neuroni, cioè nelle sinapsi. Stimolando cronicamente le sinapsi a livello sperimentale è possibile, come ha appunto dimostrato Kandel (1998), ottenere modificazioni plastiche e strutturali permanenti con creazione di nuove sinapsi o scomparsa di altre nel caso di mancanza di stimoli.

La specificità neuronale poi è difficile dire fino a che punto si spinga e l'attivazione dei neuroni specifici è noto essere conseguenza degli stimoli adeguati.

Se, ad esempio, un neonato affetto da cataratta congenita non viene operato tempestivamente, mancando gli adeguati stimoli luminosi, non si attiveranno i neuroni specifici per una corretta visione. L'intervento chirurgico tardivo attiverà neuroni vicari, non altamente specializzati e il bambino non potrà mai avere una vista perfetta.

Steven Rose (2001) ha potuto dimostrare nei pulcini la presenza di una memoria genetica affidata al DNA dei cromosomi. Questo tipo di memoria permette a questi animali un comportamento innato in presenza di determinati stimoli e l'apprendimento prodotto da questi stimoli dura tutta la vita ed è determinante per la sopravvivenza della specie. Complesso dire nell'umano fino a che punto si possa spingere la componente genetica del nostro sistema cognitivo, ma sicuramente la plasticità neuronale ci mette in condizione di attivare o disattivare percorsi cognitivi a qualsiasi età.

Il codice genetico che spazio lascia alla manipolazione dell'ambiente nella formazione di un individuo? L'area delle neuroscienze si è divisa fra due scuole di pensiero: culturalisti, convinti che la maggiore parte delle variazioni individuali che si verificano in una specie siano attribuibili alla mutevolezza e alla plasmabilità dell'organismo posto a contatto con l'ambiente, e innatisti, convinti che qualsiasi variazione sia sostenuta da fattori genetici. Personalmente condivido una terza teoria definita *mista* basata sul principio dell'interazione per cui comportamenti universali, quali ad esempio il linguaggio, sono influenzati da fattori genetici mentre altri comportamenti relativi a variazioni individuali sarebbero influenzati dall'ambiente. Difficile capire quanto comunque l'ambiente seleziona opzioni innate, cioè precostituite, in quanto spesso quello che nel mondo biologico appare come un adattamento in realtà è solo selezione di opzioni precostituite. Classico esempio è quello citato dall'antropologo Gianluca Bocchi (Bocchi, Cerruti, 1993) legato ad un meccanismo definito exattativo quale è quello delle piume degli uccelli esistenti prima in alcuni animali con finalità di riscaldamento o estetiche e solo successivamente entrate nel programma del volo con la comparsa degli uccelli. Secondo Socrate ogni forma di apprendimento consisterebbe nel ricordare ciò che già preesiste nel nostro cervello. L'innatismo quindi non sarebbe presente solo nel sistema immunitario in cui, come ho già spiegato, l'antigene seleziona l'anticorpo preesistente, ma in parte anche nel sistema cognitivo in cui l'idea potrebbe nascere semplicemente dalla attivazione di un circuito neuronale preesistente. Il linguaggio, come ci ha chiarito Noam Chomsky, sarebbe possibile grazie ad un dispositivo preesistente, od organo specifico, insito nel nostro cervello e attivato a seconda della specificità dell'ambiente in cui nasciamo, che ci consente di conseguenza di parlare italiano o francese o giapponese ecc. L'analogia con il sistema immunitario è sempre più evidente, in quanto così come ogni stimolo antigenico attiva una determinata risposta anticorpale, ogni esperienza cognitiva attiva nuovi percorsi neurobiologici. Si conferma perciò l'impossibilità di clonare soggetti uguali in quanto è l'esperienza che forma il patrimonio di conoscenze di ogni individuo e questa non può certo essere trasmessa per via genetica. Ricordiamo ancora, a proposito della memoria implicita e del danno biologico, che è nella fase di sviluppo dei primi anni di vita che il cervello ha grandi capacità plastiche, per cui il neonato con lesioni all'emisfero sinistro ha comunque garantita la fonazione e il linguaggio per compensazione di mappe neuronali vicarie. Nell'adulto, pur mantenendosi la plasticità cerebrale, l'adattamento è più problematico in quanto i circuiti cerebrali, una volta terminato lo sviluppo, sono ormai definiti. Merzenick del California Laboratory ha dimostrato con esperimenti sulle scimmie come mappe cerebrali predisposte a funzioni sensoriali possono essere modificate dall'esperienza. Classico esempio è quello dei tassisti londinesi su cui con la Risonanza magnetica funzionale (FRMN) è stata dimostrata un'ipertrofia della regione corticale deputata alla ricostruzione mnemonica della mappa della città di Londra. Il genetista Marcello Buiatti (Festival della scienza di Genova – novembre 2004) ci conferma che gli esseri viventi, lungi dall'essere interamente determinati dai geni, si sono forniti, durante l'evoluzione, di un patrimonio sorprendentemente vasto di strumenti che permettono di variare in funzione dei cambiamenti interni e del contesto in cui vivono. I geni stessi – dice Buiatti – sono ambigui, nel senso che possono dare origine a seconda delle necessità a più proteine con diverse funzioni. Questo perché uno stesso DNA può essere *letto* in più modi e il suo messaggio può essere variamente rimaneggiato. Anche il cervello, scrive Buiatti («Il Sole 24 ore», 17 ottobre 2004), come il resto, cambia continuamente durante la vita di un individuo e le connessioni fra neuroni si formano e si distruggono e cambiano rispondendo ai segnali che vengono dall'esterno. È questo processo che permette di attuare la nostra strategia adattativa di specie, con la quale cambiamo l'ambiente invece di cercarne di più adatti o di cambiare noi. A vincere nell'evoluzione, prosegue Buiatti, non è come molti credono l'organismo ottimale, ma quello che è più capace di cambiare e di evolvere.

Ritornando alla costruzione del cervello in cui si definisce, come dice il professor Mancia, la memoria implicita nei primi anni di vita, quale buco nero si era costituito in quel paziente che vomitava odio su tutti e che attendeva la morte come un momento liberatorio?

Da parecchi anni ho in cura una paziente anziana, tenerissima, forte fumatrice con grave insufficienza respiratoria, terrorizzata perchè da oltre 40 anni convive con un marito, buon professionista, apparentemente persona per bene, che in realtà compie sistematicamente un preciso atto di violenza. Alla sera, spesso, esce di nascosto e con un puntale gira per le strade lacerando le gomme delle auto in sosta.

Più volte è stato denunciato da persone o inquilini che lo avevano sorpreso, ma non avviene nulla di concreto dal punto di vista giudiziario e questa povera donna vive nel continuo terrore e nella continua vergogna per questo insano comportamento del marito. Figuratevi poi se, con queste premesse, riesco a farla smettere di fumare.

Rispetto al pensiero di Freud, secondo il professor Mancia l'inconscio o l'inconsapevole possono essere contenitori di «un insieme di processi traumatici di varia gravità non rimossi ma depositati nella memoria implicita che, in quanto rappresentazioni pre-verbali e pre-simbiotiche, non hanno raggiunto la coscienza, ma continuano ad operare anche nell'adulto».

Nel transfert e nel sogno è possibile, secondo Mancia, che oltre ad essere un neurofisiologo è anche uno stimato psicoanalista, ritrovare tali contenuti.

Il sogno, scrive ancora Mancia, sarebbe il luogo privilegiato dove la memoria può operare senza resistenze. La memoria implicita, in particolare, entrerebbe come parte attiva del processo analitico e del sogno, inserendosi nell'esperienza del transfert e diventando parte integrante della stessa struttura ontologica del soggetto.

Secondo gli studi di Solms (1995), pazienti con lesioni corticali parieto-occipitali, aree indicate come probabili archivi della memoria implicita, sono privi di sogni a conferma che questo tipo di memoria possa manifestarsi attraverso l'attività onirica.

J. Allan Hobson, direttore del Neurophysiology Laboratory al Massachusetts Mental Health Center, nel suo ultimo libro *La scienza dei sogni* (2003) si limita con grande prudenza a fornire una serie di informazioni sull'attività onirica spiegandoci come si formino i sogni nella mente, come ci preservino dalle malattie mentali e quanto siano importanti per lo sviluppo del cervello ed essenziali per la vita. Nel suo libro Hobson sgombra il campo da tutta la *mitologia* che da secoli accompagna l'attività onirica ed è molto prudente nei suoi commenti riguardo la psicanalisi, limitandosi a criticare la scarsa scientificità con cui fino ad ora, cominciando da Freud, questa scienza ha trattato l'argomento.

Non è quindi un caso se le nuove scuole di pensiero, e in particolare quella di Palo Alto, dapprima con Gregory Bateson (1976) poi con Erickson e da ultimo con Nardone, abbiano sviluppato interventi basati sulla psicoterapia cognitivo-comportamentale nel tentativo di modificare gli schemi mentali considerati patologici. In particolare, la terapia ericksoniana tenta, attraverso l'ipnosi, di lavorare maggiormente sulla parte inconsapevole dell'individuo con l'obiettivo di correggere il danno biologico. È evidente che quanto più precoce è l'intervento del terapeuta tanto maggiore sarà la possibilità di riuscita e quindi dovrebbero essere in teoria i genitori a rendersi conto precocemente del disagio psichico dei loro figli in età adolescenziale. L'intervento della psicoterapia rinforzata dall'ipnosi potrebbe a questo punto, secondo le teorie di Kandel (1998), rimodulare plasticamente l'assetto neuronale e quindi correggere, all'interno delle strutture anatomiche dove si organizza la memoria implicita, il danno biologico.

Poco tempo fa venne in visita, presso il mio studio, un signore di 45 anni, forte fumatore che, appena sedutosi di fronte a me, consegnandomi un fascicolo pieno di esami mi comunicò di essere alla ricerca di un medico che potesse occuparsi seriamente di lui.

Gli esami che aveva eseguito erano praticamente tutti quelli che un laboratorio di Milano, particolarmente specializzato in immunologia, aveva nel suo prontuario e il paziente se li era autoprescritti. Tutti gli esami erano nella norma ma il paziente mi riferì di essere affetto da fibromialgia. Sapevo genericamente, in quanto era il primo caso che mi capitava di affrontare, che questa malattia è caratterizzata dalla presenza di dolori cronici, ribelli, diffusi a tutto il corpo; che nessun esame ematologico la segnala, ma che comunque è un'entità clinica nosologicamente riconosciuta, analogamente alla sindrome da stanchezza cronica. Cercai di prendere tempo con il paziente tentando alla prima di visita di tranquillizzarlo sul fatto che i suoi esami erano rassicuranti, ma lui mi comunicò che si sentiva un invalido e che nessun farmaco, neppure il cortisone gli alleviava il dolore. Lo pregai di ritornare dopo qualche giorno per darmi il tempo di discutere il caso con un collega reumatologo e immunologo. Dopo una settimana il paziente ritornò e mi portò come supplemento di esami una Risonanza magnetica del cranio eseguita qualche mese prima che dimostrava una *empty sella* e cioè, la sella turcica, alloggiamento del cranio dove risiede l'ipofisi, che presenta al suo interno una ghiandola di dimensioni ridotte. Immediatamente mi fece rilevare che di tutti gli esami che mi aveva portato, l'unico alterato era il dosaggio della somatomedina, ormone prodotto appunto dalla ipofisi. A questo punto mi resi conto di essere di fronte ad un paziente sicuramente di intelligenza superiore alla norma, ma devastato dall'ansia e ossessivo nella ricerca delle cause della sua malattia. Essendo a conoscenza che la fibromialgia può essere in parte controllata da una psicoterapia ipnotica ericksoniana, gli proposi qualche seduta di trattamento da un collega psicologo. Ricordo che alla fine della visita il paziente mi chiese esplicitamente se ero preoccupato per la sua salute e io risposi che la mia unica e vera preoccupazione riguardava la sua tenuta cerebrale nel senso di una possibile evoluzione verso una condizione psicotica.

Seppi successivamente dallo psicologo che il paziente andava regolarmente da lui tutte le settimane e che la sua fibromialgia stava migliorando.

Quanto poi un danno biologico primario, invece di sviluppare patologie psichiatriche, possa favorire l'insorgenza di malattie organiche, comprese quelle neoplastiche, si può forse spiegare con il principio della *morte programmata cellulare*.

Per morte programmata si intende un comportamento della vita sociale cellulare tale per cui, se la cellula non riceve determinati segnali bioelettrici dalle cellule vicine, si uccide con un meccanismo di apoptosi, a favore delle collettività.

L'incapacità a riconoscere determinati segnali o la *ribellione* della cellula al suicidio potrebbe spiegare la nascita di malattie degenerative o neoplastiche.

Una condizione precoce nel nascituro o nel neonato di disaffettività potrebbe essere la causa di questi alterati segnali bioelettrici e di una non corretta definizione delle strutture cerebrali in fase di definizione negli ultimi mesi della vita fetale e nei primi 3 anni di vita.

Mi sembra corretto, sulla base di queste ultime affermazioni, trarre alcune considerazioni di carattere etico. In questi giorni è morta la scrittrice Susan Sontag che si era annunciata, come scrive Umberto Galimberti su «Repubblica» del 29 dicembre 2004, al grande pubblico negli anni Sessanta con un libro *Contro l'interpretazione*. In questo libro la scrittrice esprimeva il concetto secondo il quale non tutte le cose hanno un significato recondito, come in genere gli psicanalisti ci hanno abituato a considerare. In particolare riguardo alle malattie la Sontag scriveva: «Non c'è niente di più primitivo che attribuire ad una malattia un significato, poiché tale significato è inevitabilmente moralistico». Alla fine degli anni Settanta la Sontag esplicitò più a fondo questo concetto in un libro dal titolo: *La malattia come metafora*. La scrittrice invita in quel libro a demetaforizzare la malattia e ad eliminare tutte le interpretazioni che hanno uno sfondo colpevolizzante e di cui si servono il potere, la morale e la legge per tenere a bada le condotte degli individui. I malati di AIDS in particolare, oltre alla malattia vera e propria, devono combattere l'immagine della malattia che è più spaventosa e più difficile da vincere, scrive Galimberti, della malattia stessa. Per quanto riguarda il cancro, scrive ancora Galimberti, da malattia che insorge per specifiche condizioni organiche, esso diventa, per il malato, colpa della degenerazione della sua vita e, per traslazione, metafora della degenerazione politica e sociale, descritta, come scrive Susan Sontag, «con immagini che riassumono il comportamento negativo dell'*homo oeconomicus* novecentesco: sviluppo anormale e repressione dell'energia che si manifesta nel rifiuto di consumare e di spendere». Personalmente, come medico oncologo, mi sono battuto per oltre 30 anni contro questo immaginario colpevolizzante nei miei pazienti affetti da cancro del polmone, ma quando parlo di *danno biologico primario* mi riferisco semplicemente ad un'alterazione organica determinatasi nei primissimi anni di vita e di cui non possiamo certo ritenerci responsabili. Parallelamente, nei casi in cui lo stress cronico possa avere favorito, in sinergismo con altri fattori di rischio quali il tabagismo, l'insorgenza di tumori polmonari rientriamo proprio in quella osservazione di sviluppo organico del cancro di cui parla Galimberti, oggi ormai chiarito dalla psicobiologia e dalle nuove conoscenze sulla relazione fra Sistema immunitario e Sistema Nervoso Centrale.

Alla luce quindi degli ultimi sviluppi della psicobiologia sembra cadere l'ipotesi del determinismo genetico, in quanto il programma genetico non istruisce nulla ma va interpretato come un sistema dinamico tale per cui, come scrive Gilberto Corbellini (1999): «le informazioni genetiche vengono utilizzate dalla cellula in relazione al contesto fisiologico», ed è quindi importante «lavorare su modelli tali da riuscire a correlare i geni con i percorsi metabolici». I test genetici di conseguenza non risolveranno, se non in parte, i problemi della medicina in quanto la maggior parte delle malattie sarà conseguenza degli stili di vita e della relazione socioambientale.

Se tutti gli stimoli ambientali, fisiologici, psicosociali hanno come bersaglio finale la regolazione genica, questa diventerà responsabile di una sequenza di processi comportamentali e biologici finalizzati all'adattamento dell'organismo. Nel momento in cui questo adattamento verrà a mancare, l'organismo scivolerà verso la malattia intesa come perdita dell'omeostasi. Da numerosi anni è noto che i neurotrasmettitori classici quali serotonina e dopamina esercitano grande influenza sul sistema immunitario con regolazione delle cellule T e NK, attivazione dei macrofagi e produzione di fattori chemotattici. Più recentemente è stata fornita la dimostrazione della presenza di recettori colinergici e adrenergici sulla membrana dei linfociti T e B, ma su tutto questo complesso network di interazione tra sistema immunitario e sistema nervoso i nuovi grandi veri direttori d'orchestra sembrano essere dei polipeptidi, multifunzionali denominati *citochine*.

9. *Le citochine*

Quando da ragazzino giocavo a pallone in una cascina del Bresciano, ospite di amici dei miei genitori, non mi rendevo conto di vivere vicino a una polveriera. Nella cascina infatti venivano allevati polli ruspanti che di notte si rifugiavano sotto una grande tettoia la cui copertura era di eternit. Questo materiale era frutto di una miscela fra cemento e fibre di amianto e aveva la caratteristica di essere molto resistente e a basso costo. Per le generazioni nate negli anni Quaranta, inalare fibre di asbesto liberate dall'eternit non dico fosse la norma ma sicuramente rappresentava un evento frequente essendo questo materiale molto utilizzato nell'edilizia prima di essere messo al bando. In Italia l'amianto, il cui nome tecnico è asbesto, è bandito dal 1992 ma ne restano ancora in giro circa 30 milioni di tonnellate. Oltre alle coperture in eternit, l'amianto è stato usato in tutto il mondo per la produzione di piastre isolanti, ferri da stiro, guanti da forno, schermi cinematografici, carrozze ferroviarie, phon, freni per auto ecc. Secondo un'indagine svolta da Legambiente in 94 capoluoghi di provincia il 12% degli edifici scolastici contiene ancora asbesto. In Europa si parla di 5000 morti all'anno per patologie da amianto e sono oltre 1500 i firmatari per ottenere un maxirisarcimento dai proprietari dell'Eternit. Che l'amianto fosse responsabile di tumori alla pleura lo si sapeva dal 1965 e dal 1975 l'Agenzia internazionale per le ricerche sul cancro di Lione dice che tutti i tipi di amianto sono cancerogeni e che qualunque livello di esposizione è nocivo. Ricordo che negli anni Ottanta, trovandomi ad un Congresso di oncologia pleuro-polmonare a Bruxelles, passando per una strada del centro assistetti alla demolizione di un grosso edificio organizzata con cariche di tritolo. Il motivo della demolizione era appunto legato al problema dell'amianto ma, in realtà, durante il crollo dell'edifico, la quantità di fibre di asbesto disseminato era impressionante. All'Ospedale Erasmus di Bruxelles sono stati trovati segni di esposizione nella popolazione generale e una persona su 7, scelte a caso, ha placche sulla pleura e alte concentrazioni di asbesto nei polmoni. Attualmente per eliminare una copertura di amianto da un tetto esiste una legge che impone la raccolta in sacchi che ne impediscono la dispersione nell'ambiente. Qualche anno fa, chiamato a consulto da un collega cardiologo per visitare una paziente affetta da pleurite con versamento, mi bastò sapere che era vissuta fino all'età di 25 anni nella zona di Casale Monferrato, dove c'era la fabbrica dell'eternit, per sospettare la presenza di un tumore della pleura. Svuotai il cavo pleurico con una toracentesi e inviai il liquido pleurico per un esame citologico all'Istituto di anatomia patologica di Niguarda, con la raccomandazione di sviluppare tutte le ricerche istochimiche perché avevo un forte sospetto di tumore alla pleura. La risposta del patologo confermò i miei sospetti e quello fu sicuramente il caso più precoce di diagnosi di tumore pleurico in quanto non ancora visibile né alla radiografia del torace, né alla TAC. Nonostante questa diagnosi precoce e le cure tempestive, dapprima con interleuchina in cavo e successivamente con un intervento di asportazione del polmone e della pleura, la paziente sopravvisse solo pochi anni. Il tumore primitivo della pleura, noto anche come mesotelioma, è il primo e forse ancora oggi l'unico tumore di cui viene riconosciuta una causa professionale in quanto ne è stata dimostrata la più alta incidenza nei lavoratori dell'amianto. L'amianto è un minerale che ha la caratteristica di liberare fibre di asbesto, assai volatili, che respirate attraversano bronchi e polmoni, migrano verso la periferia e colonizzano sulle pleure favorendo lo sviluppo di tumori prevalentemente di natura maligna.

La norma per questo tipo di tumore è quella di essere diagnosticato sempre tardivamente e di non rispondere positivamente ad alcun tipo di terapia, né chirurgica, né farmacologica. Fu proprio nel tentativo di migliorare la sopravvivenza di questi pazienti che mi imbattei nelle citochine. In 30 anni di professione, come oncopneumologo, mi ero reso conto che in alcuni casi il tumore della pleura evolveva con grande lentezza e quindi l'idea di rinforzare le difese immunitarie per rallentarne la crescita mi sembrava assai corretta. Già da qualche anno era comparso sulla scena dei trattamenti farmacologici l'interferon, in particolare per la terapia delle epatiti virali, ma personalmente non avevo ancora bene messo a fuoco il significato di questo nuova sostanza che sapevo genericamente essere prodotta anche dal nostro organismo in quantità infinitesimali. Quando negli anni Novanta mi presentarono un preparato a base di interleuchina 2, attivo come stimolatore immunitario e anch'esso prodotto dal nostro organismo, pensai di approfondire la conoscenza di questi preparati e capii solo allora l'importanza di questa nuova classe di farmaci nota come *citochine*. Queste sostanze sono molecole dotate di proprietà regolatrici cellulari che svolgono un ruolo significativo nella difesa dell'ospite, nel danno tissutale, nella crescita e nella differenziazione cellulare. Ricordo, per inciso, che nella filogenesi alcuni tipi di interleuchine sono già presenti nei molluschi.

Nella Fig. 11 è sintetizzata la funzione delle citochine nel nostro organismo.

Le citochine sono polipeptidi multifunzionali e rappresentano la ba-

Figura 11

se dei processi di comunicazione tra le cellule del sistema immunitario e, in particolare, della loro attivazione. Queste sostanze svolgono un ruolo cruciale nella mediazione delle risposte infiammatorie e immunitarie e sarebbe più corretto definirle immunotrasmettitori. A tutt'oggi sono stati identificati tre tipi di interferone, due di fattori di necrosi tumorale, oltre 25 interleuchine e un numero crescente di altre citochine (Passalacqua et al., 2000).

Negli ultimi 15 anni si è accertato che le citochine sono sostanze messaggere anche per il cervello e che con tutta probabilità rappresentano il gruppo fondamentale dei mediatori tra sistema nervoso e sistema immunitario. Esse pertanto appartengono alla classe dei neuro-mediatori e nella Fig. 9 viene sintetizzato il significato del loro ruolo di collegamento all'interno della PNEI che si sviluppa attraverso il sistema neuroendocrino, il cervello, l'asse endocrino e il sistema immunitario.

Il ruolo che giocano le citochine anche nella regolazione dell'espressione genica nel sistema nervoso centrale, conferma come esso sia in grado di influenzare i processi immunitari e come, viceversa, le risposte immunitarie producano modificazioni delle risposte neuronali e di conseguenza degli stati psicologici (emozioni e malattie).

Come ho precedentemente spiegato, in questo modo il sistema immunitario diventa a tutti gli effetti un organo di senso in grado di monitorare lo stato interno dell'organismo. Ogni sua variazione legata al controllo delle infezioni virali o batteriche piuttosto che ad eventi infiammatori o stressanti viene comunicata al cervello che a sua volta organizzerebbe gli schemi di risposta metabolica e comportamentale finalizzata al mantenimento della omeostasi. È evidente a questo punto l'importanza di controllare lo stress psichico per dare tempo a questi apparati di organizzare la continua messa a punto delle risorse dell'organismo. Lo stress cronico ci porta da uno stato di omeostasi ad uno di allostasi e in condizioni allostatiche, cioè eroiche, l'organismo può mantenersi solo per tempi limitati pena la malattia.

Le citochine sono presenti nel cervello in quanto possono raggiungerlo attraverso percorsi che consentono il superamento della barriera emato-encefalica e, inoltre, sono anche in parte prodotte dalle cellule neuronali. I recettori per le citochine nel contempo sono diffusamente espressi nel cervello. Interessante il rilievo che eventi patogeni quali ischemie cerebrali, traumi o infezioni possono aumentare la presenza di citochine.

Negli anni Novanta, in collaborazione con un collega dell'Ospedale di Casale Monferrato, iniziai uno studio pilota che prevedeva il trattamento sottocute con alte dosi di IL 2 (interleuchina 2) tre volte alla settimana su pazienti portatori di mesotelioma in fase avanzata. Finalità di tale trattamento era quella di sfruttare le caratteristiche di questa sostanza in grado di attivare nel nostro organismo le cellule NK, di liberare maggiore quantità di Interferon gamma e di potenziare in generale l'immunità aspecifica o naturale.

Sviluppammo questo studio per circa quattro anni su oltre 30 pazienti e su tutti notammo una buona risposta clinica con, nel complesso, buona tolleranza al trattamento, ad esclusione, in alcuni pazienti, di una forte risposta febbrile poche ore dopo l'iniezione sottocute di IL2.

Quello che invece notai in qualche paziente furono delle particolari risposte a livello psichico con comparsa talvolta di depressione o disfunzioni cognitive che allora feci fatica a correlare al trattamento in atto. Successivamente mi documentai e venni a conoscenza (emozioni e malattie) che l'uso delle citochine quali IL2 e IFNgamma come terapia ad alte dosi, in alcune patologie infettive e nel cancro può essere associato a notevole e svariati effetti psichiatrici collaterali quali la depressione, l'ideazione suicida, le disfunzioni cognitive e le psicosi.

Si ritorna quindi al concetto di Sé immunitario come modulatore del Sé neurale e se, come dice Edelmann, la coscienza «emerge dalla organizzazione e dall'attività del cervello» ed è un prodotto biologico, bisogna prendere atto che la mente risiede sì nella nostra testa, probabilmente nelle regioni cingolo-frontali e parieto-temporali, ma è frutto comunque di un complesso *embodiment*.

Nello stesso periodo in cui con il collega di Casale Monferrato trattavamo i pazienti affetti da tumore della pleura con IL2 sottocute, un amico pneumologo, primario all'Ospedale di Brescia, il dottor Tassi, iniziava una collaborazione con un gruppo di oncologi di Lione per sviluppare uno studio controllato sul trattamento endocavitario di questi tumori con IL2 ad alte dosi, allo scopo di ridurre la massa neoplastica.

Attualmente il protocollo terapeutico più interessante e meno aggressivo prevede, nel caso del tumore della pleura, l'inserimento di un catetere nel cavo pleurico e successivamente la medicazione del cavo con IL2. Questo tipo di trattamento induce una discreta riduzione della massa neoplastica e quindi può essere successivamente preso in considerazione l'intervento chirurgico. Purtroppo anche questa terapia va considerata palliativa e non risolutiva, ma ha il vantaggio di non essere tossica e aggressiva per il paziente e di migliorarne qualità di vita e sopravvivenza.

A conforto dei miei lettori, anche in caso di mesotelioma o di tumore polmonare, mi sono sempre astenuto dal porre prognosi infausta a breve termine sui miei pazienti a chiunque dei parenti me lo chiedesse. Talvolta infatti ho osservato, nella mia ampia casistica, casi clinici con sopravvivenze di molto superiori alla media. Ricordo un caso in particolare: si trattava di un ex giocatore di hockey su ghiaccio, che fin dalle prima visite, mi comunicò di non potere morire prima della scomparsa della sua cara mamma; egli convisse con il suo tumore della pleura per oltre 10 anni e morì pochi mesi dopo avere assistito al funerale di sua madre. In questi casi, oltre chiaramente alle risorse del sistema immunitario dei pazienti, entra in gioco la minore aggressività della malattia ben valutabile oggi con esami più approfonditi da parte dell'anatomo patologo. Resta comunque il fatto che proprio questi rari casi di lunghe sopravvivenze spontanee mi hanno aiutato a proiettare sui pazienti che ho avuto in cura il mio inguaribile ottimismo, nella convinzione che ognuno di essi potesse rientrare nella rara casistica di lungo sopravviventi.

10. *L'effetto placebo*

Maggio 1980: sono da poco montato di turno nella guardia Divisionale e mi chiamano dal Pronto Soccorso per una visita specialistica. Raggiungo rapidamente l'ambulatorio e vedo sdraiato su un lettino volante un signore di circa 50 anni con lo sguardo terrorizzato e in preda a forti dolori al fianco destro. La diagnosi di accettazione è quella di colica renale, in realtà una radiografia del torace evidenzia un addensamento tondeggiante, delle dimensioni di una pallina da tennis, situato alla base del polmone destro. Si tratta con tutta probabilità di un tumore che stimolando la pleura diaframmatica induce un forte stimolo doloroso che simula una colica renale.

Il paziente è un forte fumatore e io propongo ai colleghi del Pronto Soccorso un ricovero presso il reparto di Pneumologia. Nei giorni successivi, espletati gli accertamenti diagnostici di routine, comunico al signor V. D. che dovrà essere operato di cancro del polmone e che ci sono buone possibilità di guarire in quanto apparentemente non esistono metastasi in altri organi. Mancava l'esame istologico ma in quel periodo non esisteva ancora in Clinica l'approccio con agoaspirato transtoracico e la broncoscopia non era stata diagnostica in questo senso.

Il paziente, sempre più terrorizzato, accetta l'intervento chirurgico e viene pertanto trasferito nel reparto di Chirurgia Toracica. Dopo una decina di giorni circa vengo chiamato dai colleghi chirurghi per riportare il paziente, ormai operato, nel mio reparto in quanto l'esame istologico aveva posto diagnosi di microcitoma polmonare.

Comunico al malato che sarà opportuno fare almeno 4 cicli di chemioterapia per ottenere maggiori chance di guarigione. Come ho già scritto, solo in questo caso, la chemioterapia adiuvante postchirurgica migliora la sopravvivenza a 5 anni mentre è assolutamente inutile in tutti gli altri tipi istologici di tumore polmonare.

Ormai il malato è in preda al terrore e si affida completamente alle mie cure. Eseguito, da ricoverato, il primo ciclo di chemioterapia, viene successivamente dimesso e continua la chemioterapia ambulatoriamente tollerandola perfettamente. Dopo il 4° ciclo rimane in sorveglianza e ogni 3 mesi viene a controllo clinico e radiologico. Le reali possibilità di guarigione viste le dimensioni del tumore, superiore ai 3 cm, sono di circa il 50% a 5 anni. Naturalmente non gli parlo di percentuali ma gli dico dell'importanza di mantenere controlli periodici presso il nostro ambulatorio.

Dopo due anni, ripresosi perfettamente dal trauma psico-fisico, il paziente, commerciante di pietre preziose, mi comunica la sua decisione di partire per il Sudamerica per iniziare gli scavi di un giacimento di diamanti avuto in concessione. Gli raccomando di venire a controllo con una radiografia del torace almeno una volta l'anno ancora per un certo periodo.

L'anno successivo si presenta a visita accompagnato da un'amica sudamericana che mi presenta come Maria Dolores la cui sorella fa parte di una congregazione che, con le preghiere, interviene a distanza sui malati, guarendoli.

Faccio finta di non capire ciò che mi dice, lo rassicuro sul fatto che la radiografia del torace è negativa e che quindi ha ottime possibilità di essere guarito. In realtà il rischio che la malattia si ripresenti è ancora abbastanza elevato.

Pochi giorni dopo V. D. mi chiama per dirmi che la madre era stata dimessa dall'Ospedale San Carlo con atroci dolori causati da un tumore intestinale già metastatizzato al fegato e lui desiderava una mia visita, anche se solo con finalità palliativa.

Visito la donna, già molto sofferente, e prescrivo compresse di morfina da 30 milligrammi da prendere con regolarità almeno tre volte al giorno; in questa occasione V. D. mi comunica che si trasferiranno per qualche mese a Roma. Gli raccomando di stare molto vicino alla mamma destinata ad avere pochi mesi di vita e forti sofferenze controllabili con le compresse di morfina a dosi eventualmente più elevate.

Passato circa un anno da questa visita la mia segretaria mi comunica che V. D. ha preso un appuntamento per un controllo a sua madre: sono stupefatto in quanto ritengo la paziente morta da parecchi mesi. I due si presentano in studio, e il figlio mi chiede prima un colloquio personale, per spiegarmi alcune cose, senza che la mamma sia presente.

Mi racconta che, trasferitosi dopo la mia visita a Roma, la mamma è stata assistita da Maria Dolores con grande abnegazione ma che, invece di somministrarle la morfina in compresse da me prescritta, le dava regolarmente un bicchierino di acqua minerale da lei benedetta leggendo alcune preghiere da un libro portoghese. Dopo qualche mese inoltre, rientrata in Brasile, lo aveva chiamato avvisandolo che la sorella, assieme al suo gruppo di preghiera, sarebbe intervenuta a distanza per guarire la mamma. Gli aveva raccomandato per la sera di un determinato giorno di vestire la mamma con una camicia da notte bianca e di farla sdraiare sul letto standole vicino con il libro di preghiere portoghese in mano.

Verso la mezzanotte del giorno prestabilito V. D. sentì sua madre, che nel frattempo si era addormentata, lamentarsi e urlare per i dolori per una decina di minuti e quindi riprendere sonno con un'espressione beata sul viso; da quel momento non aveva somministrato più alla madre neppure l'acqua benedetta da Maria Dolores.

Dopo questo racconto rimasi sconcertato in quanto la paziente, nel frattempo entrata nello studio per la visita, stava molto meglio di quando l'avevo vista l'ultima volta, non mostrava segni di deperimento organico né di sofferenza in atto.

Dopo la visita chiesi un'ecografia epatica che confermò la presenza di voluminose metastasi, da quel momento passarono ancora parecchi mesi e venni successivamente a conoscenza che la signora era morta al suo domicilio senza avere più accusato alcun dolore.

La storia finisce qui, il signor V. D. gode a tutt'oggi di ottima salute, è uno dei pochi miei pazienti sopravvissuti al microcitoma polmonare, vive a Roma e ogni tanto mi chiama per alcuni consigli sanitari e per un saluto.

Questo è sicuramente l'effetto placebo più significativo a cui ho potuto assistere nella mia professione di medico e che mi ha portato ad approfondire questo argomento scientificamente sia dal punto di vista biologico, sia antropologico.

Per effetto placebo si intende la capacità dell'organismo di liberare sostanze endogene con finalità terapeutiche.

Scrive Giorgio Cosmacini nella sua recensione sul «Corriere della Sera» del 16 gennaio 2005 del libro di Daniel E. Moerman (2002) *Placebo, biologia, significato*: placebo, piacerò. «Placebo Domino in regione vivorum» (sarò gradito al Signore nella terra dei viventi), era il nono versetto del Salmo 116, entrato ufficialmente a far parte nel linguaggio medico nel 1757 quando il *Quincy's Lexicon* definì il placebo «un medicamento usato più per far piacere che per giovare al malato».

L'effetto placebo viene utilizzato con frequenza nel campo della ricerca scientifica e personalmente, come pneumologo e oncologo ospedaliero, spesso ho sviluppato protocolli terapeutici che comparavano un chemioterapico ad un prodotto inerte definito *placebo*.

A tutt'oggi la maggior parte degli studi clinici viene condotta confrontando un nuovo farmaco verso placebo e la Food and Droog Administration (FDA) considera il controllo verso placebo il *gold standard* di riferimento. Le linee guida americane per la registrazione di nuove molecole ne prevedono l'utilizzo, almeno per certe classi di farmaci. Sul piano scientifico sono tre gli argomenti che vengono addotti a sostegno dell'utilizzo del placebo nella ricerca clinica:

1. il placebo costituisce un punto di riferimento;
2. spesso risulta difficile decidere verso quale trattamento sia più opportuno confrontare una nuova molecola;
3. è più facile valutare la significatività statistica negli studi clinici controllati verso placebo.

Che i pensieri e le emozioni possano influire sulla nostra salute non è certo una novità ma come ho spiegato nei precedenti capitoli la relazione mente-corpo si sta rivelando sempre più interessante e molto più complessa di quanto la medicina stessa e chiunque di noi avrebbe potuto supporre.

Sempre di più in questi ultimi anni stanno nascendo pratiche sanitarie più o meno scientificamente validate i cui risultati spesso vengono ascritti al placebo. Immaginate di essere affetti dal morbo di Parkinson, di camminare tremebondi e incerti con nella mano sinistra una penna con cui non riuscite a scrivere per il continuo tremore. Ad un certo punto venite sottoposti ad un intervento chirurgico con minuscola trapanazione del cranio. Uscite dall'intervento nettamente migliorati, camminate più sicuri e la vostra mano non trema; pensate di essere stati miracolati da quest'intervento sperimentale e scoprite che invece l'intervento era simulato. A Pechino un neurochirurgo cinese Huang Hongyun, specializzatosi negli Stati Uniti, da 3 anni trapianta cellule olfattive embrionali a pazienti paraplegici per traumi vertebrali o affetti da sclerosi laterale amiotrofica o da altri danni neurologici. I presupposti scientifici sono vaghi e poggiano sulle enormi capacità di stimolo neurotrofico che sviluppano le cellule olfattive. In Cina la politica del governo per il controllo delle nascite consente l'utilizzo di feti abortiti di circa 16 settimane; Huang preleva cellule del bulbo olfattorio, progenitrici della glia (sostanza bianca del cervello) e le coltiva per circa 2 settimane su particolari terreni di coltura: si tratta di sieri bovini vietati da noi in Europa per il problema della mucca pazza. Queste cellule hanno la caratteristica di liberare una grande quantità di fattori neurotrofici in grado di stimolare la riproduzione dei neuroni. L'intervento, che avviene in anestesia generale e ha un costo di 20.000 dollari presuppone l'iniezione delle cellule in parte sopra la lesione del midollo spinale e in parte sotto. Nel caso della sclerosi laterale amiotrofica l'intervento è più invasivo poiché vengono iniettate, dopo l'apertura del cranio, oltre due milioni di cellule olfattive nella corteccia frontale. Tutti i pazienti escono dall'intervento con qualche vantaggio: chi riesce a stare almeno con il busto eretto, chi ha la sensazione di riprendere un certo trofismo muscolare, chi ha la sensazione di parlare più speditamente; in realtà non è possibile dire se ciò che si ottiene è frutto dell'effetto placebo o di una reale risposta all'intervento subito. Il cinese pare non subire l'influenza delle violente critiche che gli vengono fatte dall'establishment scientifico, ma anche nella comunità scientifica alcune voci lo difendono, come, ad esempio, il neurochirurgo Paul Cooper che ha confessato di essere rimasto impressionato dai risultati di Huang. Egli ha infatti dichiarato alla rivista «Lancet» che il collega cinese non è un ciarlatano e che lui personalmente ha visto suoi malati ritornare da Pechino, con notevole vantaggi della motilità. Personalmente ritengo che ci si trovi di fronte ad una spregiudicatezza di nuovo tipo e che l'affrontare in questo modo, non scientificamente corretto (esistono solo due studi sperimentali sui ratti), le nuove frontiere della medicina, possa trasformare i malati in cavie, esponendoli a rischi sia per lo stesso atto operatorio, estremamente invasivo, sia per la possibilità di indurre in tempi non valutabili l'insorgenza di tumori.

A questo proposito per quel che so del comportamento dei cinesi è singolare come la loro spregiudicatezza nel mondo degli affari sia una costante. A detta di alcuni miei pazienti abituati a sviluppare affari con loro sembra che non abbiano alcun codice comportamentale e, anche di fronte ad ordini e a lettere bancarie regolarmente firmate, i commercianti cinesi non rispettano gli impegni. Se applicheranno la stessa spregiudicatezza alla medicina penso che ne vedremo delle belle! Comunque anche questo tipo di approccio con le cellule olfattive, analogamente a quello con le cellule staminali, conferma come sempre maggiormente la medicina contemporanea stia mimando il sofisticato comportamento biologico del nostro organismo che, come ho già scritto, è frutto di 4 miliardi di anni di storia evolutiva. In particolare per quanto riguarda il cervello le maggiori novità riguardano proprio il campo delle cellule staminali; recentemente è stato scoperto che alcune zone di quest'organo contengono cellule dotate di proprietà rigenerative, si tratta di cellule staminali cerebrali. Queste cellule continuano a moltiplicarsi, anche in età avanzata, e producono enormi quantità di cellule nervose mature. In prospettiva, coltivando queste cellule sarà possibile trapiantarle in pazienti con danni cerebrali di diversa origine. Per ora sono in corso studi a livello sperimentale sui topi e si sono osservati risultati interessanti su vari tipi di lesioni sia spinali sia cerebrali, il prossimo stadio sarà la sperimentazione su esseri umani. Angelo Vescovi professore di Biologia Cellulare presso l'Ospedale S. Raffaele è un pioniere in questo tipo di ricerca e con tutta probabilità coordinerà trials clinici con staminali cerebrali umane (Vescovi, 2005). Rimane poi lo sconcerto di come in Cina gli embrioni siano a disposizione per la ricerca clinica mentre per la Chiesa Cattolica il divieto sia totale e senza deroghe: l'embrione è persona fino dal momento del concepimento e merita rispetto e tutela incondizionati come stabilì Pio IX nel 1869. La Chiesa anglicana invece non ritiene che l'embrione sia persona fin dai primi giorni di vita e ne consente l'impiego per la ricerca; nelle sue linee etiche precisa che deve essere evitato qualsiasi sfruttamento commerciale. Per la religione ebraica l'embrione diventa persona gradualmente e, fino al 40° giorno di vita, può essere utilizzato per la ricerca. In Iran la massima guida spirituale, l'Ayatollah Alì Khamenei ha dato pieno assenso alla produzione di cellule staminali dagli embrioni. La difficoltà a coniugare etica, scienza e religione è tale che l'Assemblea generale delle Nazioni Unite, dopo parecchi rinvii, è approdata ad una posizione di compromesso sulle tecnologie della clonazione varando un documento non vincolante in cui ci si limita a chiedere agli stati membri di adottare normative che rispettino la «dignità umana». Come abbiamo visto l'effetto placebo non è altro che l'attivazione di percorsi biologici che si instaurano in funzione di uno stimolo cognitivo ma gli stessi percorsi li sta seguendo la nuova farmacologia. Si stanno sintetizzando sempre più farmaci mirati al controllo dei recettori cellulari o anticorpi mirati a bloccare determinate immunoglobuline o ad inibire particolari neurotrasmettitori. Nel caso, ad esempio, della terapia dei tumori del colon retto, la FDA, l'ente di controllo americano, ha approvato l'indicazione sulla base di un'unica ricerca del cetuximab, nuovo farmaco *intelligente* che, bloccando l'angiogenesi, impedisce al tumore di crescere.

Da anni, contro il tumore della mammella sono scesi in campo anticorpi monoclonali in grado di bloccare i recettori cellulari delle cellule neoplastiche impedendone di conseguenza le crescita. Un vaccino che impedisce l'apoptosi, cioè la morte programmata delle cellule, è stato messo a punto dall'Istituto dei Tumori di Milano contro le neoplasie del colon-retto.

La sfida dell'attuale medicina consiste nell'identificare i percorsi che collegano le condizioni mentali alle risposte organiche fisiologiche e patologiche. La ricerca in tal senso è in pieno sviluppo, come hanno recentemente scritto su «Newsweek» Herbert Benson, Julie Corliss e Geoffrey Cowley. Il quinquennale Integrated Neural Immune Programm del governo federale degli Stati Uniti l'anno prossimo investirà 16 milioni di dollari nella ricerca psicosomatica e le fondazioni private ne spenderanno altrettanti. Alcuni ospedali negli Stati Uniti stanno aprendo cliniche specializzate nella cura contemporanea del corpo e del cervello e penso con tenerezza alla medicina antroposofica che dal 1700 si propone come medicina olistica e cura mente e corpo e in particolare al mio collega Sergio Francardo, medico steineriano, a cui ho inviato spesso pazienti affetti da tumore polmonare in trattamento chemioterapico a cui lui somministra cure di supporto di tipo omeopatico finalizzate a potere tollerare meglio la terapia antiblastica.

Gli attuali esperti ritengono che dal 60 al 90% dei casi tutte le visite mediche vadano attribuite allo stress e abbiamo visto nel capitolo sul sistema immunitario quale immunodepressione lo stress induca al nostro organismo e quali tipi di malattie possa favorire.

L'OMS (Organizzazione Mondiale della Sanità) ha definito lo stress come *flagello del mondo occidentale*. Come in parte ho già spiegato, lo stress è un fenomeno inconsapevole di adattamento dell'uomo ai cambiamenti dell'ambiente in cui vive e da cui dipende la sua stessa sopravvivenza.

Lo stato di tensione, il malessere, le malattie sono le conseguenze che l'uomo paga quando il suo adattamento nel passaggio dalle condizioni di omeostasi a quelle di allostasi è inadeguato.

Secondo le statistiche del Ministero della Sanità lo stress legato al lavoro è la seconda malattia professionale più diffusa nell'Unione Europea dopo il mal di schiena.

In Europa ne è affetto un lavoratore su 4; le donne risultano essere più colpite, ma per entrambi i sessi lo stress può rappresentare un problema in tutti i settori e a tutti i livelli di organizzazione. Le cause sono varie: si va da rischi psicosociali quali la progettazione, l'organizzazione e la gestione del lavoro, a problemi come le vessazioni e la violenza sul lavoro, fino a rischi fisici come il rumore e la temperatura.

Intorno al 50% dell'assenteismo è riconducibile allo stress nell'ambiente di lavoro.

Senza considerare la perdita di produttività, il danno economico complessivo per l'UE riferito allo stress è di circa 20 miliardi di euro.

Un ulteriore elemento di stress è dato dall'insicurezza del posto di lavoro, fenomeno sempre più comune. Uno dei principali rifugi per gli stressati è il fumo e attualmente, con la legge Sirchia, è comune vedere i lavoratori fumare per strada esposti anche nel gelo invernale. Va precisato che un'indagine eseguita su oltre 1000 persone da parte dell'Astra/Demoskopea ha confermato che le persone che lavorano sono molto più stressate durante le ore lavorative che durante il tempo libero e di conseguenza fumano per compensazione.

Le ragioni di insoddisfazione sono rappresentate in primo luogo dalla mancata realizzazione, ma anche dal fatto di confrontarsi con un ambiente lavorativo negativo dovuto a scarsa meritocrazia, scarsa professionalità, discriminazioni e colleghi maleducati o aggressivi e superiori oppressivi.

Il disagio psichico che lo stress induce è responsabile di sintomi funzionali che successivamente possono evolvere verso patologie d'organo.

Precisiamo che lo stress può essere anche sostenuto da stimoli positivi quali felicità, gioia o innamoramento.

Già nei primi del Novecento sono iniziate le ricerche scientifiche atte a dimostrare che lo stress psichico induce un danno a carico dell'organismo; Hans Selye fu il primo neuroscienziato a dimostrare la *sindrome generale di adattamento*.

Negli anni successivi si è progressivamente messa a fuoco la relazione fra sistema immunitario, sistema neuroendocrino, sistema nervoso autonomo e sistema nervoso centrale e si è potuto rileggere la malattia psicosomatica nella sua eziopatogenesi più corretta.

L'esempio più specifico di malattia psicosomatica è oggi rappresentato dall'ernia iatale che porta nel mio studio molti pazienti afflitti da tosse ribelle che non recede alle cure tradizionali. Basta prescrivere qualche milligrammo di omeprazolo e la tosse scompare.

Si tratta di una patologia funzionale in cui lo stato di stress induce l'estremità distale dell'esofago, nel suo punto di ingresso nello stomaco, definito appunto *yatus*, ad erniare verso l'alto come un tubo che rientra su se stesso. Questo disturbo all'inizio si limita a provocare dolori, acidità gastrica e tosse, in particolare dopo cena quando si va a letto, ma successivamente, può nascere la patologia d'organo con esofagite da reflusso, ulcere, ecc.

Un corretto intervento terapeutico, in questo caso consisterebbe nell'eliminare lo stress psichico responsabile del sintomo, in realtà la medicina organicistica è perfettamente in grado di controllare il sintomo in periferia con un farmaco, come l'omeprazolo, che preserva e difende dal danno esofago-gastrico comunque poco può fare il medico generalista per difendere dallo stress il suo paziente se non suggerire generiche variazioni dello *stile di vita*.

Da due anni avevo in cura per tosse ribelle un paziente, amministratore di condomini, afflitto da ernia iatale, il sintomo era così aggressivo e così poco responsivo ai trattamenti che entrambi eravamo orientati ad un intervento chirurgico. Quando sono riuscito finalmente ad associare alla terapia già in atto una terapia mista, ansiolitica e antidepressiva, il paziente è miracolosamente guarito dalla tosse e ancora oggi, a 6 mesi dalla nuova terapia, sta molto bene.

La mia sensazione è quella che l'attuale medicina scientifica liquidi l'effetto placebo come un fenomeno di autosuggestione, grazie al quale la gente che si considerava malata di fatto si convinceva di stare meglio; ora invece ci si sta rendendo conto che spesso le aspettative personali si integrano perfettamente con la corretta risposta terapeutica e che l'effetto placebo può agire in sinergismo alle cure proposte. Ricordo che spesso, curando pazienti con dolori importanti per metastasi ossee da tumore polmonare, sostituivo la terapia con blandi antidolorifici, in corso, con farmaci ad azione molto più potente preoccupato per i loro dolori. Al controllo successivo spesso capitava che il paziente fosse ritornato alla terapia iniziale perché, secondo lui molto più efficace. È come se l'organismo, una volta impostata una certa risposta organica, indotta da un determinato imprinting, non riesca più a modificarlo quasi che il sinergismo ottenuto sia il massimo possibile e, di conseguenza, più dovuto all'effetto placebo che al farmaco somministrato.

Nel caso ad esempio del paziente affetto da morbo di Parkinson e migliorato dopo l'intervento, con la scintigrafia ad emissione di positroni (PET), eseguita dopo il finto intervento, si è visto un netto aumento della dopamina, neurotrasmettitore di cui sono carenti questi malati.

Come hanno scritto i tre ricercatori americani, il placebo è solo l'inizio, sempre più accertamenti lasciano intuire che qualsiasi tipo di esperienza emotiva tranquillizzante è in grado di migliorare la salute del nostro fisico.

Presso la Duke University alcuni studiosi hanno scoperto che l'osservanza dei precetti religiosi è associabile a più bassi indici di malattia e di ospedalizzazione.

Da 30 anni ho in cura una paziente affetta da gravi bronchiectasie bilaterali: le bronchiectasie sono l'equivalente di saccoccie bronchiali in cui si accumula catarro infetto e questi pazienti frequentemente sviluppano processi infettivi broncopolmonari. Il cardine della terapia è la fisioterapia respiratoria e in caso di reinfezione l'uso di antibiotici a largo spettro. La paziente dopo un lungo periodo di benessere cominciò, in relazione ad una situazione matrimoniale burrascosa, a sviluppare episodi infettivi subentranti come mai era successo in tanti anni di conoscenza. Dopo qualche mese la signora decise di separarsi e per circa due anni non ne ebbi più notizie. Ricomparve finalmente per un controllo e mi comunicò che dopo la separazione dal marito aveva iniziato ad andare regolarmente in chiesa e a pregare intensamente. L'assetto psichico fideistico aveva, in questo particolare caso, migliorato la produzione dei neurotrasmettitori e la relazione neurochimica fra sistema immunitario e sistema nervoso centrale evidentemente giocava a favore delle difese immunitarie della paziente. In condizioni di stress per la burrascosa situazione matrimoniale invece aumentava la produzione di interleuchina 6, citochina proinfiammatoria, che bombardava in questo caso l'organo bersaglio cioè l'apparato broncopolmonare, favorendo le ripetute infezioni.

Da parecchi anni alcuni studiosi, il più famoso di questi è Herbert Benson della Harvard Medical School, sono impegnati nel tentativo di dimostrare che la preghiera allunga la vita e difende dalle malattie. Nel 2002 la rivista «British Medical Journal» pubblicò uno studio secondo il quale il rosario, recitato ogni giorno, regolarizza il battito cardiaco e la pressione sanguigna in persone che soffrono di scompenso cardiaco cronico. I fachiri sono uno degli esempi scientificamente più studiati di come il cervello possa contrastare gli stimoli dolorosi inviati dalla periferia del corpo attraverso una rete di impulsi inibitori discendenti. Come ho già detto, una buona parte dei miracoli di Lourdes può essere oggi spiegato dalle nuove scoperte della PNEI confermando come la religione sia il più potente placebo inventato dalla cultura occidentale.

Un ulteriore esempio recente di risposta al placebo è stato pubblicato sul «New England Journal of Medicine» e riguarda un lavoro scientifico su bambini asmatici da cui si evince che anche il placebo inalato ottiene una buona risposta di broncodilatazione in una considerevole percentuale di casi e che, dato ancora più rilevante, tale risultato rimane a lungo.

L'esempio storicamente più sperimentato di risposta al placebo si è osservato mettendo a confronto l'attività antidolorifica della morfina con un placebo; in questo caso si sono riscontrate percentuali di risposte con scomparsa del dolore nel 60% nei pazienti che avevano assunto il placebo, contro l'80% di pazienti cui era stata somministrata la morfina (Brown, 1998).

In una recente intervista il professor Rugarli, alla richiesta di un suo parere su un disegno di legge che prevede il riconoscimento delle medicine alternative, ha precisato di essere contrario a questa possibilità perché questo sarebbe un passo indietro della medicina e un ritorno alla medicina vitalistica. Scrive Rugarli: «la constatazione che anche il corpo dei viventi obbedisce alle stesse leggi della fisica e della chimica che valgono per tutto ciò che c'è nell'Universo e che non esiste nessuna forza nel mondo fisico che operi solo nei viventi e, a maggior ragione nell'uomo, che possa essere manipolata, per risolvere il problema delle malattie e della morte». Personalmente ritengo che le medicine alternative postulino proprio l'esistenza di forze organiche che vanno al di là del campo unitario delle scienze mediche.

Allora, sulla base di queste riflessioni di un clinico medico del valore del professor Rugarli, che è sempre stato un fedele seguace di una medicina basata sull'evidenza (EBV), dovremmo riuscire a capire come mai una recente analisi epidemiologica (Passalacqua et al., 2000) ha appurato che in Italia la percentuale di persone che ricorrono a medicine alternative è del 30%, con punte del 50% in Australia e, di recente, anche negli Stati Uniti.

Un altro dato accertato è quello che il ricorso a medicine alternative è in costante aumento negli ultimi vent'anni. Un recente studio riporta percentuali fino al 70% in Germania e di poco meno in Francia. In sostanza le medicine alternative costituiscono nel mondo occidentale il secondo grande *business* in termini economici e di fatturato.

Le forme di medicina alternativa a cui si ricorre di più sono l'omeopatia, l'agopuntura, la fitoterapia e le tecniche di rilassamento (Passalacqua et al., 2000).

Per molti secoli e in molte società, molto prima della medicina basata sull'evidenza (EBV), le persone con problemi di salute si sono rivolte ai guaritori. Fa effetto constatare che solo poche delle sostanze prescritte alla fine del secolo scorso dai medici occidentali sono ancora in uso (oppiacei, digitale, aspirina e chinino). La maggior parte di ciò che i medici facevano allora, e quello che avevano fatto nei millenni precedenti, si basava sugli effetti terapeutici di sistemi fisiologici endogeni, resi attivi dallo stato mentale.

I concetti universali di pratiche terapeutiche tradizionali, che vanno dagli sciamani preistorici ai medici ippocratici occidentali e agli indigeni d'America, includono la convinzione che la salute sia uno stato di armonia tra mente e corpo e che la perdita di quest'armonia conduca alla malattia.

Una delle più antiche pitture rupestri che risale a circa 35.000 anni fa, trovata sui Monti Lessini, riguarda una figura di sciamano: è la più vecchia immagine che si conosca di uno stregone del paleolitico.In questa figura lo sciamano pare impegnato in un rituale in cui l'animale che stringe nella mano destra sembra avere il ruolo di vittima. Lo stregone indossa una maschera triangolare e con una mano tiene sospeso il piccolo animale. Quanto questa immagine potesse rappresentare un rituale terapeutico è difficile da chiarire ma è noto che lo sciamano era un personaggio capace di avere un dialogo diretto con le divinità e che la fede, in una forza di vita universale, era la premessa per il mantenimento dell'armonia fra corpo e mente in relazione con l'Universo.

Nel libro dell'antropologo Carlo Severi *Il percorso e la voce. Un'antropologia della memoria*, viene riportato un esempio di come operi uno sciamano: una donna soffre per un parto difficile e il canto dello sciamano costruisce, passo per passo, un viaggio nel mondo dell'al di là dove incontra fiumi di sangue, montagne che palpitano dolorosamente, mostri che mordono. In questo modo, aveva scritto Levy Strauss, lo sciamano opera una manipolazione psicologica del dolore, costruendo una geografia affettiva in cui il mondo dell'al di là diventa un'immagine metaforica del corpo sofferente della donna. In realtà, nota Severi, la donna capisce in minima parte le parole dello sciamano. La forza magica del canto, la sua efficacia, si potrebbe spiegare pensando alla scena del rito: la donna vi è immersa e vi proietta il proprio dolore, cooperando con lo sciamano.

Sulla forza magica del canto, ormai la letteratura scientifica è ricca di pubblicazioni; Alzheimer, autismo, disturbi del linguaggio e del comportamento alimentare, coma cerebrale e depressioni sono gli ambiti principali in cui la musicoterapia si dimostra efficace. Il linguaggio musicale accede ad aree del cervello che il linguaggio comune, da solo, non raggiunge. Gli autistici sono dotati di un linguaggio che non è funzionale alla comunicazione e la funzione della musicoterapia è quella di attivare un dialogo basato sui ritmi del suono. Da anni collaboro con il musicoterapeuta Filippo Massara che prepara *compilation* più o meno personalizzate e finalizzate al controllo dello stress, dell'insonnia, dell'amenorrea primaria, ecc.

Fra gli studi scientifici a cui collabora, il più interessante è quello condotto con la Divisione di Endocrinologia dell'Università di Torino in cui si è studiata la pulsatilità ormonale per chiarire l'effetto della musicoterapia. La maggior parte degli ormoni ipofisari infatti è secreta con una modalità pulsatile e con una ritmicità che ricorda il ritmo musicale. In particolare le gonadotropine, note come LH e FSH sono secrete sotto forma di *pulses* con una frequenza di 1 pulse ogni 60-90 minuti. Responsabile di questo comportamento secretorio è il GnRH, neuroormone ipotalamico specifico, in grado di stimolare la sintesi e la liberazione di LH e FSH da parte delle cellule ipofisarie, sintetizzato e liberato da neuroni ipotalamici specifici dotati di un'attività secretoria ritmica.

La perdita di questa ritmicità secretoria caratterizza l'amenorrea (scomparsa delle mestruazioni) ipotalamica funzionale, e conduce ad un quadro di ipoestrogenismo e di anovulazione.

La causa di questa alterazione endocrina non è a tutt'oggi definita, ma spesso quest'amenorrea ipotalamica funzionale si associa a disturbi del comportamento alimentare, a stress psichico o a eccessivo esercizio fisico.

La musica è un linguaggio universale che agisce direttamente sul cervello producendo su questo complessi fenomeni biologici. È noto che l'ascolto musicale determina una riduzione dei livelli di catecolamine e cortisolo, ormoni aumentati in caso di stress, per cui facendo ascoltare a pazienti in amenorrea, specifici brani musicali, si è osservata in un gruppo di giovani donne con amenorrea da oltre 5 anni, dopo 4 settimane di ascolto musicale, la ricomparsa delle mestruazioni.

Lo studio scientifico ha naturalmente correlato l'andamento della secrezione dei vari ormoni dimostrando il progressivo incremento dei valori di gonadotropine e di estradiolo in tutti i soggetti, confermando che la somministrazione di musica modifica e modula l'attività del GnRH.

Avendo in cura, per complicanze respiratorie, un paziente da circa due anni in coma profondo per un episodio di grave anossia cerebrale in forte fumatore, ho proposto alla moglie un colloquio con il mio amico musicoterapeuta per allestire una compilation musicale che potesse esserle gradita.

Il cd è stato allestito sulla base degli interessi musicali e delle abitudini all'ascolto del malato ed è stato inserito anche il rumore del mare (i due coniugi avevano una casa a Salina dove si recavano spesso) che fa da sottofondo alla voce della moglie che parla a lungo del loro passato felice.

Il risultato dell'ascolto musicale, somministrato con la cuffia, è stato suggestivo, non appena inizia la musica il paziente smette di tossire e di agitarsi e sembra manifestare grande attenzione e gradimento, la frequenza cardiaca si riduce, il respiro si normalizza e dopo qualche minuto di ascolto compare un lieve sorriso. In un mese di ascolto la percezione della moglie e del fisioterapista che lo assiste, è quella di un discreto generico miglioramento con, complessivamente, un malato meno agitato, anche se lo stato cognitivo rimane sostanzialmente invariato. Somministrare musica a questi pazienti in coma non è una novità e altre esperienze in questo senso sono sviluppate in Europa da professionisti in musicoterapia. L'attenzione che va posta è quella di preparare compilation che siano gradite onde evitare reazioni negative da parte di questi malati.

Una ricerca riportata su «Nature Neuroscience» ha dimostrato che anche una semplice carezza può destare piacere, le carezze infatti partono da sottili fibre *C* (terminazioni tattili senza rivestimento mielinico, presenti soprattutto su guance e avambracci) e arrivano al cervello attivando l'insula, zona coinvolta nell'elaborazione delle emozioni. Su un paziente che per una malattia neurologica aveva perso da oltre 20 anni gran parte delle fibre nervose sensoriali afferenti, quelle che portano gli impulsi dalla periferia al centro attraverso le guaine mieliniche di rivestimento, si è visto con la Risonanza magnetica funzionale, che semplici carezze attivano più aree cerebrali attraverso lo stimolo di strutture limbiche più profonde.

Queste fibre *C* si formano nelle prime settimane di vita nel feto e precedono addirittura la sensazione del tatto.

Secondo il gruppo svedese che le ha scoperte, sono i fili che compongono la trama dell'invisibile tappeto che accoglie, fa vibrare, dà consapevolezza alla tenera e dolorosa natura dei nostri sentimenti.

Secondo il professor Stefano Cappa, preside della Facoltà di Psicologia dell'Università S. Raffaele di Milano, è ora possibile formulare le ipotesi che queste fibre rappresentino un raffinatissimo aspetto del sistema tattile e siano responsabili della componente emotiva del tatto. Nel momento in cui il feto sarà coinvolto da uno stimolo sonoro e nel momento in cui il sistema tattile in formazione entrerà in vibrazione, le fibre *C* trasmetteranno il piacere del messaggio acustico che si fisserà sulla pelle in quanto memorizzato come uno stimolo piacevole, che potrà essere rivissuto in futuro, ogni volta che lo stimolo sonoro si ripresenterà. *La musica, come ponte tra emozione e coscienza* è il titolo di una conferenza che Filippo Massara ha tenuto all'Università Bocconi sulla base di una ricerca che sta svolgendo in collaborazione con il reparto di neonatalogia di un ospedale milanese. Sulla base di questa esperienza egli ci fa capire come il lavoro compiuto dalla madre con la voce e con la musica, nella fase prenatale e postnatale, egli rappresenti una straordinaria forma di protezione del sistema nervoso centrale del nascituro.

Se, come ho già spiegato, il meccanismo di apoptosi, cioè di morte cellulare cerebrale, finalizzato alla corretta costruzione dell'organo, avviene sulla base dei segnali dell'ambiente in cui le cellule si trovano immerse, lo stato di benessere in cui il nascituro si trova immerso all'ascolto della musica non può che favorire questa corretta definizione plastica del cervello.

Sono ormai numerosi gli studi che confermano l'importanza della musica nella vita intrauterina. Secondo Rolando Benenzon, psichiatra e musicoterapeuta, madre e bambino sono costantemente in ascolto reciproco.

Lo sviluppo progressivo della coscienza del nascituro, ha scritto Antonio Damasio (2003), deriva dal legame affettivo, innocente, che si è acceso nella fase prenatale, sotto l'effetto delle emozioni tattili-musicali.

La musica, stimolando le strutture cerebrali del feto in formazione, facilita l'ampliamento della rete neuronale e sinaptica, ma consente anche che la relazione madre-figlio sia vissuta come comunicazione emozionale, fonte di benessere.

La musica favorisce l'accendersi della memoria, prima quella epidermica e poi quella cerebrale, strutture che sono basilari per il passaggio dalla coscienza primaria a quella più evoluta del nascituro.

L'identità sonora o ISO è un vastissimo insieme di energie che appartengono ad una persona e che caratterizzano la sua identità a partire dal suo concepimento e poi durante la crescita individuale, sociale e culturale.

L'impostazione dell'effetto placebo avviene proprio in queste prime fasi di relazione madre-figlio e sicuramente la musicalità della voce materna rappresenta le fondamenta di questo potenziale terapeutico individuale.

Nel secolo scorso al fine di paragonare le nuove cure al placebo tralasciando tutto ciò che era di minore efficacia, la tecnologia medica ha compiuto grandi passi in avanti.

Molti fra medici e pazienti si sono convinti che le cure che seguivano questi standard fossero adatte a tutte le situazioni e che la medicina basata sull'evidenza (EBV) fosse in grado di fornire trattamenti efficaci per tutte le malattie.

Purtroppo non è stato così e molti pazienti delusi si sono rivolti a cure *alternative* traendone reali vantaggi.

Le linee guida di cui ci sta inondando la medicina contemporanea talvolta sono inapplicabili in determinati pazienti. Recentemente ho visitato una donna di media età, operata di lobectomia polmonare superiore destra per un sospetto tumore polmonare, che in realtà era affetta da tubercolosi. Si trattava quindi di un tubercoloma e non di un tumore. La paziente era perfettamente guarita con l'intervento ma il chirurgo, in seguito l'aveva inviata allo pneumologo per adeguate terapie post operatorie. Il collega è noto per il suo pragmatismo scientifico e, nonostante la paziente pesasse 50 kg su un metro e settanta di altezza, avesse seri problemi nutrizionali e fosse stata afflitta dal verme solitario per 9 anni, impostò una terapia standard contro la tubercolosi nota come la *triplice*. Questo protocollo terapeutico comprende tre farmaci antitubercolari, notoriamente tossici, da somministrare assieme. L'esito fu che dopo poche compresse comparve un ittero (la paziente divenne gialla) con enzimi epatici arrivati a livelli elevatissimi. La terapia fu interrotta e nel frattempo la paziente si rivolse a me per sapere se si doveva ancora considerare malata di tubercolosi o no. Le chiarii che, una volta operata, la malattia era stata eradicata e che la terapia post-chirurgica non era, nel suo caso, indispensabile perché la esponeva a troppi rischi. Le spiegai che con tutta probabilità le continue cure, notoriamente tossiche, a cui si era sottoposta per eradicare il verme solitario le avevano creato una relativa immunosoppressione e che la malattia tubercolare era conseguente alle sue scarse difese immunitarie. Le suggerii di riprendere un po' di peso con una corretta alimentazione e le prescrissi integratori alimentari e fitoterapici per migliorare le difese immunitarie. Le spiegai che l'avrei tenuta in sorveglianza periodica facendole un test alla tubercolina ogni 3 mesi e una radiografia del torace ogni 6. Certo, le linee guida recitano che dopo un intervento di asportazione di un tubercoloma è corretto impostare una terapia piena antitubercolare, ma questo è un classico esempio in cui la valutazione del paziente che si ha di fronte deve invitare prima a riflettere e poi a decidere di conseguenza, al fine di evitare rischi e provocare malattie iatrogene (indotte da farmaci).

Molti medici tendono a considerare le terapie *alternative* come non scientifiche o almeno non dimostrate ed effettivamente, su 100 lavori scientifici pubblicati su riviste accreditate solo uno interessa queste cure *alternative*.

Altri medici ammettono che i pazienti spesso rispondono alla cortesia e al contatto umano con i terapeuti e che una visione olistica della salute e della malattia può fornire vantaggi, nonostante la mancanza di una terapia basata su elementi concreti.

La disparità tra le richieste dei pazienti e coloro che propongono sistemi di cura tradizionali, ha fatto sì che sorgesse negli Stati Uniti un Istituto per la medicina alternativa finalizzato a selezionare terapie che possono risultare di efficacia superiore al placebo ma, nel contempo, ha portato a stanziare notevoli investimenti economici per la ricerca sul rapporto mente-corpo.

Anche se l'effetto placebo è considerato l'eterno temibile concorrente della medicina occidentale, è universalmente riconosciuto che il placebo è efficace nell'alleviare dolore e sofferenze e che la risposta al placebo è la manifestazione delle notevole capacità dell'organismo di autocurarsi nel caso di una vasta gamma di malattie che vanno dalle coronaropatie alle malattie autoimmuni, al dolore cronico, alle malattie gastroenteriche, ecc.

Sappiamo nei paesi occidentali che la depressione è una malattia in continua crescita e che la cura passa attraverso farmaci antidepressivi e la psicoterapia. Il professor Irving Kirsch, docente di psicologia all'Università del Connecticut, ha pubblicato su una rivista edita on-line dall'American Psychological association «Prevention and Treatment» uno studio scientifico dal quale emerge che fra la cura con farmaci antidepressivi e quella con il placebo non ci sono sostanziali differenze. Questo studio ha chiaramente sollevato molte polemiche e dubbi sulla correttezza nella scelta dei pazienti, resta il fatto che le percentuali di risposta ai farmaci antidepressivi si aggirano intorno al 50% e quelle di risposta al placebo intorno al 30%. Secondo il professor Jerome Frank, autore del libro *Persuasion and healing*, il suscitare speranza ha un reale effetto terapeutico.

Ne consegue che i medici che evitano il ricorso ad atti terapeutici per offrire ai propri pazienti solo terapie attive su basi scientifiche li privano proprio dell'approccio più benefico e innocuo, validato comunque dalla scienza ufficiale.

Da qualche anno, occupandomi di prevenzione, in particolare su fumatori che invecchiano, di fronte a pazienti *old* pigri e che rifiutano di camminare, prescrivo, per vincere la pigrizia, un prodotto galenico che faccio preparare espressamente da un farmacista.

Si tratta di capsule che contengono 30 milligrammi di triptofano e 10 milligrammi di fluoxetina cloridrato (equivalente di mezza compressa di Prozac). Il risultato è interessante in quanto pochi giorni dopo l'assunzione delle capsule migliora il tono dell'umore e il paziente inizia a camminare; così facendo libera i neurotrasmettitori cerebrali e le endorfine che rinforzano lo stato di benessere e quindi ancora di più stimolano il movimento.

Quanto la mia prescrizione sia l'equivalente di un placebo, è difficile dirlo ma il risultato è talmente confortante per me, il paziente e i famigliari da non lasciarmi dubbi sulla bontà dell'atto medico.

Certo, lo so che dovrei prendere 120 vecchietti, randomizzarli in uno studio in cui somministrare ad un gruppo capsule contenenti zucchero e all'altro il galenico con fluoxetina e triptofano quindi munirli di un contapassi e ogni mese osservare quanti passi hanno fatto. Dopo 6 mesi, se la distanza percorsa da un gruppo è statisticamente superiore a quella dell'altro gruppo, ho scientificamente la dimostrazione che le mie capsule funzionano. Ma se il vecchietto pigro fa camminare la moglie con il contapassi?

Resta il fatto che nonostante questo sicuro *effetto placebo* che ogni medico sarebbe in grado di somministrare in modo innocuo, nessuno studente di medicina e, men che meno, nessun infermiere riceve nel suo corso di studio un organico insegnamento che gli faccia capire il significato di questa terapia e gli permetta di sfruttarla in modo sistematico.

Tale mancata preparazione teorica e pratica è ancora più penalizzante nei riguardi degli infermieri che, essendo a contatto con il malato per molte ore al giorno, potrebbero utilizzare, se bene istruiti e in sinergismo con il medico, questa strategia terapeutica verso i pazienti più sofferenti. La medicina attuale ha educato medici e infermieri a considerare l'effetto placebo come un inganno per il malato, trascurandone il suo costante potenziale terapeutico. Se noi medici avessimo a disposizione una compressa in grado di funzionare con sicurezza nel 40% dei casi in ogni tipo di malattia, sicuramente la sfrutteremmo molto di più di quanto ci hanno insegnato a sfruttare l'effetto placebo.

Dal punto di vista scientifico esso è correlato allo sviluppo neurobiologico del cervello e all'attività psichica dell'individuo. Molte pubblicazioni hanno affrontato negli ultimi anni questo argomento ma prevalentemente con un'impronta psicologica quasi a significare che l'effetto placebo possa essere riferito ad una maggiore suggestionabilità del paziente. In realtà l'esplosione in questi ultimi anni di ricerche scientifiche nel campo delle neuroscienze permette di ricostruirne l'interpretazione in modo totalmente nuovo e assai accurato, costituendo per ogni individuo questo *effetto* un patrimonio biologico frutto di una complessa storia evoluzionistica collettiva, ma anche espressione di un'individualità biologica correlata ad una summa di esperienze cognitive, intendendo per cognitivo ogni stimolo neurosensoriale in grado di modificare l'assetto del sistema nervoso centrale (Brown, 1998).

Questi concetti introducono il tema della neuropsicologia cognitiva che spiega come ogni atto psichico si traduca in uno stimolo elettrico e questo attivi a sua volta una traduzione secretoria da parte del cervello.

Roger Guillemin e Andrei Schally, premi Nobel per la medicina nel 1977, hanno fornito un contributo fondamentale a questo settore della ricerca e, scoprendo gli ormoni proteici prodotti dal cervello, hanno identificato la parte essenziale fra psiche soma.

Con questa scoperta si è finalmente compreso quanto i fenomeni psichici ed emozionali possano influenzare le nostre funzioni organiche.

Per esempio, quando i soldati americani nella seconda guerra mondiale furono inviati sul fronte europeo, migliaia di donne che erano state lasciate a casa dai loro compagni videro arrestarsi il loro ciclo mestruale.

Queste donne erano perfettamente sane, ma lo stress emotivo subito aveva influenzato alcune funzioni fisiologiche inducendo amenorrea (Gazzaniga, 1997).

I due ricercatori sono riusciti ad isolare, prelevando frammenti dal mesencefalo di oltre un milione di cervelli di pecore e maiali, un nanogrammo di sostanza ormonale purificata in grado di farci comprendere come avvenga la comunicazione fra ipotalamo e ipofisi.

Successivamente molti altri ormoni proteici sono stati sintetizzati; in seguito gli stessi ricercatori hanno isolato sempre dal cervello altri neurotrasmettitori responsabili di ogni sorta di funzioni vitali come la sete, la fame, la regolazione della temperatura corporea ecc.

Successivamente gli sviluppi della nuova scienza definita psiconeuroendocrinologia, hanno potuto fare comprendere come ad ogni minimo stimolo cerebrale rappresentato dall'attività psichica faccia seguito uno stimolo elettrico inducente la liberazione di sostanze neurochimiche che attraverso la circolazione sanguigna si diffondono in tutto l'organismo.

Studiando a fondo il sistema immunitario, come ho spiegato nei capitoli precedenti, si è capito come esso comunichi con il sistema nervoso centrale e il sistema neuroendocrino e come la chiave di interpretazione di questo linguaggio sia rappresentata, anche in questo caso, dagli ormoni e dai neuropeptidi.

Le cellule del sistema immunitario, dai T-linfociti ai macrofagi agli splenociti ecc. producono ACTH-TSH-GH-PRL-IGF.1-ENDORFINE-GONADOTROPINA CORIONICA-METAENCEFALINE ecc. e tutto il comportamento biologico si sviluppa, come ha scritto e dimostrato Blalock attraverso un comune linguaggio biochimico.

La comunicazione avviene attraverso i recettori cellulari, cioè proteine situate sulla superficie cellulare che si attivano quando vengono a contato con la sostanza chimica specifica a cui devono legarsi.

Con la chiave molecolare al suo posto, il recettore cambia configurazione e dà origine ad una serie di eventi all'interno della cellula che sviluppano azioni specifiche nella stessa.

Nel caso, ad esempio, delle cellule neuronali, queste possono essere eccitate o inibite a seconda che il neurotrasmettitore sia la dopamina o la serotonina o l'acetilcolina.

Le citochine, di cui abbiamo ampiamente parlato, agiscono a livelli multipli nel nostro organismo quali l'ipotalamo, il fegato, le ossa, il midollo e il metabolismo lipidico. Di conseguenza questi messaggeri cellulari sono attivi sul sistema immunitario, sul sistema endocrino e sul sistema nervoso centrale.

In sostanza, questa intricata rete di recettori e neurotrasmettitori disseminata in tutto l'organismo rappresenta il complesso sistema di comunicazione fra psiche e soma e spiega ampiamente i fenomeni di malattia o di terapia spontanea da sempre descritti in medicina.

È noto, ad esempio, come l'ipnosi possa accelerare il rimarginarsi di ferite, provocare infiammazioni, elevare o ridurre la pressione arteriosa, aumentare la temperatura corporea.

Nel 1887 Joseph Delboeuf, scienziato e filosofo belga esperto di ipnosi, provocò con un ferro rovente due piccole bruciature sulla cute di un paziente ipnotizzato dicendogli che una gli avrebbe fatto male e l'altra no. Sul punto da lui indicato come indolore comparve solo un segno scuro mentre su quello indicato come dolente si sviluppò una vescica che suppurò ed esitò in una cicatrice.

Se come ci ha spiegato il neuroscienziato Edelmann la *mente* di un individuo non risiede nel cervello, ma è rappresentata da un io cognitivo inteso come una struttura in continuo mutamento, se ne evince che l'effetto placebo è frutto di una summa di esperienze vissute dall'organismo.

Le attuali conclusioni raggiunte nel campo delle neuroscienze indicano che i processi mentali derivano dall'attività di sistemi cerebrali straordinariamente intricati a molti e diversi livelli di organizzazione.

Anche se non lo sappiamo ancora con certezza, essi comprendono i livelli molecolari, i livelli cellulari, i livelli di organismo (l'intera creatura) e i livelli di transorganismo (la comunicazione empatica). È sorprendente, afferma Edelman, rendersi conto di quante connessioni si proiettino da ognuno di questi livelli ad un altro, da una reazione di paura indotta da un grido di avvertimento ad un processo biochimico che condiziona il comportamento futuro.

Da un'infezione virale come stimolo del sistema immunitario si arriva ad una modificazione dello sviluppo del cervello con conseguente diversa maturazione di quest'ultimo (Edelman, 1993).

Più chiaramente, se un bambino contrae una malattia esantematica di natura virale con forte reazione febbrile, espressione di risposta anticorpale all'attacco virale, questo evento biologico induce un'intensa modificazione delle strutture cerebrali conseguente all'intenso bombardamento di neurotrasmettitori e ormoni prodotti dai linfociti mentre sono in fase di blastizzazione.

Questo evento biologico induce di conseguenza notevoli modificazioni delle strutture cerebrali plasmandole in senso evolutivo come risposta ad un evento *cognitivo* derivante dal sistema immunitario.

La summa quindi di eventi emozionali e biologici modella lo sviluppo del bambino che potrà, a seconda delle esperienze vissute, costruire un'immagine di sé forte o inadeguata, distaccata o dipendente.

Lo sviluppo della mente va reintegrato all'interno della natura; nel corso dell'evoluzione infatti i corpi sono pervenuti ad avere menti, ma questa osservazione non è sufficiente ad affermare che la mente è parte integrante del corpo; occorre dimostrare in che rapporto strutturale e funzionale interagisca con esso. Di conseguenza si comprende meglio l'affermazione di Edelmann secondo cui nello sviluppo mente-corpo ognuno di noi rappresenta un esperimento e che sulla morte non c'è nulla da dire se non che l'esperimento è terminato.

Se riportiamo queste riflessioni sullo sviluppo della mente attraverso il processo evoluzionistico all'effetto placebo, possiamo comprendere come tale risposta biologica, collegata al processo dell'apprendimento, non sia esclusivo appannaggio dell'uomo, ma appartenga anche al mondo animale.

L'effetto placebo, infatti, è collegato alle aspettative costruitesi attraverso l'apprendimento.

Se ad un topo di laboratorio viene iniettata sottocute una minima dose di apomorfina in un ambiente che gli è famigliare, si mette a salivare, gli si rizza il pelo e si appallottola con aria sofferente per un breve periodo. Qualche mese dopo, se allo stesso topo, posto nello stesso ambiente, si inietta una minima dose di soluzione fisiologica egli ripropone lo stesso tipo di sofferente comportamento. Questa reazione si definisce, al contrario dell'effetto placebo, effetto nocebo collegato all'apprendimento (Wall, 1999).

Se l'effetto placebo è la realizzazione di un aspettativa, le aspettative si apprendono a livello individuale; se più persone condividono le stesse aspettative, si genera una cultura.

Questa ci può fare comprendere, ad esempio, come la tolleranza al dolore del popolo anglosassone sia diversa da quella del popolo latino.

Come sostiene Patrick Wall, quando nel bambino scompare la fiducia nell'onnipotenza materna, egli la sostituisce con le credenze della comunità cui appartiene. Nel territorio africano attraversato dal fiume Zambesi, ad esempio, la fiducia viene riposta in un mucchietto di ossa donate dallo sciamano, negli Stati Uniti sostituito dal lettino dell'analista (Good, 1999).

Di fronte a tali considerazione, come medico che esercita la professione da oltre 30 anni, mi domando quante volte io abbia rispettato le aspettative biologiche del malato che aveva riposto in me la sua fiducia, ma soprattutto se sia stato in grado di sfruttare al meglio l'aspettativa terapeutica del paziente.

Recenti ricerche hanno dimostrato come molti atti terapeutici è meglio siano vissuti dal malato in modo cognitivo proprio perché l'evento atteso dalla psiche, cioè la guarigione, inneschi una corretta risposta biologica che sinergizza e potenzia le azioni del farmaco somministrato (Fabello, Ossicini, 1991).

In teoria, quindi, somministrando un antibiotico ad un immigrato africano, se fossimo affiancati da uno sciamano della stessa etnia otterremmo una risposta sinergica coerente con lo sviluppo antropologico di quel malato.

L'antropologo infatti non si chiede quale sia la medicina *vera* ma solo come le culture esprimono la sofferenza fisica e quale relazione vi sia tra l'efficacia delle soluzioni offerte e l'interpretazione che ne dà la società in cui vengono applicate (Good, 1999).

La cura, in generale, non può prescindere dall'aspetto relazionale; per cui se medico e malato sono convinti l'uno dell'altro, la terapia, se corretta, in genere funziona.

Secondo Good, è limitativo attribuire l'effetto placebo a generiche capacità di influenza della psiche sul corpo. Anche il placebo infatti deve essere culturalmente consono a chi lo riceve. Non a caso la maggior parte delle medicine tradizionali africane e sudamericane utilizza, a questo scopo, complessi rituali, densi di significati simbolici.

Anche la compressa assume nella cultura medica occidentale il valore di un simbolo, quello della vittoria dell'intelligenza umana sui mali provocati dalla natura (Good, 1999).

Come pneumologo che continua a battersi contro le malattie fumo correlate spesso mi chiedo come il medico di famiglia potrebbe intervenire per dissuadere i suoi assistiti fumatori.

Ebbene, è noto che il *minimal advice*, cioè semplicemente la comunicazione del medico al fumatore di smettere, ottiene il 2% di risultato.

Esiste, in commercio, un antidepressivo di vecchia generazione, noto come bupropione, che in uno studio controllato ha ottenuto, in circa due mesi di trattamento, il 30% di risultati con cessazione del fumo, ad un anno di osservazione. Purtroppo questo farmaco non è maneggevole in quanto può provocare insonnia, irritabilità e secchezza alle fauci, per cui una discreta percentuale di fumatori lo deve interrompere. Lo stesso studio scientifico che ha validato il bupropione ha ottenuto nel gruppo placebo il 18% di stop fumo ad un anno di follow up!

Su queste premesse, se il medico di famiglia somministrasse direttamente delle compresse di placebo al fumatore e si rendesse disponibile per un adeguato follow up potrebbe ottenere questo brillante risultato sui suoi assistiti, sempre che anch'egli non sia un fumatore; a conferma di come l'effetto placebo faccia parte di una medicina basata sull'evidenza (Soresi, 2000).

Il problema però che si porrebbe in questo caso, è che l'uso del placebo, anche se somministrato a fin di bene, potrebbe essere ritenuto fraudolento e il fumatore, nel caso se ne accorgesse, potrebbe anche denunciare il medico...

Siamo quindi di fronte ad un dilemma etico: possiamo non somministrare una terapia, sia pure ingannevole, se giova al malato?

Un modo per aggirare l'ostacolo potrebbe essere quello di fare preparare dal farmacista un galenico, esente da controindicazioni, finalizzato all'obiettivo che si vuole raggiungere con il paziente.

In un articolo pubblicato nel 1974 su «Scientific American» il filosofo Sissela Bok ha sostenuto che i metodi di cura implicanti un inganno, come dare ai pazienti, senza informarli, sostanze inerti al posto di quelle attive, sono moralmente molto discutibili, bugie che rischiano di minare l'autorità del medico.

Scrive Sissela Bok «la sincerità può non essere il più alto valore sociale; in circostanze eccezionali, quando la sopravvivenza stessa è in gioco, può essere necessario metterla da parte. Ma accettare l'impiego diffuso della menzogna significa preparare il terreno ad abusi e a una crescente sfiducia».

Nella mia lunga carriera di onco-pneumologo spesso ho sviluppato protocolli randomizzati, presentati da case farmaceutiche, in cui si valutava una terapia innovativa verso una terapia standard.

Esiste la dichiarazione di Helsinki a cui si fa riferimento che afferma: nelle ricerche mediche su soggetti umani, le considerazioni sul benessere dei soggetti stessi hanno la precedenza sugli interessi della scienza e della società.

In generale i nuovi farmaci vanno comparati alla migliore terapia standard esistente per quella malattia ma, in realtà, nel caso del tumore del polmone, l'obiettivo che si è potuto raggiungere è stato quello di dimostrare che alcuni farmaci sono meno tossici di altri, fermo restando la scarsa attività di entrambi.

In un libro di recente pubblicazione, Daniel E. Moerman (2002) introduce il concetto di *significato*. Questo medico riporta quelli che una storiografa di Harvard ha descritto come *aggiustamenti* cioè risposte biologiche legate all'esperienza, alla cultura e al significato individuali.

Un esempio di aggiustamento è quello dalla storiografa chiamato *una camera con vista* in cui uno studio effettuato in un ospedale suburbano della Pennsylvania ha rivelato che i pazienti chirurgici la cui camera aveva una finestra con vista su uno scenario naturale miglioravano più in fretta di un analogo gruppo di pazienti la cui camera aveva una finestra che si affacciava su un muro di mattoni.

Un altro aggiustamento riportato dalla Harrington è quello da lei chiamato *piangere fino a perdere la vista* in cui un gruppo di donne cambogiane, costrette dai khmer rossi ad assistere alla tortura e all'assassinio dei loro cari, in particolare mariti e figli hanno pianto fino a diventare cieche.

In questi casi è evidente che non è possibile condurre studi scientifici randomizzati, ma è altrettanto importante valorizzare queste osservazioni che rappresentano, analogamente all'effetto placebo, una potente forza guaritrice spontanea insita nel nostro organismo.

Pensando agli oppiacei endogeni, quali ad esempio le endorfine, è ben noto il loro ruolo nel controllo del dolore ma, in realtà, queste sostanze influenzano numerose funzioni, dal respirare all'urinare, dall'alimentarsi al fare esercizio fisico, dalle difese immunitarie alla circolazione del sangue.

Per qualche anno mi sono occupato, in collaborazione con un giovane psicologo, di una macchina particolare, brevettata da una ditta di Ascoli Piceno, la cui funzione era quella di aiutare a smettere di fumare.

Si tratta di un apparecchio che emette una sorgente laser a bassa potenza che viene applicata sul padiglione auricolare analogamente ad una agopuntura.

I risultati sono stati nel complesso significativi e ad un anno di follow up abbiamo ottenuto, su oltre 400 fumatori, il 20% di cessazione dal fumo, analogamente al risultato che si ottiene con i derivati dalla nicotina in studi controllati.

Poiché è noto che l'attività biologica del laser è quella di attivare la liberazione di endorfine a livello cerebrale, per confermare l'attività del Laserfit abbiamo condotto uno studio sperimentale sui topolini presso l'Istituto di Farmacologia dell'Università di Milano.

Lo studio ha confermato che nel cervello degli animali trattati con Laserfit si sono ritrovate percentuali di endorfine superiori di 20 volte a quelle ritrovate nei topolini non trattati con il raggio laser (Soresi et al., 2001)

Allo scopo poi di capire meglio le risposte anche nell'ipotesi di un'attività correlata solo all'effetto placebo abbiamo sviluppato, all'insaputa dei fumatori e anche dell'operatore, un ciclo di trattamenti con il laser disattivato.

Mio fratello e una giovane signora, forti fumatori, dopo il trattamento con la macchina inattiva hanno passato la notte insonne e mi hanno chiamato entrambi il mattino successivo comunicandomi che non avrebbero fatto altre sedute perché non sopportavano questo tipo di terapia.

In questo caso è il significato di ciò che hanno affrontato i due fumatori ad avere attivato una risposta di tipo *nocebo* e sono quindi i significati, come scrive Moerman, ad attivare i processi biologici o ad accrescere l'efficacia dei farmaci.

Certi sistemi biologici, molto antichi dal punto di vista evolutivo, sono implicati nella risposta al significato, tra questi: il sistema immunitario, quello degli oppiacei endogeni, quello degli ormoni dello stress.

Tali sistemi sono in relazione con l'ambiente e gli stimoli esterni e quindi hanno sviluppato esperienze e modulazioni coerenti con l'ambiente stesso secondo il principio del darwinismo evolutivo.

Negli esseri umani uno di questi stimoli esterni è rappresentato dal *significato* così come è trasmesso dal linguaggio, dal comportamento, dai riti, dall'arte, dalle medicine, ecc.

Come giustamente conclude l'antropologo Daniel Moerman «biologia e cultura interagiscono e sono partner uguali nel renderci quello che siamo. Distogliere lo sguardo da simili, potenti interazioni umane, non è solo sbagliato e miope, ma ingiustificabile sul piano morale».

11. *Arte e creatività*

«Marisa Todeschini si sarebbe dovuta chiamare Danzica essendo nata nel 1939 a Pavia il giorno in cui i nazisti iniziavano la seconda guerra mondiale, a Danzica.

Poi si venne a più miti consigli (i genitori, non i nazisti). Oggi avrebbe 51 anni. Non era figlia d'arte, tutt'altro, ma presto si scoprì l'esigenza forte di esprimere se stessa con lo scritto e con il segno. In seguito sviluppò essenzialmente la seconda necessità. L'ho conosciuta in quel periodo della sua vita a Brera. Aggrediva le cose che voleva raggiungere con un'ansia da assetata. Il suo lavoro, tra crisi disperanti ed entusiasmi esplodenti, era diventato la vera ragione di vivere, tutto era in sua funzione. Il segno, il disegno, il gesto erano privilegiati nelle sue ricerche. Iniziò anche ad esporre, a Lodi, a Pavia, a Ferrara, a Milano alla libreria Cortina. A Parma due volte, in mostre organizzate dal pittore Carlo Mattioli che la stimava. Non è mia intenzione fare il solito elenco bene ordinato e noioso, tiro a ricordare e non mi pare neppure importante.

E ricordo anche che in pochi, già allora, sapevamo della sua irrimediabile malattia, lei no, non si arrese mai. La sua pittura era in continua evoluzione e in continua revisione. Distruggeva la più parte del lavoro. Guardava, si confrontava, aggiungeva esperienze, bruciava energie. Spesso era stanca e insisteva. Le forze cominciavano a lasciarla. Fu quando fu costretta a fermarsi quasi completamente che nacquero questi foglietti, come li chiamava lei. Faticatissimi. Tanti, ogni giorno alcuni, fino all'esaurimento delle forze. Dei quali alcuni qui pubblicati. Inizialmente considerati bozzetti per grandi quadri appena fosse guarita. Poi diventati l'unica possibilità di portare avanti la sua pittura. Il suo letto diventò un grande piano di lavoro. Garze, cerotti, involucri di medicine,

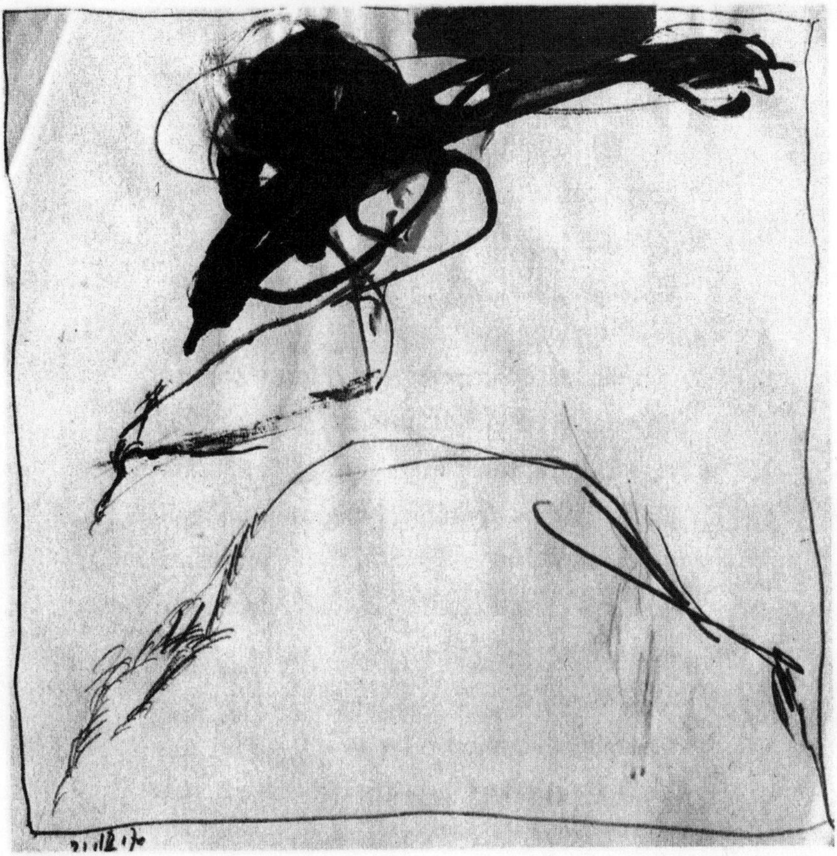

Figura 12

tutto serviva a diventare collage e partecipe delle sue creazioni. È vero che la scarsità di mezzi crea lo stile e raggiunge senz'altro un suo alto modo espressivo. In alcuni si leggono urli disperati alle stelle, all'erba, all'aria, una luce che ormai sognava e non aveva. In altri, sapendolo, si leggerebbe il suo laghetto di Valtournanche, la collina del lago d'Orta o luoghi che amava. Ma guardati senza sapere queste cose contingenti e di relativa importanza, solo dal punto di vista pittorico e soprattutto tenendo conto della date (1971-1972), si può ben vedere a quali livelli era giunta.

Ritengo il suo lavoro ottimamente inserito nelle espressioni più avanzate del momento. Penso, ad esempio, al lavoro contemporaneo e per lo

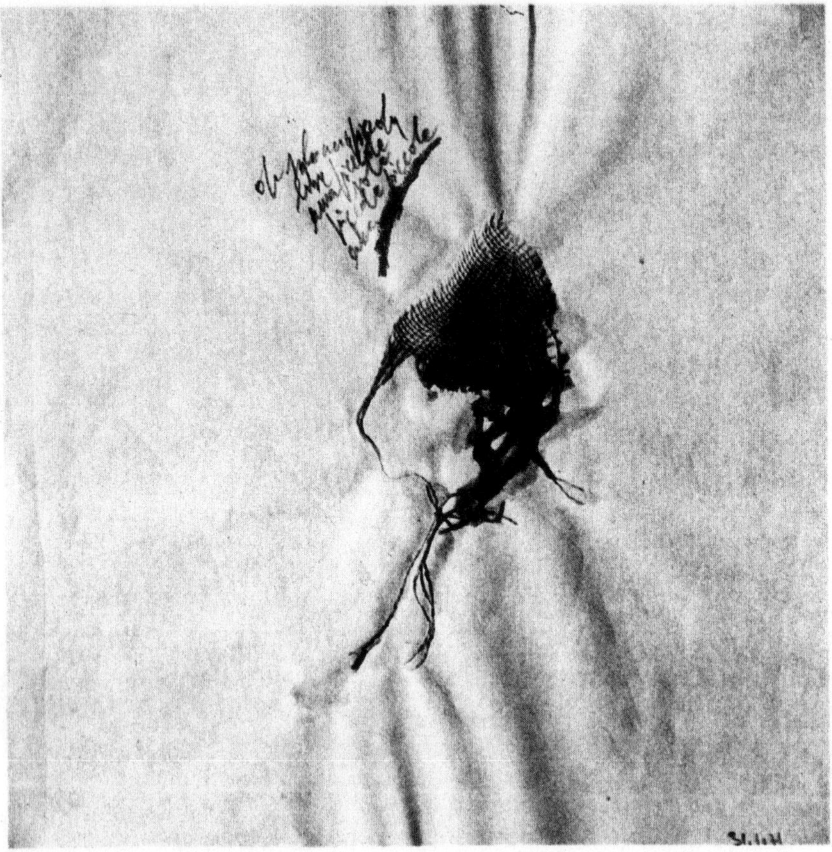

Figura 13

più sconosciuto di Cy Twombly, che mi pare tra i più vicini al lavoro di Marisa.

Gli ultimi foglietti portano la data del 1971. All'inizio della primavera del 1972 smetteva di pensare alla pittura. Prima di andarsene si faceva promettere, non potendolo fare lei, di distruggere tutte le cose che non fossero *vive*.

Ormai pochissimi la ricordano, ma la qualità sta scritta nelle cose, e in quelle ha prolungato la sua breve vita (Magnoni, 1988).

Conobbi Marisa nel 1965, ero iscritto al quinto anno di Medicina. Era stata licenziata dall'Alitalia, dove lavorava come hostess, perché la radiografia del torace non era normale, nessuno le disse di approfondire con altri esami. Da sempre dipingeva, dipingere era la sua ragione di vita. Vivendo accanto a lei mi resi conto come, in quel caso, la creatività fosse compensatoria del suo disagio psichico. Era rimasta, bambina, orfana di padre e, con la madre, il conflitto era costante per la sua ribellione alla vita borghese. In quegli anni disegni e quadri erano rigorosamente figurativi e fu con il progredire della malattia che la vidi giorno per giorno passare dall'arte figurativa all'arte informale.

Le sue esperienze di malata venivano tradotte in racconti fatti di composizioni ed emozioni non oggettivabili. Il collage qui riprodotto (Fig. 14) rappresenta la sua esperienza con la bomba al cobalto durante una seduta di radioterapia.

Fu vivendo vicino a questa pittrice e al progredire della sua malattia che mi resi conto di come l'arte informale permetta all'artista di raccontare le proprie emozioni senza oggettivarle; scrive il mistico Rumi «se la forma scompare la sua radice è eterna».

Nel caso di Marisa convivevano la necessità di dipingere e di raccon-

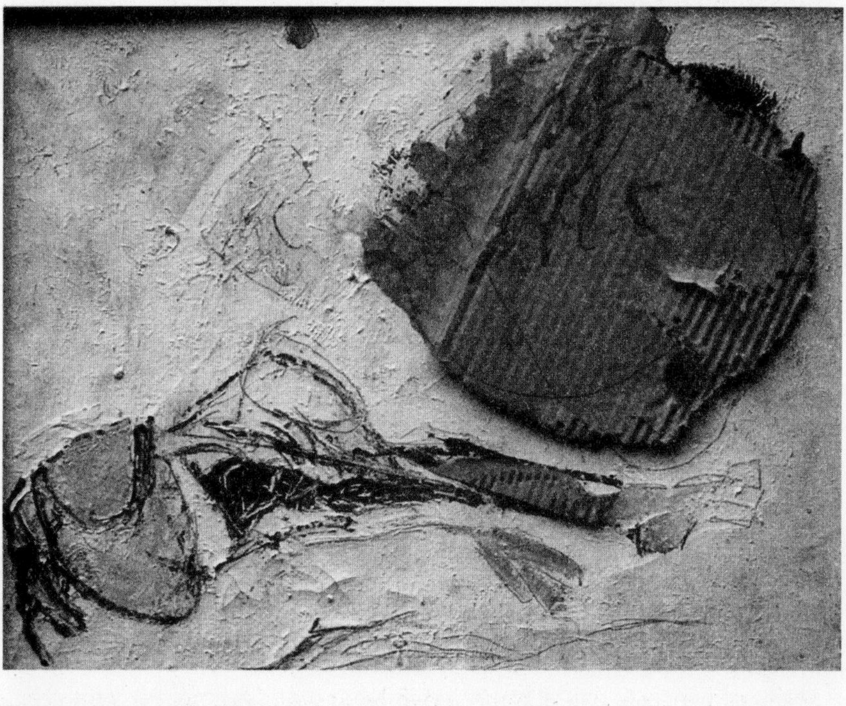

Figura 14

tare le proprie esperienze di malata e il pudore di non rappresentarle in modo esplicito.

Composizione ed emozioni, questa è la perfetta miscela che ha permesso agli artisti di rompere il muro dell'oggettività, e non a caso gli esempi più specifici di questa nuova frontiera del cognitivo appaiono negli Stati Uniti negli anni Quaranta del XX secolo con un movimento noto come *Action Painting*. Osservando i quadri di Franz Kline, Mark Rothko, Jackson Pollock, si ha la sensazione che questi artisti si vogliano ribellare ai canoni estetici tradizionali e alla schiacciante superiorità dell'arte europea.

Questa corrente artistica altrimenti definita espressionismo astratto, si avvale di strumenti pittorici di ogni genere, dai più ortodossi ai più volgari e fu proprio Pollock a dire di sentirsi parte integrante della pittura e di volere produrre opere frutto di «violenti corpo a corpo con una tela dipinta». Eppure, nonostante questo apparente modo di dipingere, così irruento, l'artista scrive «posso controllare il fluire della pittura. In essa non vi è nulla di casuale».

Il neurobiologo Alessandro Cellerino, in *Eros e Cervello* (2002), spiega come la nostra specie sia in grado di riconoscere i visi grazie ad un meccanismo neuronale deputato specificatamente al riconoscimento dei volti. Questa caratteristica rappresenta il culmine dell'evoluzione del nostro sistema visivo ed è localizzata in una precisa regione temporale che si attiva con la scintigrafia ad emissione di positroni (PET) e la risonanza magnetica funzionale (FRMN).

Cellerino si spinge oltre e dimostra come sia possibile con le attuali tecniche di imaging individuare le regioni cerebrali implicate nel concetto di bello.

Con la PET, ci spiega, è stato condotto uno studio complesso che implica, da parte dei volontari sottoposti all'esame, una risposta di riconoscimento visivo, cognitivo e un'analisi delle emozioni con un procedimento di sottrazione delle aree cerebrali attivate.

Due aree dalla localizzazione ben distinta hanno mostrato attivazione specifica quando veniva effettuato un giudizio estetico. Lo studio, conclude il ricercatore, mostra come i meccanismi cerebrali legati al giudizio estetico siano localizzati nella corteccia frontale sinistra e mostrano un'inattesa specificità: un'area si attiva quando il giudizio espresso è positivo e un'altra quando il giudizio è negativo.

Non si tratta per ora di studi definitivi e applicabili anche ad una pianificazione del giudizio estetico ma ci fanno intuire come il concetto di bello faccia parte di un patrimonio cognitivo comune che si sviluppa in più aree cerebrali. Se, quando pensiamo ad un gatto in ognuno di noi si attivano 7 aree cerebrali, probabilmente quando ci troviamo di fronte ad un quadro avviene un processo analogo ma molto più complesso e, come al solito, l'attivazione dell'area frontale sinistra conferma ancora una volta l'importanza dei lobi frontali nello sviluppo di qualsiasi giudizio critico.

Vivendo vicino ad un'artista e avendone poi conosciuti a fondo molti altri, mi sono reso conto di come la creatività sia spesso per queste persone compensatoria di un loro disagio psichico o come ho detto di un *danno biologico primario*.

Prendiamo l'esempio di alcuni artisti del periodo americano definito espressionismo astratto: ricordo che il primo quadro di Franz Kline che vidi alla Biennale a Venezia suscitò in me una forte emozione, ebbi la sensazione, osservandolo, di ricevere un pugno nello stomaco. Si trattava di una grande tela bianca al cui interno era rappresentato un'intenso segno nero, analogo alla Z di Zorro. Apparentemente insignificante sotto il profilo della rappresentazione, in realtà quel quadro era ricco di contenuti compositivi ed emozionali. Leggendo successivamente la vita di questo artista capii meglio come Kline fosse arrivato a quelle sintesi; egli era solito da ragazzo girare per New York e appoggiandosi ai semafori schizzava su fogli bianchi, in maniera ossessiva, tutto ciò che gli passava davanti. Questo lavoro progressivamente lo portò a sfumare sempre di più il soggetto fino ad eliminarlo completamente e a tradurlo in un segno essenziale ma fortemente equilibrato, sotto il profilo compositivo. L'equilibrio della composizione era frutto del grande lavoro preparatorio che lo aveva preceduto, mentre la carica emotiva tradotta nei quadri era l'espressione dell'ossessività dell'artista.

Le stesse considerazioni valgono per Mark Rothko, morto suicida nel 1970: nei suoi quadri (l'assenza di immagini è assoluta, grandi superfici, in genere monocromatiche) Rothko utilizza la gamma di un colore applicato in strati sottili e con sfumature diverse. Come scrive Mark Rosenthal (2004), l'effetto è teatrale poiché questo artista è maestro nel creare un impatto fisico e la sua evocazione dell'infinito e del sublime è palpabile. Di fronte ai suoi quadri, prima ancora di conoscerne la vita, attraverso la lettura del libro di Harold Rosemberg, le sensazioni che ricevevo erano ricche di intensità e di fascino per la profondità delle sue composizioni. Le sue ultime tele, tutte giocate sui neri e grigi che vidi in mostra a Parigi, al museo del Trocadero, sembrano, come ha scritto Ada

Masoero, «un testamento spirituale depositato subito prima del suo suicidio».

Un ultimo esempio di creatività, compensatoria di *disagio psichico* lo troviamo ancora nel pittore americano William Congdon quando scrive: «cominciai a vedere in ciascuna opera la proroga ad una possibile sentenza di morte».

Come la creatività dell'artista abbia funzione terapeutica lo conferma ancora E.M. Cioran nel libro intervista *Un apolide metafisico* (2004) in cui afferma: «Per me scrivere è una sorta di guarigione. Come ho scritto una volta a Octavio Paz, ciò che è veramente straordinario è che ogni volta che ho finito di scrivere ho voglia di fischiettare. Non credo alla letteratura, credo soltanto ai libri che traducono lo stato d'animo di chi scrive, il bisogno profondo di sbarazzarsi di qualche cosa. Ogni mio scritto è una vittoria sullo sconforto. I miei libri hanno molti difetti, ma non sono fabbricati, sono veramente scritti a caldo: invece di schiaffeggiare qualcuno scrivo qualcosa di violento. Dunque non si tratta di letteratura, ma di terapia frammentaria: sono delle vendette. I miei libri sono frasi scritte per me o contro qualcuno, per non agire. Atti mancati. È un fenomeno noto, ma nel mio caso sistematico».

La spiegazione di questo particolare modo di esprimere la propria creatività la troviamo nel saggio di Mauro Mancia *Sentire le parole* (2004). Parlando del *disagio psichico*, scrive Mancia, noi abbiamo due tipi di memoria: una memoria esplicita, cosciente, verbalizzabile che costituisce la storia autobiografica del soggetto e una memoria implicita che si riferisce alle prime esperienze infantili per cui non è né cosciente, né verbalizzata, dunque preverbale e simbolica. Questo *contenitore* costituisce un nucleo inconscio, non legato alla rimozione ma tale da potere influenzare il futuro evolversi della personalità o, addirittura, in grado di potere favorire la comparsa di malattie per un cattivo funzionamento del sistema immunitario.

Questi ricordi dell'epoca, dominata dalla memoria implicita, non possono essere rievocati perché troppo sprofondati nel magma dell'inconscio, scrive ancora Mancia, e nel contempo non possono essere affrontati neppure attraverso un processo psicanalitico in quanto non rimossi perché mai affiorati alla coscienza.

Tale ricordo non cosciente e non rimovibile è tuttavia in grado di agire anche a lunga distanza di tempo, diventando l'artefice di potenzialità espressive, creative ma anche psicogene, di difficile controllo.

In questo modo, scrive Gillo Dorfles (2005), la creatività umana appare come un ri-creare collegato alla memoria implicita (e quindi all'inconscio non rimosso), che non è passibile di ricordo ma può essere rappresentata nell'attività creativa e artistica.

Mettere in gioco questa attività creativa rappresenta per l'artista un processo automatico che deriva da contenuti biologici di cui non si ha coscienza.

Dalì, ad esempio, diceva di ricordare perfettamente la sua vita fetale e un mio amico Augusto Concato, artista molto attivo nel periodo della body art, lavora su spunti che emergono dal profondo di una memoria che non gli è chiaro se appartenga ad una vita passata o futura.

Ma la *memoria implicita* di cui parla Mauro Mancia è presente nella *memoria involontaria* di Marcel Proust? Scrive Remo Bodei (2002) «L'identità normale è in Proust di tipo metaforico. Consiste cioè etimologicamente nel trasportare, traslocare, trascinare tutti i nostri io del passato in quello attuale, nell'asservirli ai compiti del presente. Per impedire che essi – a causa dell'urgenza dell'agire vengano retrocessi o strumentalizzati, perdendo così la loro alterità rispetto all'ultimo io egemone, la memoria involontaria blocca la metaforizzazione, recupera gli scarti, rivaluta gli elementi non metabolizzati, colleziona fossili preziosi di noi stessi. Non essendo funzionale all'attualità, permette a un passato immune dalla caducità di ritornare con il profumo e il gusto di una volta. A differenza di quella volontaria, la memoria involontaria non riguarda perciò l'immediato futuro dell'azione ma la totalità della nostra vita, che rientra in se stessa dalla dissipazione, concentrandosi in una zona extraterritoriale al tempo. Si riferisce così a un passato che non passa, perché non si è logorato e a un presente che non dimentica se stesso nell'affannosa corsa verso l'avvenire».

In conclusione, come ha scritto Henry Laborit, l'essere vivente è una memoria che agisce.

Anni fa a un congresso di oncopneumologia ebbi l'incarico di preparare una relazione sui danni tossici indotti dalla chemioterapia; quando dovetti parlare dell'incidenza di vomito e diarrea che questi trattamenti inducono, non trovai di meglio che presentare i due quadri di Francis Bacon qui riprodotti (Fig. 15-16). Ritengo sia difficile trovare altre immagini che possano esprimere, meglio di queste, la complessità della sofferenza che vivono i malati affetti da tumore polmonare: immersi in una angoscia di morte, implicita nel loro percorso terapeutico, essi devono subire anche i due sintomi più umilianti per un malato: il vomito e la diarrea. Se per Proust il recupero di attimi fuggevoli del proprio passato, attraverso la memoria involontaria, è espressione di felicità, per Francis Bacon, il cui passato è costellato di violenze e sofferenze personali, le figure umane che rappresenta sembrano organismi in via di disfacimento. Da queste figure non traspare mai alcun segno di serenità o armonia: si presentano contorte, deformate, spesso bloccate in angosciose urla di dolore. Chiusi in spazi claustrofobici i personaggi di Bacon sembrano animati solo da un disperato bisogno di fuga. La domanda che mi sono sempre posto di fronte ai suoi quadri è su quale magma di

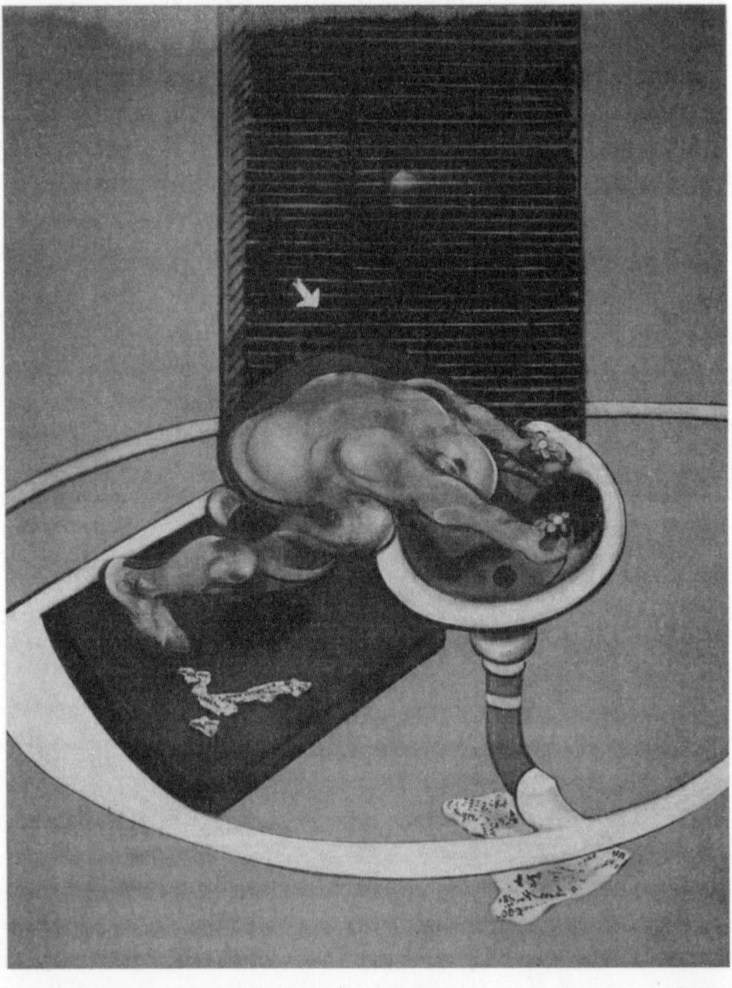

Figura 15

Figura 16

inconscio nasca la creatività di questo pittore in cui la realizzazione di ogni opera è sicuramente, come ha scritto Cioran, espressione di una autoriparazione del Sé, di una autoterapia. Nelle opere di questo grande artista la sua condizione di disagio si amplifica e assume un valore universale, non a caso le sue opere hanno influenzato molti artisti del dopoguerra. Parlando di Picasso a cui ha sempre dichiarato di ispirarsi, Bacon dice: «Picasso ha aperto una via che, in un certo senso non era mai stata esplorata: una forma organica che si rapporta all'immagine umana, ma nella sua completa distorsione». Guardando le due figure qui riprodotte possiamo affermare senza esitazioni che l'allievo ha superato il maestro per quanto riguarda la capacità di rappresentare la disperazione dell'uomo.

Con le tecniche di imaging cerebrale non è stata ancora condotta una ricerca sistematica sulla creatività ma alcuni studi hanno dimostrato che durante l'atto creativo, il cervello tende a configurare e a definire in modo sintetico gli oggetti rappresentati.

Lo spettatore che osserva composizioni artistiche non completamente oggettivabili, ha il vantaggio di potere definire nella sua mente, in svariati modi, l'opera che osserva; in campo musicale questo tipo di percorso individuale quando si ascolta musica dodecafonica è ancora più evidente.

Da bambino, una volta alla settimana, mio padre, melomane, si riuniva in casa con alcuni amici: riuniti in salotto, attorno al tavolo da pranzo, ascoltavano in religioso silenzio opere liriche, prevalentemente wagneriane, leggendone il testo sul libretto annesso all'opera.

Io, chiuso nella mia stanza, ascoltando quella musica e quelle voci urlanti ero assalito da una noia mortale, avevo delle reazioni analoghe a quelle descritte da Paolo Villaggio durante la visione del film di Eisenstein, *La corazzata Potemkin*.

Sono cresciuto con un'avversione per la musica lirica e solo verso i 30 anni, andando con una amica pianista ad un concerto di Stockausen alla Scala, ebbi una particolare e interessante sensazione.

L'opera si chiamava *Gruppen* e aveva la caratteristica di essere suonata da tre orchestre. La prima, più ricca di strumentisti, si trovava sul palcoscenico e le altre due, poste una di fronte all'altra, nei palchi laterali in mezzo al pubblico.

Quando iniziò lo spettacolo mi resi conto che le tre orchestre si parlavano tra di loro, lasciando scorrere lunghi silenzi fra un attacco di una e dell'altra, reciprocamente. Durante questi silenzi il mio cervello seguiva percorsi assolutamente autonomi per poi rientrare nell'ascolto all'attacco successivo. Fu un'esperienza molto interessante e il giorno seguente andai in libreria e mi comprai un libro di Boulez dal titolo *Capire la musica*.

Boulez spiega la teoria della ricezione estetica e della sua individualità per cui i percorsi musicali proposti dal compositore vengono amplificati individualmente.

Ne consegue che l'ascolto di opere di autori contemporanei in cui non c'è da parte del pubblico, una premessa letteraria, porta ognuno di noi all'attivazione di aree cerebrali diverse, e il risultato in termini neuro-anatomici è quello di una maggiore attivazione, dapprima, dell'emisfero sinistro per la parte semantica e, successivamente, di quello destro per la parte emozionale.

Ritornando alle arti figurative, l'artista che ha lasciato più opere incompiute è stato Michelangelo e l'ambiguità delle sue opere, scrive Semir Zeki, non è espressione di vaghezza o incertezza come si potrebbe pensare, ma l'esatto contrario. «Si tratta di certezza nel senso di certezza di molte interpretazioni differenti, ognuna delle quali è sovrana per un attimo nella nostra coscienza. Non esiste una risposta definitiva in quanto tutte le risposte sono ugualmente plausibili. L'ambiguo e il non finito – scrive ancora Semir Zeki – possono soddisfare il cervello più di una compitezza estrema». Gli studi di imaging mostrano che quando guardiamo figure ambigue si attivano e disattivano più aree cerebrali, tutte sotto controllo dei lobi frontali e al di fuori dei percorsi che si attivano quando guardiamo un bel viso, a conferma che il bello appartiene ad un patrimonio cognitivo comune e in parte già definito nei suoi percorsi cerebrali.

La novità quindi nello svilupparsi dell'arte contemporanea è che finalmente l'opera d'arte si è liberata dei canoni estetici ed è in grado di rappresentare emozioni.

Suzi Gablik (Cfr. Pizzorusso, 2004) ridefinisce la storia dell'arte in *periodi cognitivi* per spiegare l'importanza dell'autonomia delle forme fino al punto in cui si possono costruire e manipolare persino forme astratte prive di contenuto. Egli individua tre modi in cui sviluppare il parallelismo tra stadi dello sviluppo cognitivo e grandi periodi della storia dell'arte secondo l'ipotesi che l'evoluzione del sapere culturale proceda analogamente allo sviluppo dell'individuo. Il primo periodo è il *modo rappresentativo* e si riferisce al periodo pre-operatorio dello sviluppo cognitivo a cui corrisponde l'arte antica e medioevale; il secondo è il *modo iconico* definito da relazioni proiettive ed euclidee ed è rappresentato dall'arte rinascimentale e, infine, il terzo periodo detto *modo simbolico* nel quale lo spazio è indeterminato e atmosferico e l'arte è quella moderna, comprendente il tardo impressionismo, il cubismo, il formalismo, l'arte seriale; cioè un'arte governata da sistemi logici e dal pensiero preposizionale.

È questo il motivo per cui ho sempre considerato gli artisti i veri ricercatori nell'area del nostro cognitivo in quanto anticipano, spesso di parecchi anni, alcuni concetti che solo successivamente la scienza ci sa spiegare.

Solo negli anni Settanta, infatti, lo scienziato portoghese Damasio, nel libro *L'errore di Cartesio* (1995), ha dimostrato come siano le emozioni alla base di ogni atto razionale e come non possa essere presa alcuna decisione da parte del lobo frontale sinistro se non viene attivato adeguatamente il lobo frontale destro per la sua componente emozionale e, le emozioni, sono la premessa delle composizioni di tutto il periodo dell'arte informale nato quarant'anni prima.

Un altro esempio di anticipazione di ricerca artistica, poi codificato dalla scienza, lo si trova nelle opere di John Cage. Questo compositore, formatosi alla scuola musicale di Schoenberg con Stockausen e altri compositori, ad un certo punto della sua vita, abbandonò la musica dodecafonica e iniziò ad eseguire composizioni particolarmente suggestive e legate alla casualità. Ricordo, negli anni Settanta, quando venne al Teatro Lirico e si limitò a stare seduto ad un tavolino, sul palcoscenico, con una lampadina accesa leggendo saltuariamente un testo incomprensibile. Il teatro era gremito e dopo un po' di tempo il pubblico cominciò a rumoreggiare e a salire sul palcoscenico, esasperato per l'assoluta assenza di ogni tipo di rappresentazione.

Il significato di quella performance, lo compresi qualche anno dopo, quando il regista americano Bob Wilson presentò a Milano una pièce teatrale, lunga parecchie ore, in cui gli attori si muovevano sulla scena con grande lentezza e ogni tanto emettevano vocalizzi, senza peraltro che si rappresentasse alcunché.

Questo tipo di rappresentazioni lasciava alla casualità e al succedersi degli eventi acustici e sonori il percorso compositivo, secondo il principio, solo da poco tempo scientificamente dimostrato, del comportamento caotico in sistemi deterministici o più semplicemente del caos deterministico (Vulpiani, 2004).

Oggi il caos e la complessità sono ormai popolari e spiegano in modo nuovo sistemi disordinati quali le reti neuronali, i sistemi biologici e chimici con strutture spaziali, i fenomeni di crescita e la geometria frattale.

Secondo me, la creatività artistica non si differenzia di molto dalla creatività scientifica. Quella scientifica, come scrive Gilberto Corbellini «è guidata da una selezione controllata dei risultati, attraverso un percorso di ricerca personale e l'interazione costante con una comunità, che convalida e sviluppa conoscenze e innovazioni, sulla base delle ricadute, nel produrre spiegazioni di portata generale o nel creare una tecnica». La creatività dell'artista, in teoria, parte da un processo impulsivo che può prendere spunto dalla memoria implicita ma passa anch'esso attraverso un percorso preparatorio e costruttivo di elevata tecnica e professionalità. Entrambi i tipi di ricerca seguono un percorso investigativo individuale che deve avere una sua continuità e una sua analitica ricerca, sia nel caso di una ricerca scientifica, sia in quello di una composizione artistica.

Roland Omnes, fisico teorico di fama internazionale, sostiene che la scienza è un'attività simile a quella artistica.

Compito della scienza, secondo Omnes, è quello di liberare gli individui dalle false credenze e costruire il futuro più che indagare sul passato. La scienza è sempre creativa, afferma, e gli uomini che cercano di capirne le leggi sono obbligati ad essere creativi.

Nello stesso tempo, l'irrazionalismo, che è la componente di ogni individuo umano, non deve stupire, in quanto ogni riflessione è sempre legata al sentimento, come ha dimostrato il neurobiologo Damasio (2003), e l'attività artistica, partendo da impulsi emozionali, si sviluppa attraverso nuovi percorsi cognitivi che sono comunque frutto di una ricerca analoga a quella di una ricerca scientifica.

Io penso che sarà proprio la neurobiologia, con l'integrazione delle tecniche di imaging, ad esplorare la potenza creatrice del cervello sia nell'ambito delle scienze che in quello dell'attività artistica dimostrando in entrambi i casi come l'atto creativo sviluppi nuove mappe cognitive a livello cerebrale.

Sul fatto che la creatività sia una dote innata siamo ormai certi ma, come dice Boncinelli, se Picasso o Einstein si nasce, ad altri livelli si può fare scoccare la scintilla o almeno si può preparare il terreno attraverso lo studio e l'applicazione oppure, come è successo a me, con dei piccoli aiuti estemporanei.

Come ho già detto, mio padre era medico e io sono cresciuto in mezzo a radiografie del torace e medicine di ogni tipo dato che il suo studio era prospiciente all'abitazione. In particolare, fra i tanti farmaci che giravano per lo studio, uno mi incuriosiva perché avevo sentito dire che gli aviatori tedeschi erano abituati ad assumerlo quando dovevano fare bombardamenti a tappeto per superare la stanchezza e lo stress. Si trattava di un prodotto denominato stenamina, un succedaneo della simpamina, delle famiglia delle anfetamine.

Come è noto, le amfetamine sono sostanze psicoattive, analogamente alla cocaina, molto in uso negli anni Cinquanta per migliorare le performance da parte degli sportivi, in particolare dei ciclisti, non essendo ancora in atto, allora, l'antidoping.

Pochi anni fa incontrai, alle corse dei cavalli, un signore di mezza età, a suo tempo gregario di Anquetil, che diceva di assumere regolarmente, durante il giro d'Italia, da 4 a 5 compresse di simpamina al giorno.

Non mi sembrava peraltro avesse una condizione cognitiva particolarmente degradata come queste sostanze è noto inducano.

Dovendo affrontare al secondo anno di medicina, l'esame di anatomia umana normale, iniziai ad assumere, all'insaputa di mio padre, mezza compressa di stenamina per migliorare la concentrazione sullo studio e la memoria. Prendendola alle 8 del mattino riuscivo a studiare ininterrottamente 12 ore con una capacità di concentrazione eccezionale; l'unica attenzione era quella di non mangiare a mezzogiorno perché con l'inizio della digestione, l'effetto scompariva.

Preparai l'esame di anatomia in un tempo assai ridotto e, negli anni successivi, abbandonai la stenamina per passare ad un prodotto meno potente, commercializzato in Italia in quegli anni.

Si trattava del Preludin, anch'esso della famiglia delle amfetamine, lanciato sul mercato negli anni Cinquanta da una casa farmaceutica tedesca come farmaco anoressante. Le amfetamine erano state sintetizzate, durante la guerra, da scienziati tedeschi per migliorare le performance dei soldati al fronte, si dice anche che siano state testate sui prigionieri ebrei, per via endovenosa, con effetti devastanti, per valutarne l'attività e la tolleranza.

Mezza compressa al mattino mi consentiva, in particolare quando rientravo dalle vacanze, di superare la scarsa volontà allo studio e di concentrarmi in modo eccezionale. Ricordo che in soli 20 giorni preparai l'esame di patologia generale, superandolo brillantemente.

L'unica attenzione, come ho già detto, era quella di non mangiare a mezzogiorno per potere mantenere la concentrazione, ma poteva capitare, qualche volta, che la mia mente seguisse altri percorsi ideativi. Ricordo che un giorno, dopo avere letto alcune poesie di Ungaretti, presa la mia mezza compressina di Preludin, invece di studiare, iniziai a scrivere poesie, brevi e concise, sulla scia della corrente dell'ermetismo. Passai tutta la giornata a scrivere composizioni e alla fine buttai il libretto in un cassetto. Dopo parecchi anni, in occasione di un trasloco, mio padre trovò il quaderno di poesie e mi chiese di chi potevano essere delle composizioni così concettuali, gli raccontai allora della stenamina e del Preludin e lui mi confessò, ridendo, che in realtà lui la stenamina l'aveva usata sporadicamente solo per migliorare le sue performance sessuali.

Il Preludin accompagnò negli studi me e altri tre amici studenti rispettivamente in chimica industriale, economia e commercio e architettura.

Al mattino, abitando tutti vicini, ci trovavamo per fare colazione in un bar prospiciente alle nostre abitazioni e prendevamo la nostra mezza compressa di Preludin che, naturalmente, rifornivo io. Ci si ritrovava alle 8 di sera per l'aperitivo e ognuno di noi, parlando a raffica, raccontava all'altro tutto quello che aveva studiato nella giornata: eravamo ancora sovreccitati e l'effetto svaniva non appena si mangiava.

L'unico di noi che, nonostante il Preludin, non solo non studiava ma dormiva come un ghiro era lo studente di architettura.

Arrivai a dare al mio amico fino a tre compresse al mattino ma lui dormiva sempre di più; solo molti anni dopo capii perché. Un giovane, figlio di miei pazienti, cominciò a venire in studio chiedendomi eccitanti: solo così, mi diceva, si calmavano i suoi istinti aggressivi. «Quando sono in autobus» mi raccontava «se solo un passeggero mi spinge io desidero ucciderlo». Per anni venne irregolarmente nel mio studio chiedendomi farmaci di tipo anfetaminico per calmare quelle che lui chiamava *pulsioni omicide*. Invano tentai di convincerlo ad andare da un collega neuropsichiatra per terapie più adeguate e continuative ma mi rendevo conto, nello stesso tempo, di rappresentare per lui l'unico contatto con un mondo che gli dava angoscia: non gli negai mai la prescrizione. Si calmò, da adulto, quando aprì con una compagna una palestra e iniziò a fare l'istruttore di pugilato.

L'amico architetto comunque, anche senza Preludin, riuscì a laurearsi in una decina d'anni e attualmente è un ottimo professionista.

Nell'ultimo biennio di medicina abbandonai l'uso del Preludin essendo passato da studi teorici a studi eminentemente pratici nei reparti ospedalieri e universitari. La passione per la clinica sostituì ampiamente la necessità di farmaci stimolanti.

Quel farmaco anoressante negli anni successivi fu ritirato dal commercio perché responsabile di nascite di bambini malformati in mamme che lo avevano assunto in gravidanza per non ingrassare. Fu uno dei primi grandi scandali in ambito farmacologico e la casa farmaceutica subì un processo e fu condannata ad equi risarcimenti.

In quegli anni le droghe godevano di una certa permissività; alla Fondazione Carlo Erba, nel pieno centro di Milano, assistetti ad una conferenza dello psicanalista Michele Servadio che raccontava di raccogliere le narrazioni dei suoi pazienti, a cui somministrava adeguate dosi di LSD, per ricostruire i traumi rimossi della memoria esplicita e, con tutta probabilità, anche della implicita, per potere poi impostare una psicoterapia più efficace. All'epoca non era un'idea troppo insolita. In quegli anni l'uso di LSD, o comunque di sostanze definite psichedeliche, nella psicoterapia era ampiamente dibattuto negli ambienti scientifici. L'LSD era un argomento particolarmente di moda, molti articoli scientifici sono stati pubblicati su questa sostanza ritenuta efficace nella terapia di disassuefazione nell'alcoolismo, nella depressione e in varie nevrosi (Bennet, 2005). Secondo alcuni psicoterapeuti, con la somministrazione di sostanze psichedeliche si potevano ottenere in un'unica seduta di psicoterapia progressi che normalmente richiedono mesi o anni di lavoro. L'espressione *sostanze psichedeliche* fu coniata alla fine degli anni Cinquanta da un particolare ricercatore Alexander Shulgin che ha passato tutta la sua vita a sintetizzare nuove sostanze stupefacenti. Queste sostanze alterano in modo significativo la percezione della realtà. Il termine deriva dal greco e significa *manifestazione dell'anima* ed è un termine molto amato da coloro che ritengono queste sostanze *curative*; in realtà si tratta di sostanze *allucinogene* molto pericolose proprio in quanto fanno perdere il senso della realtà, rallentano la percezione del tempo e annientano le emozioni. Nel 1976 Shulgin ha fatto conoscere al grande pubblico una sostanza, la Mdma, da lui scoperta e più nota con il nome di ecstasy. L'anno scorso la Food and Drug administration ha approvato uno studio della Medical school di Harvard per verificare se l'ecstasy può alleviare le paure e le angosce dei malati terminali di cancro e sempre negli Stati Uniti è in corso uno studio sulla possibilità di utilizzare questa sostanza nei disturbi da stress post traumatico (Bennet, 2005). L'interesse di Shulgin per le droghe diventò una specie di ossessione come si può intuire da questo suo scritto: «Capii che il nostro intero universo è contenuto nella mente e nello spirito. Possiamo scegliere di non esplorarlo, possiamo perfino negarne l'esistenza, ma è davvero lì, dentro di noi, e ci sono sostanze chimiche che possono favorirne l'accesso».

Un episodio che mi colpì, circa una ventina di anni fa, fu quello che mi raccontò un collega epatologo di Niguarda dopo uno stage di circa 6 mesi negli Stati Uniti, in un centro rinomato per i trapianti di fegato. Ricordo che ci incontrammo nel corridoio del reparto di epatologia e alla mia domanda di come fosse stata la sua esperienza in America lui rispose ridendo di avere potuto fare ben poco in quanto il potere era totalmente in mano ai chirurghi che eseguivano trapianti. I colleghi, mi raccontò, lavoravano giorno e notte dosandosi accuratamente la cocaina per sviluppare le loro performance operatorie. D'altra parte, mi disse, la loro carriera si costruisce sulla base del numero di trapianti che riescono a fare in un anno. Questo episodio mi rammentò un amico d'infanzia, ottimo giocatore di backgammon, che per parecchi anni fece la bella vita vincendo tornei internazionali e dosandosi accuratamente la cocaina per migliorare le sue performance di giocatore.

L'uso degli stupefacenti era ampiamente diffuso nel mondo antico; un recente libro del farmacologo Paolo Nencini (2004) presenta una vasta carrellata che va dai primissimi cacciatori della Francia preistorica alle dee egee del II° millennio a.C. la più ieratica delle quali si presenta con le mani alzate in preghiera e con la testa ricoperta di papaveri, tanto che gli archeologi l'hanno soprannominata *Nostra Signora dello sballo*. Il professore Nencini, ordinario di farmacologia all'Università di Roma, si chiede come mai in queste figure sono presenti sempre così tanti papaveri e sviluppa nel libro continue osservazioni sul significato sacrale di questo fiore. In realtà i semi di papavero impastati con il miele e altri cereali servivano ad andare fuori di testa e a regalare quell'oblio che solo la morte concede. Fino alla fine del libro, lo scrittore si chiede come mai questo fiore è considerato così sacro e sfata il concetto della dipendenza, frutto, riferisce, di errori di approccio dei nostri tempi. Con la comparsa del cristianesimo e dei suoi simboli sacri, il papavero scompare dalle statue e dalle raffigurazioni antiche restando, adesso come allora, semplice medicamento per sopire i dolori viscerali. A mio figlio Nicolò, nato nel 1968, ho dato regolarmente qualche goccia di Erbamil a base di estratto di camomilla e un derivato della apomorfina, quando era agitato o aveva coliche addominali e ricordo che in pochi minuti si sedava e dormiva come un angelo. Non mi pare che oggi, a 37 anni, manifesti qualche problema e nel caso si fumasse qualche spinello non penso che se ne debba attribuire la responsabilità alle poche gocce di quel sedativo. Una sera, infastidito dal cagnolino dei vicini che, lasciato solo in casa, continuava ad abbaiare, esasperato, gli passai sotto la porta una zolletta di zucchero con una goccia di Erbamil; anche lui dormì come un angelo per 24 ore.

In natura, le specie animali che si drogano, sono molteplici. Nel Kansas circa 5000 bovini ogni anno sono soppressi perché *tossicomani*. Si tratta di mucche che scoprono erbe che procurano effetti inebrianti e finiscono con il mangiare solo quelle. I pettirossi americani a febbraio migrano dal Canada in California dove si ingozzano con bacche del caprifoglio fino a stordirsi, poi possono finire anche investiti dalle automobili svolazzando come ubriachi. Le sostanze attive sulla psiche sono ricercate da mammiferi, uccelli e persino insetti. Queste informazioni non le riporto per legittimare l'uso delle droghe, ma semplicemente per fare capire che se una droga agisce sul sistema nervoso evidentemente il sistema è predisposto dalla natura.

Nel 2007 verrà commercializzato un farmaco contro obesità e dipendenza tabagica che blocca i recettori CB1 a livello centrale e periferico; il farmaco regola l'attività del sistema endocannabinoide che è coinvolto nell'assunzione del cibo, nel bilancio energetico e nel consumo di tabacco.

È stata proprio la scoperta dei recettori del sistema endocannabinoide a dare nuovo impulso alla ricerca su queste due dipendenze che sempre più sono responsabili di malattie a costo sociale in continua crescita.

Il sistema endocannabinoide, scoperto da circa 15 anni, mette in comunicazione le cellule del sistema nervoso centrale, ma recettori per CB1 sono stati trovati anche negli adipociti.

Come spiega Giorgio Samorini, etnobotanico, dal punto di vista evolutivo, la predisposizione organica di rispondere alle droghe può essere semplicemente interpretata come una possibilità maggiore, per la specie, di conservarsi nel tempo. L'organismo infatti, nel corso della sua evoluzione, si mette in condizione di rispondere a nuovi cambiamenti deschematizzando i suoi comportamenti; forse il senso delle droghe, dice sempre Samorini, è quello di permettere la rottura di schemi comportamentali per aprire nuovi percorsi come, ad esempio, fecero gli hippy.

In sostanza si conferma l'ipotesi che più il nostro pensiero è libero da condizionamenti, meglio è dal punto di vista sia evolutivo, sia del benessere individuale. Ad ogni attivazione di nuove mappe cerebrali, infatti, corrisponde la liberazione di neurotrasmettitori che si riversano sul sistema immunitario potenziandone le sue capacità.

Nella seconda metà dell'Ottocento e agli inizi del Novecento la cannabis poteva essere acquistata in farmacia senza ricetta: serviva per combattere vari disturbi fra cui emicrania e ulcera gastrica.

Nel 1937 il Congresso degli Stati Uniti emanò il Marijuana Tax Act che ne vietava, sostanzialmente, l'uso rendendola costosa e di difficile reperibilità (Roger, 2005).

Gli endocannabinoidi, oltre a regolare la fame, svolgono un importante ruolo nella regolazione del dolore, dell'ansia e del vomito per cui la ricerca scientifica è impegnata a sviluppare farmaci di derivazione dalla marijuana senza gli effetti collaterali di questa.

La marijuana, d'altra parte, presenta notevoli vantaggi terapeutici in quanto allevia l'ansia e il dolore, previene la morte neuronale, elimina il riflesso del vomito, stimola l'appetito e quindi risulta assai utile nel controllare tutti i sintomi indotti dalla chemioterapia.

L'effetto di questa droga è coerente con il tipo di legame che la *Cannabis sativa* ha in molte aree cerebrali dall'ipotalamo per il controllo dell'appetito, all'ippocampo, coinvolto nella memoria e nell'apprendimento di fatti, sequenze e luoghi, fino ad arrivare alla neocorteccia responsabile delle funzioni cognitive superiori e dell'integrazione dell'informazione sensoriale (Roger, 2005).

Ricordo, a proposito di area cognitiva e di stimoli indotti, un'interessante esperienza vissuta personalmente tanti anni fa.

Mi ero recato con alcuni amici a Venezia, durante un week end, per visitare, a Palazzo Grassi, una mostra d'arte completamente incentrata sull'opera d'arte denominata *Le Grand Verre* (*Il Grande Vetro*) di Marcel Duchamp. La mostra, organizzata da un famoso curatore, H. Szeeman, morto recentemente, era assai complicata ed era molto difficile capirne a fondo il significato incentrato su questa opera d'arte che io non avevo mai visto e di cui non conoscevo le profonde implicazioni sottintese. Avevo comunque guardato la mostra con grande attenzione cercando, limitatamente alla mia preparazione su questo artista francese, di comprenderne a fondo il significato.

Rientrati a Milano andammo a cena a casa di un'amica appena rientrata da una vacanza in Marocco: come dessert la padrona di casa aveva preparato, espressamente per noi, una torta nel cui impasto di uova, farina e zucchero aveva aggiunto un po' di olio di hashish che, secondo lei, l'avrebbe resa particolarmente gustosa.

Come gli altri commensali ne mangiai una piccola fetta, dopo pochi minuti ebbi la sensazione di una mano che mi afferrava alla nuca; mi alzai in piedi e, camminando avanti e indietro per il salotto, raccontai in modo dettagliato agli amici presenti che erano stati con me a Venezia come la mostra che avevamo visto assieme andava interpretata ricordando analiticamente tutti i disegni e le frasi riportate su *Il Grande Vetro*. Parlai ininterrottamente per più di un'ora lasciando i miei amici sbalorditi per tutto quello che ero riuscito a ricostruire a memoria sulla mostra di Palazzo Grassi.

Poiché, a distanza di tanti anni non ricordo nulla di quello che avevo raccontato, e per non lasciare il lettore con la curiosità sul significato di quell'opera, ho pregato un mio amico pittore, Franco Guerzoni, di sintetizzarmi alcuni concetti sul Grande Vetro di Marcel Duchamp.

Riflessioni su *Il Grande Vetro*.
La sposa messa a nudo dai suoi scapoli, anche

Caro Enzo *dire tutto in poche parole* è stata la maggiore aspirazione futurista, e ben rappresentava il loro modo di pensare alla narrazione. *Il Grande Vetro* in poche parole, come tu mi hai chiesto, necessiterebbe una sintesi per me impossibile. Marcel Duchamp, oltre le avanguardie storiche, è certamente l'*artista* che con il suo lavoro, ha causato alla tradizione la maggiore frattura. Le sue sottili filosofie hanno incrinato, forse irreparabilmente, l'esistenza dell'estetica passata a favore d'una idea di *lavoro d'artista* più mentale che fisica.

La difficoltà di descrivere *Il Grande Vetro* in pochi concetti nasce soprattutto dall'insistenza attraverso la quale Marcel Duchamp ha perseguito per tutta la sua vita quest'opera, come opera della vita. Lui stesso infatti, affermò, in un'intervista concessa ad Arturo Schwartz, che *Il Grande Vetro* fosse probabilmente la sua sola opera, prodotta tra entusiasmi e rese. Io stesso, e come me tanti altri artisti, ho visto in lui soprattutto frammenti di pensiero, schegge che pervadono inquiete anche il nostro tempo. Rileggendo i propositi autografi sull'opera, si avverte come, nel processo misterico-alchemico, Marcel Duchamp abbia voluto più che un'opera, offrirci un labirinto di senso nel quale perderci. Sintetizzando, è il racconto di un amore irrealizzato, la scena di un matrimonio incestuoso che attinge al mito di Eros, un eros trattenuto, quasi a non svelare, consapevolmente, l'esito finale.

Credo che la definizione che generalmente gli viene attribuita, di giocatore del giuoco come metafora della vita, sia quindi assolutamente pertinente. Si avverte una distanza, tra il suo pensiero e l'oggetto artistico, che lo fa apparire come un grande scettico, esploratore primo di territori del pensiero raramente indagati. Mi accorgo, rileggendo queste mie riflessioni, che non ti ho detto granché di Duchamp, del resto ammetto colpevolmente che l'incontro giovanile con il suo pensiero e la sua opera non richiese allora grandi spiegazioni. Guardando il suo lavoro ho avvertito più un vuoto d'aria, una grande bolla, la cui esplosione produsse una ventata di pulito che pareva spazzare via un'idea di arte accademica e decrepita, rivelando le idee fondenti di una nuova estetica. In quel momento, colti da suggestione, pensai che la pittura così come era stata intesa fino ad allora, non dovesse più esistere. Abbagliato, non mi resi conto che il soggetto del mio amore portava con sé i germi di una nuova tradizione, sotto forma di atto rivoluzionario.

Ma la forma pittorica e la costruzione dell'immagine sono tuttavia sopravvissute allo scontro, continuano ad esistere nella consapevolezza del pensiero di Duchamp. Con una metafora, si potrebbe dire che l'arte, dal passato remoto al presente è un continuo filo di metamorfosi, a cui Duchamp, con le sue invenzioni, ha impresso un sobbalzo. L'unica analogia che si potrebbe trovare nel passato con questo grandissimo prestigiatore credo possa essere rappresentata da Leonardo da Vinci. Guardando ai disegni preparatori de *Il Grande Vetro*, come in un museo immaginario (Malraux), diventa possibile un'ardita comparazione con gli incredibili studi di Leonardo; se ne avvertono ossessioni parallele, scoprendo attinenze all'eros che li guida, attraverso segni sottili come capelli, nell'atto di circoscrivere con la loro apparizione, l'apparenza; come Marcel Duchamp stesso afferma.

Non è quindi necessaria una lettura del racconto implicito nella sua enigmatica totalità, a volte basta sfiorarne il senso per sentirne l'alto nutrimento. Ciò accade con molta arte alta del passato e del presente, figurativa o astratta. Marcel Duchamp ci ha insegnato a *ripensare*, a dubitare dell'immagine per cercare ancora. Come vedi, le invenzioni di questo grande equilibrista possono essere percepite in mille modi diffrenti, anche da me, che il *Vetro* dal vero non lo ho mai visto.

Mi rimane fissa nella memoria l'immagine fotografica di Marcel Duchamp, che, sul tetto di una casa, gioca a scacchi con Man Ray.

Sperando che queste riflessioni ti possano essere d'aiuto ti abbraccio.»

> *D'altronde sono sempre gli altri che muoiono.*
> Marcel Duchamp
> (iscrizione sulla pietra tombale)

Come vedete l'interpretazione di un'opera così complessa richiede una cultura specifica elaborata da un addetto ai lavori che ne ha metabolizzato in anni successivi i contenuti, fino a introiettarli nel suo lavoro di artista.

Come ho potuto allora io, grazie ad una modesta dose di hashish, che ha un meccanismo di azione analogo alle amfetamine, pescare in contenuti intellettivi così specifici? Come mai lo psicanalista Michele Servadio con piccole dosi di LSD riusciva a raccogliere contenuti così profondi dalla mente dei suoi pazienti?

Per spiegare questi meccanismi profondi della mente mi viene in aiuto il libro di Silvano Tagliagambe, filosofo della scienza, *Il sogno di Dostoevskij* (2002).

«Dostoevskij, come si è visto, ha avuto il merito di percepire questa articolazione complessa e di sottolinearne l'importanza soprattutto in relazione al grande problema che lo attirava e lo affascinava: quello dei cambiamenti, apparentemente improvvisi e inspiegabili che si possono registrare all'interno della personalità umana. Il carattere oscuro e misterioso di questi fenomeni di *rinascita* può, a suo avviso, essere fortemente ridimensionato se non ci si limita a prendere in considerazione la parte cosciente dell'uomo, ma si tengono nel debito conto la presenza e l'incidenza del sotto suolo e il *dialogo* sottile e, per lo più, sotterraneo che si stabilisce tra quest'ultimo e la coscienza, e in virtù del quale l'uno influisce sull'altra in modi che rimangono a lungo inavvertiti e che diventano evidenti solo quando danno luogo a mutamenti sensibili. Al controllo cosciente, che si esercita soprattutto in alcuni snodi critici, quando si elaborano piani o bisogna affermare scelte definite, si affiancano aspetti che condividono molti tratti del *mentale* tranne che per il fatto che vengono lasciati ai margini del campo di osservazione e di analisi che è il risultato della tendenza del soggetto ad assumere il ruolo di *osservatore* di se stesso. In questo campo essi fanno incursioni di brevissima durata e spesso in forma mascherata e deformata, dando luogo a forme di provvisorio disorientamento, come quella con cui Raskol'nikov deve fare i conti dopo essersi destato dal sonno in cui gli si era presentato, in sogno, il martirio della cavallina. Ci sono, dunque, aspetti della personalità e contenuti della memoria che restano sommersi per lunghi periodi, e possono anche rimanerlo per sempre, e che ciò nonostante hanno un'incidenza tutt'altro che trascurabile sul pensiero. "Ma che voglio mai fare! – seguitò, chinandosi di nuovo e come preso da profondo stupore – Io sapevo pure che non avrei resistito, perché dunque mi sono tormentato fino adesso? Ma se ancora ieri quando sono andato a fare quella prova ho capito perfettamente che non potrei reggere!... Che voglio dunque? Perché continuo ancora ad avere dei dubbi? Ma se ieri sera scendendo le scale ho detto io stesso che era una cosa vile, ignobile, bassa, bassa...se al solo pensarci da sveglio mi è venuto nausea e orrore...No, non reggerò, non reggerò! Anche se tutti questi miei progetti fossero immuni dal dubbio, anche se tutto quello che ho deciso in questo mese fosse chiaro come il giorno, giusto come la matematica! O Signore! Tanto non mi salverò lo stesso! Non reggerò, non reggerò! Che cosa dunque, che cosa fino ad ora...»

Siamo qui di fronte ad un'evidente presenza di un mondo sotterraneo che come dice Mauro Mancia è contenuto nella memoria implicita e rappresenta la nostra inconsapevolezza; ma in realtà nel nostro cammino quotidiano prevale il pensiero conscio sulle procedure inconsce e sulle emozioni.

Ma se allora basta un po' di LSD somministrato da uno psicanalista per accedere a questo mondo inconscio quale è il meccanismo d'azione che lo consente?

La spiegazione la trovo ancora nelle conclusioni del libro di Tagliagambe che bene riassume le scoperte del farmacologo svedese A. Carlsson, insignito del premio Nobel per la medicina e la biologia per le sue ricerche sulla dopamina.

Questo neurotrasmettitore è presente in diverse zone del cervello ed in alcune è responsabile nel controllo dell'equilibrio psichico, mentre in altre è responsabile del controllo motorio. Si tratta pertanto di una molecola di importanza fondamentale nel comportamento dell'individuo e lo si è bene dimostrato usando dei farmaci antipsicotici che ne diminuiscono la produzione e bloccano anche i recettori per la dopamina. Gli animali a cui sono somministrati questi farmaci perdono ogni tipo di interesse per l'ambiente che li circonda e, aumentandone la dose, cadono in uno stato di completa catalessi, quasi fossero paralizzati.

Per quanto riguarda la sfera intellettiva lo stesso Carlsson, assumendo queste sostanze, ha dimostrato che essa decade e la mente risulta incapace di produrre idee.

Assumendo invece sostanze a base di amfetamine o cocaina si ottiene una forte stimolazione del movimento e dei processi ideativi e creativi quali ad esempio quello che ho vissuto personalmente, bene interpretando, a livello intellettivo la mostra su *Il Grande Vetro* di Marcel Duchamp o che permettevano al mio amico di vincere i tornei di backgammon o ai chirurghi americani di operare per 24 ore trapianti di fegato.

Se la stimolazione della dopamina continua a esercitarsi si ha un progressivo deterioramento dell'attività psichica fino a raggiungere veri e propri stati psicotici con assoluta perdita del senso della realtà.

Qualche anno fa, inviatomi per consulto da un endocrinologo, venne a visita un paziente di circa 40 anni che aveva lasciato l'Italia e si era trasferito ad Ibiza. Prima di venire a Milano mi raccontò che era stato ricoverato in una clinica a Miami per febbri persistenti e che, dopo vari esami clinico radiologici, era stato dimesso senza diagnosi e senza rimborso assicurativo perché la TAC cerebrale aveva dimostrato che faceva uso abituale di cocaina. La TAC cerebrale, che mi aveva portato in visione, mostrava diffuse zone della corteccia con dei veri e propri buchi anatomici: immaginate una fettina di emmenthal. Non conoscendo questi aspetti radiologici dei cocainomani mi consultai con una amica, direttrice di un SERT, che mi confermò questa diagnosi, aggiungendo che questi danni sono tipici di una particolare assunzione della cocaina che viene *sniffata* in un'unica dose, in quantità elevate. Lo stesso paziente, nelle visite successive, mi confermò che lui, con alcuni amici, tutti i lunedì notte, in una discoteca di Ibiza, aveva preso l'abitudine di sniffare la cocaina con quella modalità definita *binge* equivalente di *abbuffata*. Se devo esser sincero non mi pareva che quel soggetto, rispetto ai danni anatomici visti con la TAC cerebrale, avesse dei danni psichici altrettanto significativi a conferma delle grandi risorse compensatorie che tutti i nostri organi hanno.

Per spiegare come la dopamina sia coinvolta in reazioni così diverse Carlsson ha elaborato un'ipotesi per cui questa sostanza sarebbe responsabile di un meccanismo di filtro.

Scrive il professor Tagliagambe «gli stimoli e gli input provenienti dal mondo esterno mediante gli organi di senso, la cute, gli occhi, le orecchie, ecc. arrivano, attraverso circuiti neuronali, alla corteccia che è la zona del cervello che ci consente di essere coscienti del mondo circostante. Ora il fatto bizzarro e che ha appunto attirato l'attenzione di Carlsson, è che proprio nella corteccia si riscontra una presenza assai scarsa di molecole di dopamina che, peraltro, costituiscono un'infima minoranza della popolazione cerebrale: nel cervello ci sono circa un milione di neuroni di dopamina su un totale complessivo di neuroni specifici per questa sostanza che si attesta attorno ai 100.000 milioni.

Malgrado siano in percentuale così bassa rispetto al totale, questi neuroni hanno però, come si è visto, un'influenza enorme sul comportamento umano, sia a livello motorio, sia a livello delle funzioni mentali. Eppure, proprio nella corteccia, grazie alla quale siamo in grado di esplicare la funzione motoria e quella mentale, la dopamina è in misura estremamente ridotta: essa si concentra, invece, in certe strutture subcorticali. Come può, allora, influire sulla corteccia e, tramite essa, sulle funzioni motorie e mentali, considerato che tra il nucleo cerebrale striato in cui essa risulta in particolare concentrata, e la corteccia medesima non paiono esservi vie nervose, attraverso le quali si possa realizzare un impatto diretto del primo sulla seconda?

La risposta a questa domanda deve tener conto di alcuni elementi importanti: in primo luogo, del fatto che se il nucleo striato non può controllare la corteccia cerebrale, si può verificare il contrario, dato che ci sono vie nervose molto potenti che vanno, appunto, da uno all'altro.

In secondo luogo, della presenza, lungo il cammino, che i segnali provenienti dagli organi di senso devono seguire per arrivare alla corteccia, di una stazione intermedia, il talamo (struttura della base cerebrale). L'ipotesi di Carlsson è che quest'ultimo sia molto di più di una semplice stazione, sia un filtro che sottostà ad un sistema di controllo assai sofisticato. È molto importante che la corteccia non venga bombardata da stimoli esterni inutili, affinché possa focalizzare la propria attività su ciò che risulta veramente essenziale».

In altre parole, secondo lo scienziato svedese, il nucleo striato esercita una funzione di filtro di ciò che passa attraverso il talamo e questo evita di esporre la corteccia ad eccessivi bombardamenti. La dopamina è fondamentale in quanto la sua presenza condiziona il passaggio delle informazioni; un suo eccesso determina un conseguente eccesso di stimoli sulla corteccia. Quindi, quando ho mangiato la mia fettina di torta all'hashish, sono aumentati i livelli di dopamina e la corteccia ha potuto avere maggiori informazioni e accedere a quel mondo di inconsapevolezza sia personale, sia universale, che mi ha permesso di elaborare i contenuti della mostra in modo nettamente superiore a quello che avevo potuto affrontare con il mio normale livello di coscienza.

Quello che l'ipotesi di Carlsson sostiene è che esista un sistema neuronale che collega la corteccia cerebrale ai gangli della base e quindi anche al talamo. La corteccia chiede ai gangli di agire e questi, a quel punto, funzionano da filtro.

La funzione della dopamina è quella di indurre il filtro ad aprirsi per il passaggio delle informazioni ma, se il suo livello è elevato o comunque supera determinati limiti, si avrà una sovrastimolazione che porterà ad una maggiore creatività. Se però questo elevato livello persiste si potrà arrivare a stati di allucinazione o a vere e proprie condizioni di psicosi.

Secondo Carlsson, quindi, esiste un nesso profondo fra creatività e pazzia sia in senso artistico che scientifico e quando scrivo che considero gli artisti veri e propri ricercatori nel campo cognitivo in quanto anticipano, con le loro opere, quello che poi nel tempo viene confermato in modo scientifico, mi adeguo al pensiero di questo scienziato. Se non ci fossero, infatti, artisti o scienziati capaci di tollerare e di gestire la sovrastimolazione della corteccia, con l'eccesso di stimolazioni che ne deriva e i conseguenti aspetti positivi che questa comporta quali maggiore creatività, maggiore fantasia e genialità, l'evoluzione della specie umana sarebbe assai più lenta di quella che conosciamo.

Edoardo Altomare, medico e giornalista scientifico, ha sviluppato bene questa tematica nel suo articolo *Un'altra mente* (2004) in cui affronta il problema della relazione fra autismo e creatività.

Come scrive ancora Silvano Tagliagambe «Il prezzo che l'umanità paga per questo incremento del ritmo evolutivo è il rischio di esporre gli artefici di questa accelerazione o chi cerca di imboccare questa strada alla mania o alla schizofrenia. L'aumento della funzione dopaminergica, mantenuto entro i giusti limiti (ma stabilire quali essi siano è, ovviamente, assai problematico), contribuisce in maniera rilevante al progresso della conoscenza e dell'umanità nel suo complesso: proiettato al di là di questi limiti è causa di disordini e disfunzioni molto gravi, quali la depressione maniacale e la schizofrenia che pertanto possono essere considerati effetti collaterali indesiderati dell'incremento del ritmo dell'evoluzione».

David Foster Wallace, nel suo romanzo *Tutto e di più. Storia compatta dell'infinito* (2002), così scrive nella biografia del grande matematico Cantor, nato nel 1845 e morto pazzo nel 1918: «I casi di grandi matematici con problemi mentali hanno un'enorme risonanza per gli scrittori e i cinematografari post-moderni. Il Matematico Malato di Mente sembra essere oggi ciò che in altre epoche sono stati il Cavaliere errante, il Santo Penitente, l'Artista Tormentato e lo Scienziato Pazzo: una specie di Prometeo, colui che va nei luoghi proibiti e ne fa ritorno con doni che noi tutti utilizziamo ma dei quali solo lui paga il prezzo».

Il film *Beautiful Mind* racconta la vita di un matematico vivente. John Forbes Nash jr. famoso per gli studi di matematica applicata alla teoria dei giochi e premio Nobel per l'Economia nel 1994 per la scoperta degli equilibri non cooperativi o *equilibri di Nash*. Questo scienziato soffre di schizofrenia paranoide che gli ha procurato per oltre 30 anni allucinazioni e difficoltà a rapportarsi con il mondo esterno. In una intervista di qualche tempo fa lui stesso ha dichiarato che il pazzo è come un computer non programmato e che il suo rientro alla normalità è avvenuto perché si è trovato in una posizione positiva e di felicità personale: non si diventa pazzi, ha affermato, se le cose girano per il verso giusto e a volte la malattia mentale può semplicemente costituire una fuga da una realtà difficile.

La famiglia delle amfetamine è molto vasta e molte delle droghe oggi diffuse contengono principi attivi derivati da questo gruppo o fra di loro combinati.

Le più diffuse oggi fra i giovani sono: ecstasy, speed, ice, glass, batu, crystal, shaboo e altre ancora. Tutte queste sostanze modificano l'umore e danno un senso di maggiore resistenza alla fatica. Un fattore di rischio è l'aumento della temperatura corporea (fino a 40 gradi) con il rischio di collasso e di danni cerebrali. Gli effetti a medio termine riguardano: comportamenti insoliti, irritabilità, paranoia, allucinazioni. Effetti a lungo termine si manifestano a carico del sistema nervoso centrale con lesioni degenerative analoghe a quelle descritte sul mio paziente che faceva abuso di cocaina.

Nel periodo della mia adolescenza circolavano amfetamine e allucinogeni, ora si parla di Shaboo (eccitante a base di metil amfetamina cloridrato, caratterizzata da un elevatissimo grado di purezza; un grammo equivale a diverse dosi di cocaina) e, ultima arrivata, la pericolosissima Cristallina, un mix di cocaina e atropina. Queste droghe si chiamano *ricreazionali* perché aiutano la socialità e migliorano le relazioni con gli altri.

Più frequentemente le donne usano cocaina, psicofarmaci e alcol per combattere stress, depressione e disturbi della personalità. «Nell'instaurarsi della dipendenza – dice Massimo Barra, medico fondatore della comunità terapeutica di Villa Maraini a Roma – nasce il problema della doppia diagnosi: non è facile cioè capire se conti di più in questo rapporto la sostanza o l'assuntore. In alcuni casi è il substrato psicopatologico che favorisce l'emergere di gravi problemi dopo l'assunzione di droghe».

Il motivo per cui fra i giovani sono diffuse queste sostanze è correlato al disagio psichico o danno biologico primario di cui ho a lungo parlato e le mie riflessioni sull'uso personale di piccole dosi di amfetamina finalizzate ad uno studio più efficace mi fanno pensare a quali rischi avrei potuto correre se il mio disagio psichico non fosse stato compensato dagli eventi favorevoli della mia vita. Mio padre, tornato dalla prigionia in Russia nel 1945, iscrisse me e mio fratello, un po' per comodità (abitavamo a 100 metri dalla scuola) e in parte nella convinzione di offrirci un privilegio, ad una scuola privata fondata da preti barnabiti a Milano. Ricordo che, in prima elementare, ci consegnavano ogni lunedì un foglietto per segnare tutti i fioretti che avremmo fatto durante la settimana. Diligentemente mi impegnavo ad accompagnare le vecchie signore, a rinunciare alla marmellata del mattino, a non fare arrabbiare mia mamma, ecc.; il lunedì successivo consegnavo il mio foglietto costellato di crocette: una per ogni fioretto; in realtà, ripensandoci, ciò che mi spingeva a fare fioretti era una latente paura del *Dio ti controlla perché è in ogni luogo* che ci veniva inculcato ad ogni predica. Durante la settimana, mediamente, facevo la comunione almeno due volte e una volta all'anno partivo per una settimana di esercizi spirituali con tutti i compagni di scuola. Questo tipo di consuetudine si è protratta fino all'età di circa 13 anni con la fine delle scuole medie. In quegli anni, ricordo, mi confessavo e mi comunicavo con profonda convinzione, ma già la messa della domenica la frequentavo saltuariamente fermandomi spesso fuori dalla chiesa a chiacchierare con i miei amici. Mio padre, simpaticissima persona, lavorava circa 12 ore al giorno e non aveva certo molto tempo da dedicarci, né d'altra parte, in quegli anni, i bambini venivano presi in considerazione come adesso. Mia madre viveva ossessionata dall'ordine e dalla pulizia della casa e io e mio fratello eravamo gli unici ragazzi in Milano, credo, che alla domenica dovevano lasciare libera la stanza da letto entro le 9 del mattino perché venisse rassettata dalla cameriera.

In casa si girava con le pattine ai piedi per non sporcare i pavimenti, gli animali erano severamente vietati ed era impossibile frequentare la cucina se non nelle ore dei pasti. Ricordo che invidiavo il mio compagno d'infanzia nella cui cucina, alle due del mattino, potevamo cucinarci le uova al tegamino. C'erano tutti gli ingredienti per crescere pieni di nevrosi e di ossessioni e la componente fideistica cattolica, bene impostata dalla scuola che frequentavo, avrebbe potuto compensare adeguatamente tutte le mie insicurezze di adolescente. Non venni a contatto in quegli anni con Don Giussani che aveva da poco fondato Comunione e Liberazione perché, con tutta probabilità, quel tipo di insegnamento e di fiducia in Cristo, avrebbe potuto risolvere le mie insicurezze. Ricordo che una sera fui invitato, con alcuni amici, ad una festa in una villa sul lago di Como; c'erano parecchi ragazzi della mia età che, riuniti in gruppo, cantavano canzoni particolari, si trattava di un gruppo di ciellini; nessuno di loro ci degnò di uno sguardo e fu impossibile stabilire con loro qualsiasi tipo di rapporto. Non vi dico alla fine della festa quali furono i commenti del nostro gruppo di amici abituati ad interagire con tutti e ad essere amici di tutti; raramente ci era capitato, in altre occasioni, di conoscere persone così altezzose. Molti anni dopo, quando nel mio reparto fu ricoverato Don Giussani, ebbi lo stesso tipo di sensazione: ricordo che quando entravamo per la visita medica nella stanza dove Don Giussani era con altri malati, egli non degnava me e i miei colleghi neppure di uno sguardo, i suoi occhi erano sempre alzati al cielo e, dopo pochi giorni, si fece trasferire in altro ospedale senza salutare né ringraziare nessuno, neppure il nostro primario. Nei giorni del suo ricovero verso le 6 di sera da tutto l'Ospedale di Niguarda arrivavano silenziosamente frotte di medici e infermieri che si prostravano al suo capezzale e, tenendogli la mano, con la testa china, ascoltavano le sue parole. Vedendo questi colleghi, molti dei quali stimavo profondamente, mi domandavo che cosa li portava a seguire con tanta fiducia gli insegnamenti di Don Giussani, il cui dogma era quello di concepire la fede in Cristo come elemento essenziale dell'esistenza. Dopo la sua morte, un collega, direttore di clinica universitaria, intervistato da un giornalista del «Corriere» ha dichiarato: «quello che don Giussani sapeva trasmettere era un senso, o meglio, il senso della vita. Il fatto che tutto abbia uno scopo, e che la nostra presenza nel mondo non possa essere considerata casuale. Un sentimento positivo ed entusiasta del vivere. Questo naturalmente ha avuto un'importanza decisiva nella mia scelta di fare il medico: che si traduce, questo è almeno il mio impegno, nella consapevolezza che trovarsi di fronte ad un malato non significa essere di fronte a un caso da risolvere, ma ad una persona, al suo dolore e al suo mistero». Analizzando queste parole mi sono chiesto come è stato il mio comportamento di medico per 35 anni senza questa dipendenza fideistica e, sinceramente, a parte il mio profondo fideismo darwinista per cui ritengo che la nostra presenza nel mondo sia casuale, per il resto ho sempre considerato il malato di fronte a me un vero mistero biologico da rispettare in quanto frutto di una complessa storia evolutiva che dura da almeno 4 miliardi di anni e nasce con tutta probabilità con gli archibatteri termofili animali monocellulari.

Per quanto riguarda l'attenzione al suo dolore sono stato fra i primi medici in Italia, assieme ai colleghi del reparto di pneumologia, a fare preparare dalla farmacia dell'Ospedale di Niguarda lo sciroppo di morfina per alleviare il dolore ribelle dei pazienti affetti da metastasi ossee indotte dal tumore polmonare. Il fatto poi di rispettare il malato come persona mi aveva portato già nel 1967 ad iscrivermi al corso di gruppi Balint per i medici, andato deserto per mancanza di altri iscritti. I gruppi Balint di cui parlerò nel capitolo sulla relazione medico-paziente erano nati per educare il medico di famiglia alla analisi del controtrasfert di fronte al malato. Preciso tutto questo semplicemente per spiegare che si può essere buoni medici, rispettosi del malato, anche essendo profondamente laici come peraltro ci ha bene dimostrato il professor Umberto Veronesi nello sviluppo della sua professione di oncologo.

Spesso mi sono chiesto come è avvenuto il mio distacco dalla religione cattolica e in realtà l'unica risposta possibile è legata alla presenza di un gruppo di amici della scuola con cui giocavamo a pallone. Formavamo infatti, assieme, una squadra di calcio e il gioco in un collettivo presumo abbia rappresentato la soluzione di tutte le problematiche che avrebbero potuto condizionarmi un profondo disagio psichico: la madre con l'ossessione delle pulizie, il padre assente per il troppo lavoro, la scuola cattolica con l'omosessualità strisciante di alcuni nostri precettori, le confessioni e le comunioni bisettimanali, insomma tutti questi nefasti ingredienti sono stati brillantemente risolti dal gruppo di amici con cui giocavo a pallone almeno tre volte alla settimana e successivamente, penso, dalle mie letture disordinate di scrittori contemporanei italiani e stranieri. La lettura più utile fu sicuramente quella di Simone De Beauvoir: leggendola capii da dove derivavano le nevrosi ossessive di mia madre e questo mi consentì di trovarle ampie giustificazioni e di volerle, comunque, un gran bene.

Spesso mi sono chiesto se in teoria assumendo le amfetamine per studiare o fumando da giovane, sporadicamente, qualche spinello con i miei amici avrei potuto in qualche modo diventare dipendente da queste sostanze ma il momento in cui mi è nato l'entusiasmo e l'interesse per gli esami clinici non ho avuto più bisogno di alcun additivo.

Personalmente ritengo che l'osservazione che ha portato a ritenere la marijuana e l'hashish droghe pericolose, nasce dalla possibilità che alcuni giovani fumando con continuità queste *droghe leggere* potrebbero andare incontro a problemi psichiatrici. In genere questo può succedere quando nella famiglia esistono già precedenti di malattie psichiatriche come se la cannabis interagisse con il profilo genetico di chi la usa. Sintomi psicotici quali ansia, attacchi di panico, depressione, manie persecutorie o altro, secondo uno studio dell'Università di Maastricht, hanno interessato circa il 10% su 2437 ragazzi fra i 14 e i 24 anni consumatori di droghe leggere.

Questa ipotesi è invece contestata da Salvatore Grasso, presidente della Associazione Cannabis Terapeutica, che ha dichiarato come di fronte all'enorme aumento del consumo di cannabis nella popolazione giovanile registrato negli ultimi trent'anni, l'incidenza di schizofrenia nella popolazione è rimasto stazionario attestandosi sull'uno per cento.

Sedondo Gilberto Gerra, del dipartimento politiche antidroga, le difficoltà che l'uso cronico di cannabis induce non si limitano ai disturbi della memoria e della concentrazione. «Questa sostanza può modificare, fino a bloccarli, lo sviluppo e la storia emozionale del giovane».

Si tratterebbe di un vero e proprio *congelamento della sfera emotiva* che si traduce in quella che gli esperti chiamano sindrome amotivazionale con disinteresse per tutto.

Occupandomi di prevenzione di danni da fumo, chiedo regolarmente ai miei pazienti se fumano anche cannabis e, nei giovani fra i 14 e i 30 anni, la risposta è spesso affermativa ma l'uso di queste sostanze mi pare nel complesso sotto controllo e moderato.

In molti anni di professione ricordo solo due giovani che hanno *sballato* abusando di cannabis, la prima era una ragazza di una famiglia milanese, della media borghesia, di cui curavo il padre morente per tumore polmonare che si era legata ad un giovane delinquente. La ragazza veniva a chiedermi notizie sulla situazione clinica del padre, completamente fuori di testa per la quantità di hashish che fumava e finì poi in prigione, plagiata dal suo compagno che la coinvolse in una rapina a mano armata. Il secondo caso si riferisce ad un ragazzo di vent'anni, figlio di un professionista milanese morto anch'egli per tumore polmonare. Anche in questo caso il ragazzo veniva spesso a chiedermi notizie del padre completamente fatto di spinelli e fu da lui che appresi la nuova modalità di fumo della marijuana anch'essa sulla linea del *binge*, in grado di dare un rapido stordimento. Dopo parecchi anni, il ragazzo è ritornato a visita da me per problemi respiratori, ha abbandonato gli spinelli e vive angosciato dal terrore di potersi ammalare.

Una cosa è certa, che di spinelli non è mai morto nessuno e che una società che continua a proibire, come avverrà con la legge in corso di approvazione, non risolverà certo il problema del disagio adolescenziale. Fumo, alcool, cibo sono alla portata di tutti e laddove ci siano problemi ossessivi e compulsivi non è certo con il divieto che si risolvono le dipendenze. I grandi obesi stanno aumentando in modo esponenziale fra i giovani, non solo negli Stati Uniti, ma anche in Europa e non penso che si potranno emettere leggi per controllare la vendita di cibo ai giovani in soprappeso.

Ogni individuo è il prodotto del sistema in cui vive e forse sarebbe più opportuno chiedersi perché la distimia (cosiddetta depressione lieve) investa oltre il 10% della popolazione italiana proprio negli anni in cui il *cosiddetto* benessere è alla portata di tutti e come mai i tentati suicidi in Italia fra i ragazzi siano circa 1000 all'anno e rappresentino la seconda causa di morte dopo gli incidenti automobilistici.

12. *Le terapie alternative*

Quando parecchio tempo fa, sempre alle prese con il tumore a piccole cellule o microcitoma, affrontai il tema della somatostatina, non pensavo certo che molti anni dopo sarei stato coinvolto nell'affare Di Bella e costretto ad applicare un *protocollo Di Bella* voluto dalla regione Lombardia sui malati di tumore polmonare.

Sono stato sempre molto attento a tutto ciò che riguardava gli approcci diagnostici e terapeutici nel microcitoma; fu così che quando venni a conoscenza dell'esistenza della scintigrafia radiorecettoriale con Octreoscan nei tumori neuroendocrini messa a punto in Svezia, pensai immediatamente di applicarla al microcitoma.

Questo esame è una metodica diagnostica per immagini che prevede la somministrazione endovena di un radiofarmaco composto dalla molecola dell'octreotide (analogo della somatotostatina) legato al radionuclide Indio-111.

Il presupposto biologico su cui si fonda l'esame è la presenza sulle cellule tumorali di una elevata espressione di recettori ad alta affinità per l'octreotide (sottotipi dei recettori per la somatostatina). Con questo esame si ha la possibilità di ottenere una *imaging* del tumore ovunque esso si trovi nell'organismo, anche se è di piccolissime dimensioni. Sicuramente, attraverso questo esame, avremmo potuto avere la certezza della reale remissione completa ottenuta a livello clinico sui pazienti e, quindi, stanare la *dernière cellule* ovunque si trovasse.

In realtà questo obiettivo fu raggiunto, ma le cellule neoplastiche residue, una volta identificate, si dimostrarono resistenti ai trattamenti terapeutici e ancora una volta avemmo conferma che la possibilità di guarire radicalmente il microcitoma era possibile solo in una piccola percentuale di casi legati più alle caratteristiche biologiche del tumore che ai trattamenti terapeutici da noi instaurati.

La messa a punto di quell'esame mi fece capire meglio l'uso terapeutico degli analoghi della somatostatina, permettendomi di utilizzare questa sostanza in associazione alla chemioterapia per il trattamento del microcitoma.

Gli analoghi della somatostatina, di cui l'octreotide è il capostipite, sono diventati nel corso degli anni sempre più importanti nel trattamento dei tumori neuroendocrini. Il presupposto della loro azione è legato alla dimostrazione dei recettori di questa sostanza nelle cellule tumorali, ma la somatostatina e i suoi analoghi possono esercitare effetti antiproliferativi sui tumori endocrini attraverso numerosi meccanismi diretti e indiretti. Questi comprendono anche l'inibizione ormonale da parte dell'ipofisi, dell'intestino e del pancreas (GH insulina e peptidi intestinali) (Valle). Con questa terapia è possibile anche antagonizzare l'effetto dei fattori di crescita sui tumori, inibire l'angiogenesi, modulare l'attività immunologica e avere un effetto diretto sulla mitosi cellulare. Con tutta probabilità, è sulla base di questi presupposti che il professor Di Bella ipotizzò di proporre una terapia universale dei tumori senza rendersi conto che i pochi casi di tumore in cui aveva ottenuto una remissione completa rispondevano con tutta probabilità a particolari caratteristiche neuroendocrine. In altre parole, se Di Bella avesse studiato con più accuratezza e in un lavoro di équipe con oncologi e anatomo-patologi i pochi casi di tumori da lui guariti, avrebbe fornito informazioni molto più utili alla scienza. È noto purtroppo che, quando un ricercatore entra nel mondo della clinica, manca di quell'equilibrio necessario a raccogliere con criticità i dati di cui dispone. Partendo dai presupposti della sua ricerca, focalizza l'attenzione solo sui risultati positivi e non prende in considerazione quelli negativi. Parlando poi della cura dei tumori basta un unico caso di guarigione insperata per dare una risonanza incontrollabile al clinico che l'ha ottenuta. Io stesso anni fa presi in cura una donna di 50 anni affetta da microcitoma polmonare con metastasi cerebrali. Feci il solito trattamento standard e ottenni una remissione completa dopo 6 cicli di chemioterapia; proposi allora una radioterapia panencefalica e quindi tenni la paziente in sorveglianza. A distanza di oltre 10 anni la signora è viva, libera da malattia e mi manda con periodicità chiunque conosca affetto da tumore polmonare nella convinzione che io possa guarirlo. Se in tutta Italia io avessi altri casi analoghi, sicuramente sarei sommerso da richieste di guarigioni da parte di qualsiasi malato. A tal punto i medici dibelliani mancano di senso critico che pochi anni fa un mio amico la cui moglie, portatrice di un tumore parotideo, era in cura da un collaboratore del professor Di Bella, venne nel mio studio portandomi una radiografia dei polmoni della malata. La paziente, per sua espressa richiesta, aveva voluto seguire solo la terapia Di Bella e l'evoluzione della malattia, dalla ricostruzione che potei fare dalla documentazione clinica, era stata assolutamente nefasta. Il quadro radiologico era drammatico: i due polmoni erano disseminati di metastasi. Telefonai direttamente al collega, seguace di Di Bella, comunicandogli la mia diagnosi e proponendo solo terapia palliativa. La risposta telefonica fu sconcertante in quanto, con notevole aggressività, il collega mi disse: lo dice lei che si tratta di metastasi? Suggerii al mio amico di affiancare alla moglie un bravo collega esperto in terapie palliative. Seppi che la sera stessa il dibelliano chiamò la famiglia comunicando che con tutta probabilità la moglie si era ammalata di tubercolosi e mandò il mio amico in Germania a comprare una sandostatina di nuova generazione. Inevitabilmente la malata morì poco tempo dopo, e probabilmente lo stesso medico fideistico seguace del professor Di Bella avrà considerato la malata come morta di tubercolosi.

Sta di fatto che dopo lo studio pilota sul microcitoma con chemioterapia e sandostatina assieme con un collega dell'Istituto dei Tumori, abbiamo impostato un protocollo terapeutico randomizzato che prevedeva l'uso di chemioterapia associata alla sandostatina o al placebo nel microcitoma polmonare, al fine di valutarne i reali vantaggi, in particolare sul controllo delle metastasi cerebrali.

Per potere essere approvato dal Comitato etico dei due ospedali, questo protocollo doveva prevedere la fornitura gratuita della sandostatina da parte delle ditta farmaceutica che la produceva, non potendosi giustamente accollare l'Ospedale di Niguarda e l'Istituto dei Tumori il peso economico di questa ricerca; in ogni caso questa è la prassi quando si presentano protocolli con nuovi farmaci. La ditta a cui presentammo lo studio si dichiarò non interessata a questo tipo di ricerca e quindi la cosa morì lì. Dopo pochi mesi, quasi come una beffa, ci fu imposto dalla Regione Lombardia, per decisione dell'allora ministro della Sanità Rosy Bindi, di effettuare il protocollo Di Bella su un nutrito numero di pazienti affetti da cancro polmonare all'interno di una più ampia sperimentazione oncologica.

Il protocollo inviato dalla Regione Lombardia era molto sommario, mancava di un razionale scientifico e non fu sottoposto al Comitato Etico dell'Ospedale di Niguarda di cui allora facevo parte. Le spese, assai elevate, della sandostatina se le accollarono i singoli ospedali coinvolti nel protocollo. Oltre a tutto questo inutile spreco di risorse e di denaro, ci trovammo anche di fronte a pazienti disperati perché non potevano entrare nel protocollo Di Bella essendo i posti limitati ad una cinquantina per quanto riguardava i tumori polmonari.

Corretto, a suo tempo, fu l'intervento di Alberto Mantovani, l'immunologo, che confermò come questa terapia venisse utilizzata direttamente sui malati come fossero cavie, mancando di qualsiasi approccio metodologico scientifico come oramai è la prassi in oncologia da più di 50 anni.

Riporto ora uno stralcio conclusivo estratto dal Convegno, organizzato dal personale infermieristico, tenutosi a Niguarda il 19 marzo 1999 dal titolo: *La multiterapia Di Bella illusione collettiva o un'esperienza su cui riflettere?*. Risultati: dal 20 gennaio al 13 novembre 1998 sono stati sottoposti a trattamento con multiterapia Di Bella 1128 pazienti (622 maschi e 526 femmine) d'età compresa fra i 17 e 87 anni, risultati eleggibili secondo i criteri sopraesposti. Di questi pazienti, alla data del 3 luglio 1998, 333 sono stati valutati per risposta clinica e 480 per tossicità.

Nessuna Risposta Completa è stata ottenuta. È stata osservata 1 Risposta Parziale (0,3%) in una neoplasia ovarica metastatizzata. Risposte minime sono state osservate in 4 pazienti (sede di neoplasia: linfoma, palato, prostata) trattati contemporaneamente con terapia citostatica (ciclofosfamide, estramustina) endocrina (LHRH) e/o radioterapia. In 111 pazienti è stata segnalata Malattia Stabile (33, 3%) mentre in 168 pazienti si è osservata una Progressione di Malattia delle lesioni note (50, 4%) e in 49 pazienti Progressione con comparsa di nuove lesioni (14, 7%).

La tossicità segnalata e effettivamente registrata dovuta al trattamento con Multiterapia Di Bella secondo i criteri WHO esposti in protocollo, è stata rilevata in 112 pazienti (23% dei pazienti valutabili).

Le considerazioni conclusive del convegno furono le seguenti: «Con la collaborazione degli oncologi lombardi sono stati visitati più di 6.000 pazienti e per ognuno di loro si è cercato di fornire le risposte più adeguate sia da un punto di vista clinico, sia etico. Ciò ha permesso di avviare e riportare ai trattamenti tradizionali di comprovata efficacia molti di quei pazienti ancora responsivi a detti trattamenti che volevano abbandonare le terapie in corso e ha permesso inoltre di evitare che in Lombardia fossero i pretori e non i medici a decidere come curare i pazienti. A tale proposito in Lombardia si possono riscontrare meno di 20 ordinanze pretoriali contro le migliaia del resto d'Italia.

L'intervento della Giunta Regionale ha inoltre riaffermato la cultura del dialogo fra medico e paziente ripristinando un corretto modello comportamentale. Il tempo che il personale medico ha dedicato al dialogo con una tipologia di pazienti per la quale la capacità di ascolto del medico a volte diventa più importante della terapia, è stato sicuramente speso in modo proficuo perché ha ricreato le basi per l'instaurarsi di quell'alleanza terapeutica che aiuta il paziente a reagire positivamente alle avversità».

Due anni prima della terapia Di Bella ero stato coinvolto, sempre contro la mia volontà, in un caso analogo: l'UK 101.

Questo trattamento era stato proposto in un protocollo clinico dal professor Bartorelli, cattedratico di immunologia e valente ricercatore nel campo dell'immunologia dei tumori. Anche in questo caso un ricercatore era passato direttamente dalla ricerca di base alla terapia sull'uomo partendo da presupposti sperimentali, ma saltando a pie' pari tutte le fasi di ricerca clinica necessarie per la validazione di una terapia; anche in questo caso il protocollo di studio clinico non era stato sottoposto a nessun Comitato Etico.

Poiché conoscevo il professor Bartorelli e lo stimavo per le sue originali ricerche di tipo sperimentale, decisi di chiamarlo direttamente al telefono, sollecitato anche da alcuni miei malati affetti da cancro polmonare inoperabile e desiderosi di entrare nel protocollo dell'UK 101.

Bartorelli, gentilissimo, mi propose di partecipare ad una riunione in cui mi avrebbe spiegato analiticamente tutte le fasi della sua ricerca. Partecipai alla riunione con l'amico immunologo Giovanni Invernizzi che, dopo le prime nostre ricerche sulla blastizzazione linfocitaria, era rimasto in contatto con tutto il gruppo e collaborava con noi, in particolare nel nostro continuo impegno sperimentale sul microcitoma polmonare.

Finita la presentazione di Bartorelli con i vari passaggi della sua ricerca, la nostra sensazione fu quella che il ricercatore avesse riscoperto il siero di Bonifacio. Quello che più mi sconcertava era il brusco passaggio dalla ricerca di base alla clinica con un prodotto che, venni a sapere dopo, era stato preparato per un certo periodo da un mio compagno d'infanzia in una fabbrica di prodotti per l'igiene intima.

Ma poiché alcuni miei pazienti, portatori di tumore polmonare in stadio avanzato, mi chiedevano disperatamente di potere entrare in questo protocollo e avendo io da offrire loro solo una chemioterapia palliativa, decisi con Bartorelli di avviarli a lui direttamente.

Gli mandai in successione 8 malati, tutti con tumore avanzato e inoperabile ma in discrete condizioni cliniche; egli nel frattempo si era organizzato per eseguire la terapia con UK 101 presso una clinica privata milanese fornendo gratuitamente il prodotto. Furono 8 insuccessi e in un caso addirittura ebbi la sensazione che il paziente fosse morto in stato di shock settico. Ma come mai, mi chiedevo, un medico con una preparazione scientifica così solida si è fatto coinvolgere in un'avventura così assurda? Non esisteva nessun protocollo ufficiale, ma tutto avveniva con autorizzazione diretta del Ministero delle Sanità attraverso il cellulare del prof. Bartorelli.

Riflettendo poi su questa esperienza capii che con tutta probabilità la terapia con UK 101 era semplicemente un trattamento adiuvante aspecifico che stimolava il sistema immunitario e otteneva risposte in quei rari casi in cui la malattia aveva scarsa aggressività. D'altra parte io stesso, nel periodo in cui curavo i pazienti operati di cancro del polmone in 1° stadio con vaccino BCG antitubercolare, ne trattai alcuni con metastasi cutanee, inoculando direttamente il vaccino sottocute attorno a queste. La risposta era spettacolare: la metastasi si dissolveva come neve al sole, ma tutto questo non modificava la prognosi infausta del paziente.

Per anni un immunologo genovese, a suo tempo cattedratico, ha curato i pazienti affetti da vari tipi di tumori solidi con vaccino BCG da lui espressamente preparato. Sempre nell'area delle terapie palliative, associava modeste dosi di radio o chemioterapia a periodiche vaccinazioni multiple con BCG ottenendo risultati sicuramente soddisfacenti per quanto riguarda la qualità di vita e la sopravvivenza.

Peccato che questo eminente *professore* avesse fatto di questa scelta terapeutica un fine di lucro facendo pagare ai pazienti cifre esorbitanti e non abbia mai pubblicato uno studio scientifico serio e controllato su questa sua esperienza.

Ormai sono passati parecchi anni e dell'UK 101 non si parla più nonostante fosse stata avviata una sperimentazione ufficiale e ripetutamente i giornali abbiano annunciato che la sperimentazione sarebbe continuata in qualche paese europeo.

Come ho già accennato, la strada dei vaccini aspecifici contro i tumori solidi è molto battuta da anni dai ricercatori, ma segue giustamente una via sperimentale e clinica molto prudente. La European Society for Medical Oncology (ESMO) ha presentato nel 2004 a Vienna i primi risultati di un *vaccino* in grado di aiutare il sistema immunitario ad individuare le cellule tumorali del cancro polmonare e ad ucciderle.

Da sempre il nostro sistema immunitario è in grado di riconoscere le cellule tumorali e ucciderle ma questo tipo di difesa, secondo la mia esperienza, va sfruttato quando il numero di cellule circolanti è esiguo, come avviene nel caso di tumori eradicati in stadi precoci.

Pare che, in questo caso, Charles Butts del Cross Cancer Institute di Edmonton abbia identificato un vaccino in grado di ridurre in modo significativo il tumore polmonare in stadio avanzato e inoperabile tanto da avviare uno studio clinico sull'uomo di fase 3 che possa dare una risposta concreta a queste prime osservazioni.

Nella ricerca canadese l'obiettivo del vaccino è una molecola della superficie di molte cellule (MUC-1) che diventa anomala nelle cellule tumorali.

Il vaccino induce il sistema immunitario del paziente a riconoscere la molecola divenuta atipica a causa del cancro e ad attaccare le cellule che la possiedono.

Uno studio pilota su 88 pazienti affetti da tumore polmonare inoperabile (III° stadio B o IV° stadio) trattati con il vaccino contro 83 pazienti allo stesso stadio trattati con la migliore terapia di supporto disponibile, ha dato risultati interessanti sulla sopravvivenza con differenza a favore dei pazienti vaccinati di circa 5 mesi.

In questo caso, l'interesse della scoperta è legato alla possibilità di produrre il vaccino su larga scala in quanto ha una specificità non legata al tumore del singolo individuo ma genericamente ad una molecola di superficie presente in tutte le cellule neoplastiche.

Studi analoghi sono in corso per il tumore alla prostata e al colon ma prima di ottenere risultati definitivi dovrà passare ancora molto tempo e la sperimentazione dovrà interessare un numero molto più elevato di pazienti.

Insomma, il cancro al polmone, definito in Gran Bretagna il *Big Killer* è oggi la prima causa di morte per tumore negli uomini e la terza nelle donne, ma il fumatore sembra non rendersi conto di questo triste primato e di quanto la diagnosi precoce potrebbe aiutarlo. Da 5 anni i miei pazienti, fumatori da oltre 30 anni, sono sollecitati ad eseguire la TAC a spirale del torace una volta all'anno, in attesa che gli studi epidemiologici ne confermino il vantaggio nel rapporto costo-benefici, ma già in 5 anni ho potuto farne operare precocemente alcuni con un tumore polmonare inferiore ai 2 cm e, di conseguenza, con elevate chance di essere guariti.

Come specialista in pneumologia, per mia fortuna, non mi occupavo in ospedale solo di tumori polmonari, ma visitavo con una certa frequenza malati affetti da varie malattie polmonari e in particolare ero responsabile, assieme ai miei colleghi, dell'ambulatorio dell'asma, molto attivo presso il nostro dipartimento.

L'asma è una malattia molto singolare legata ad una particolare vivacità dei recettori bronchiali definita broncoreattività. La broncoreattività può essere presente anche in pazienti non allergici e in questo caso l'asma si presenta quando le mucose delle vie respiratorie si infiammano: è questo il motivo per cui fumo e inquinamento sono i nemici primi dell'asmatico. Come darwinista convinto, sempre più mi rendo conto, sviluppando la mia professione a Milano, di come sia l'ambiente ad attivare i geni della broncoreattività e di come il famoso particolato sottile, noto come PM, stia attivando sempre più pazienti asmatici in Lombardia.

Talvolta risulta difficile inquadrare correttamente il paziente asmatico e riuscire a farlo respirare sempre adeguatamente con la terapia più idonea, in particolare quella inalatoria.

Anni fa presi in cura, presso l'ambulatorio ospedaliero, un signore di circa 40 anni, vestito sempre elegantemente, molto preciso nel suo eloquio e con l'aspetto di un docente universitario. Fin dalle prime visite mi resi conto della difficoltà del caso; esistono infatti in questa malattia pazienti che sottostimano i loro disturbi e pazienti che li sovrastimano. Nel caso di questo elegante signore il problema era completamente diverso: di tutte le terapie proposte nelle numerose visite, lui ne coglieva immediatamente i vantaggi ma, dopo pochi giorni, secondo quanto mi riferiva, la cura perdeva efficacia. Andammo avanti in questo modo per oltre un anno e a parte il suo comportamento molto pignolo mai mi resi conto di avere di fronte un soggetto con problemi di salute mentale. Mi colpiva, nel suo modo di esprimersi, l'estrema precisione nel riferirmi i sintomi che, qualche volta, leggeva da un piccolo foglietto che estraeva dalle tasche; è nota d'altra parte ai miei colleghi la definizione del neurologo francese Charcot dei malati ipocondriaci definiti *les malades du petit papier* e quindi ritenevo semplicemente di avere a che fare con un paziente un po' ipocondriaco ma con un reale problema di asma, suffragato anche dalle visite cliniche.

Dopo avere prescritto l'ennesima terapia, non lo rividi per qualche mese e, quando ricomparve per un controllo, lo sentii esclamare con un sorriso trionfante: «caro dottore finalmente sono guarito».

Come al solito quando un paziente asmatico mi parla di guarigione gli spiego di non abbassare la guardia perché l'asma è una malattia infiammatoria sostenuta da premesse genetiche e basta un'infezione virale delle alte vie respiratorie o una cena in casa di amici fumatori per riattivarla.

«No, dottore – mi precisò il paziente – io sono veramente guarito. Mi hanno levato il malocchio».

Mi sentii crollare il mondo addosso e a questo punto lo pregai di spiegarmi con calma che cosa fosse accaduto. «Vede dottore – mi disse – io da tempo avevo la sensazione che nel mio letto avessero messo qualche veleno che mi creava fastidi respiratori; come lei ricorderà infatti i miei problemi di asma erano prevalentemente notturni». Chiarisco che il paziente non aveva alcuna allergia agli acari e che, effettivamente, in quel caso l'asma notturna mancava di reali motivazioni. Continuò dicendo: «ho pregato una signora del mio paese, molto brava nel levare il malocchio, di venire a casa mia: ebbene è venuta, ha infilato numerosi spilloni nel materasso e io da allora sono guarito».

Rimasi interdetto e gli comunicai che sarei stato più tranquillo se avesse fatto, la stessa mattina, una visita da un collega che stimavo molto, esperto in malocchi.

Non oppose nessuna resistenza e si recò tranquillamente presso l'ambulatorio di psichiatria dove un collega l'accolse. La diagnosi fu immediata: si trattava di un paziente *borderline* che in quel momento si trovava in un delirio psicotico.

La mia deduzione come clinico fu molto lineare: se il paziente era *normale* aveva l'asma, quando diventava *pazzo* guariva.

Un'osservazione analoga è stata descritta su un gruppo di pazienti anch'essi *borderline* che, quando *normali* risultavano poli-allergici e quando *psicotici* non più allergici (Bizzarri, 1999).

Ci è di conforto nella spiegazione di questi particolari eventi biologici la psicoimmunologia e in particolare il capitolo che riguarda l'interazione fra sistema nervoso e sistema immunitario attraverso le citochine a cui ho già accennato in precedenza.

Le citochine sono proteine rilasciate dalle cellule immunocompetenti con lo scopo di regolare le diverse fasi della risposta immunitaria ma esse sono anche sostanze messaggere per il cervello e, con tutta probabilità, costituiscono il gruppo fondamentale dei mediatori tra sistema nervoso e sistema immunitario (Canali).

Esse sono presenti nel cervello sia perché lo raggiungono attraverso meccanismi che superano la barriera emato-encefalica, sia perché sono prodotte da alcuni neuroni; anche i recettori per le citochine sono ampiamente espressi nelle cellule neuronali.

Il network citochinico sviluppa attività immunomodulante e neurotropica e regola pertanto varie condizioni organiche che vanno dal ciclo sonno-veglia alla richiesta di cibo, al controllo del dolore e agli stati dell'umore.

Ci troviamo di fronte ad un complesso di eventi in continua evoluzione. Questo conferma ancora una volta il principio secondo il quale i vari sistemi funzionali biologici interagiscono fra di loro in funzione dell'adattamento all'ambiente e alla sopravvivenza individuale e della specie.

Con tutta probabilità, la medicina negli anni a venire dovrà essere riscritta e le malattie mentali non saranno più disgiunte dalle malattie organiche; sempre più l'intervento del clinico dovrà esprimersi in un'area di prevenzione al fine di evitare che il disagio psichico o lo stress favoriscano l'insorgenza della malattia.

Se nel caso del paziente asmatico *borderline* rivolgersi alla fattucchiera era stato solo un atto di fantasia malata, molto più realistico fu il comportamento di un infermiere del mio reparto con cui collaboravo da parecchi anni.

Mi trovavo, alla fine di un pomeriggio di guardia, nella stanza degli infermieri mentre uno di questi parlava al telefono; si trattava di una conversazione molto concitata e ad un certo punto l'infermiere esclamò: «ma come, le ho già dato 5 milioni, mia figlia sta sempre peggio e lei vuole ancora altri quattrini!».

Finita la conversazione mi avvicinai e chiesi con discrezione che malattia avesse sua figlia e con chi stesse contrattando la sua guarigione. Con una certa reticenza l'infermiere mi precisò che si era recato da un mago dato che sua figlia da mesi stava male con continui attacchi di febbre remittente, e che il mago continuava a chiedergli soldi nonostante sua figlia stesse sempre peggio.

Mi sembrava una storia assurda e mi domandavo come un infermiere con oltre 20 anni di professione ospedaliera sulle spalle potesse essere così credulone.

Feci venire la figlia in ospedale e l'esito delle indagini radiologiche portò alla diagnosi di malformazione delle vie urinarie. La bambina fu operata e guarì perfettamente lasciandomi in costante imbarazzo nel continuare a lavorare in corsia con suo padre.

È interessante constatare come l'80% dell'umanità basa le proprie aspettative di salute sulle medicine tradizionali. In Europa si scende al 56%. Il 25% dei farmaci che usiamo deriva comunque dalle piante e la vendita di medicinali a base di erbe rappresenta nel mondo un business di oltre 30 miliardi di euro. La prevalenza delle piante medicinali sono al sud del mondo impiegate da secoli nelle savane africane, nelle foreste latino-americane e nelle steppe asiatiche.

La medicina tradizionale cinese (TMC = traditional chinese medicine) attira in Asia le più grandi multinazionali farmaceutiche e anche alcune case farmaceutiche italiane hanno costituito recentemente a Pechino un laboratorio sperimentale per farmaci anti-tumorali e antivirali.

13. *Le terapie non convenzionali e la medicina integrata*

Le medicine tradizionali andrebbero oggi considerate non più come ataviche superstizioni sopravvissute all'avanzare del progresso scientifico, bensì come preziose opportunità per migliorare la qualità e l'efficienza delle opzioni terapeutiche della medicina moderna.

Alcune delle più recenti scoperte della moderna farmacologia derivano da piante utilizzate dalla medicina tradizionale. Una decisiva svolta è stato il riconoscimento ufficiale da parte della OMS di un farmaco cinese quale arma vincente per debellare la malaria. L'artemisina, ricavata dall'erba *qinghao*, è la speranza contro la seconda malattia più diffusa nel pianeta, la malaria, che uccide circa un milione di persone all'anno di cui il 90% africani. La resistenza ormai creatasi alla clorochina del plasmodium falciparum, agente eziologico della malaria, ha reso necessario il ricorso a medicine sempre più costose e contro questa malattia i cinesi usano da anni un'erba invasiva comunissima che è appunto il *qinghao*. La storia di questa cura risale al XII secolo prima di Cristo e fu successivamente messa a punto da esperti ai tempi della guerra del Vietnam quando la malaria decimava i vietnamiti del nord che combattevano contro gli americani in foreste tropicali infestate da zanzare. L'artemisina, combinata con sostanze di sintesi, si rivelò una delle cure più efficaci, capace di eliminare i parassiti della malaria in 48 ore. Per molti anni tale cura fu ignorata dagli occidentali e solo intorno agli anni Novanta essa ebbe il riconoscimento meritato quando la multinazionale svizzera Novartis la produsse con il nome di Coarthemeter che da pochi anni figura fra le liste delle medicine essenziali dell'OMS.

Una delle caratteristiche della medicina a base di erbe è il principio fondamentale di mobilitare le difese immunitarie naturali dell'organismo umano. A questo proposito dal gennaio 2004 mi sono trovato casualmente ad utilizzare un prodotto naturale fitoterapico le cui proprietà sono specificatamente quelle di essere attivo nelle malattie polmonari.

In Germania questa sostanza è in commercio da oltre 7 anni e fattura, da sola, circa 25 milioni di euro. Il prodotto è in fase di registrazione come farmaco. In Italia questo fitoterapico è stato immesso sul mercato nel settembre del 2004 come integratore alimentare, ma in realtà la sua azione è sovrapponibile a quella di un farmaco batteriostatico con, in più, molte altre attività quali l'azione antinfiammatoria e quella di potenziamento delle difese immunitarie dell'apparato respiratorio.

La storia di questo prodotto è suggestiva e risale ai primi del Novecento. In Inghilterra un meccanico ammalatosi di tubercolosi fu mandato dal suo medico in Sudafrica per guarire con il clima più favorevole; arrivato in quel paese conobbe uno sciamano che gli somministrò un infuso derivato da un fiore noto come *Pelargonium sidoides*. Tornato in Inghilterra e guarito con queste gocce, ebbe l'idea di importare il prodotto direttamente e di commercializzarlo contro la tubercolosi. Dopo qualche anno fu denunciato per pratica abusiva della professione medica e dovette cessare l'importazione che comunque gli aveva fruttato per parecchi anni un reddito di circa 5000 sterline annue. Negli anni successivi un medico svizzero riprese ad importare dal Sudafrica questo estratto di *Pelargonium sidoides* e a curare i suoi pazienti comunicando mensilmente alla Società di medicina interna di Ginevra l'andamento della sua casistica. Egli trattò complessivamente 830 pazienti affetti da tubercolosi con ottimi risultati descrivendo analiticamente in un lungo articolo, che risale agli anni Cinquanta, la sua esperienza.

In Germania il fitoterapico viene utilizzato prevalentemente nelle forme virali acute delle alte vie respiratorie, e in tal senso la società che lo commercializza ha sponsorizzato alcuni studi scientifici eseguiti presso centri ospedalieri, finalizzati a confermare l'attività batteriostatica, antinfiammatoria e di stimolo immunitario attraverso l'attivazione di alcune citochine.

Abituato come sono a ragionare sulle basi della medicina basata sull'evidenza (EBV), ho analizzato questi studi scientifici sviluppati su gruppi di pazienti adulti e bambini e in alcuni casi randomizzati verso il placebo, e mi sono sembrati corretti sia nell'impostazione, sia nei risultati.

È interessante sapere che su quasi 3 milioni di articoli scientifici di carattere biomedico dal 1997 al 2002 solo l'1% riguardava le terapie non convenzionali (TNC), e che nel caso di questo fitoterapico gli articoli scientifici prodotti in questi anni sono comparsi su riviste specializzate all'interno del circuito della medicina tradizionale.

Ma in realtà la storia del farmaco attivo contro la tubercolosi mi ha stimolato a considerarlo molto più valido nelle forme croniche che in quelle acute.

Il vantaggio infatti dell'estratto di *Pelargonium sidoides* è quello di controllare la carica batterica con la sua attività batteriostatica, e nello stesso tempo di potenziare le difese immunitarie mettendo in grado l'organismo di eliminare con le proprie risorse la malattia. La tubercolosi è una delle tante malattie che può guarire con le risorse naturali proprio perché il bacillo di Koch è fortemente immunogeno e, se il nostro stato nutrizionale è adeguato e il nostro sistema immunitario efficiente, non è difficile produrre gli anticorpi per controllare questo batterio.

Da quando chiedo con regolarità ai miei pazienti, fumatori, sopra i 60 anni di età la TAC a spirale del torace, spesso mi capita di vedere cicatrici polmonari di malattie tubercolari guarite senza che l'individuo se ne sia mai accorto; si parla in questo caso di complessi primari che esprimono il primo ingresso del bacillo di Koch nell'organismo e che, guariti spontaneamente, lasciano cicatrici di dimensioni variabili.

Sulla base di queste riflessioni, e profondamente convinto dell'utilità di questo prodotto nelle malattie polmonari croniche, ho iniziato a trattare pazienti affetti da alterazioni congenite o acquisite dei bronchi, definite bronchiectasie. Un tempo questi pazienti venivano curati periodicamente con cicli di antibiotici ma poi si è visto che questo modo di procedere portava alla selezione di germi sempre più chemio-resistenti.

In un anno ho già trattato oltre 30 pazienti con questa affezione e ho potuto osservare notevoli vantaggi clinici sia per le minori riacutizzazioni, sia per la riduzione dell'espettorato, a conferma che questo fitoterapico naturale con una storia personale così suggestiva alle spalle merita di essere recuperato anche dai medici cosiddetti organicistici. D'altra parte, per potere affermare che il *Pelargonium sidoides* ha un'attività farmacologica oltre che sulle forme acute anche sulle patologie croniche, so di dovere sviluppare uno studio controllato verso placebo in un adeguato numero di pazienti bronchiectasici e bronchitici cronici e sicuramente imposterò nei prossimi mesi uno studio clinico adeguato in collaborazione con i colleghi tedeschi.

È giusto precisare che il fenomeno delle terapie non convenzionali, avendo un'incidenza così elevata, deve rispondere a standard qualitativamente accettabili che consentano una valutazione critica di tutte le prove disponibili.

Sarebbe assurdo, infatti, validare sistemi di cura non sicuri e che non rispondano ai requisiti giustamente richiesti dalla sanità pubblica.

La fitoterapia, ossia la medicina basata sulle erbe, è sicuramente la terapia più vicina alla nostra medicina convenzionale, anche nell'asma usiamo ancora derivati della belladonna come l'ipatropio per via inalatoria o le metixantine, derivati del thè.

Il Ma Huang, ad esempio, uno dei fitoterapici più noti della medicina tradizionale cinese, deriva dalla pianta *Ephedra sinica* e l'80% circa dei principi attivi è rappresentato dalla l-efedrina.

Questa pianta è largamente usata nell'asma, nella tosse, nella rinite e a dosaggi elevati anche nell'obesità. Può essere responsabile di vari effetti collaterali quali ipertensione, vertigini, cefalea e talora infarto.

Il *Ginko Biloba* è una pianta largamente impiegata per diverse patologie come la cardiopatia ischemica, l'ipercolesterolemia, il morbo di Parkinson e l'asma bronchiale.

Uno studio controllato condotto su 8 pazienti asmatici e allergici, ha confermato l'effetto protettivo del *Ginko Biloba* sul broncospasmo indotto dall'allergene con riduzione della broncoreattività aspecifica (Rassegna di patologia).

Esiste una diffusa convinzione che i fitoterapici non abbiano effetti collaterali ma, trattandosi di sostanze farmacologicamente attive sicuramente la frequenza degli eventi avversi è sottostimata e laddove sia stata registrata non può essere considerata trascurabile.

Nel 1990 negli Stati Uniti c'è stato il sorpasso tra il numero di visite mediche effettuate da cultori di terapie alternative nei confronti di quelle dei medici organicisti: 427.120.000 visite di omeopati, agopuntori, erboristi, ecc. contro 387.558.000 di medici di base, nel 1997 la forbice si è ulteriormente allargata con 628.825.000 visite *alternative* contro 385.919.000 visite tradizionali.

Le medicine non tradizionali hanno fatto strada anche nelle Università e centri medici di medicina integrativa sono stati aperti a Los Angeles e a Stanford.

In Europa il 25% della popolazione ricorre almeno una volta a TMC, mentre in Italia sono 9 milioni i pazienti che si rivolgono a cure alternative; nella medicina di base sono già circa 12.000 i medici che propongono ai loro assistiti cure non tradizionali. Uno studio recente eseguito dall'istituto di Oncologia di Aviano ha rivelato che un malato di cancro su dieci ha provato la medicina cinese.

Nel 2004 la Giunta regionale dell'Umbria ha approvato un documento in cui sono tracciate le linee guida per l'istituzione in ogni distretto sanitario di un ambulatorio di medicina integrata, vale a dire non contrapposizione né solo tolleranza per le medicine alternative, bensì vera integrazione con la medicina tradizionale e presenza di specialisti omeopati, agopuntori, ecc. affiancati al medico di base.

Da quando mi sono dimesso dall'ospedale ho potuto finalmente sviluppare una medicina integrata appoggiandomi a vari specialisti cosiddetti *alternativi* con cui peraltro da anni collaboro. Nella mia rubrica telefonica è possibile trovare il telefono di agopuntori, omeopati, reflessologi, chiropratici, ecc.; l'unico che a tutt'oggi non sono riuscito a reperire è uno sciamano di qualità.

Scrivono a questo proposito Giorgio Cosmacini e Claudio Rugarli (supplemento domenicale a «Il Sole 24 ore», 18 aprile 2004): «Lo studio delle scienze, e della medicina che su queste si basa, è un esercizio faticoso e difficile e qualcuno è forse tentato dalle scorciatoie. Ma è ben vero che la ricerca di vie alternative alla medicina scientificamente fondata riflette una delusione diffusa verso i limiti delle scienze e della medicina stessa, delusione che talora o sovente è alimentata dai medici medesimi per difetto di comunicazione o partecipazione. La medicina scientifica moderna nasce dalla consapevolezza che la vita umana non si sottrae alle leggi della biologia, nonché della fisica e della chimica, cui non possiamo in alcun modo esimerci dal fare ricorso quando la vita stessa è cimentata dalle malattie e da queste messa a repentaglio. È pur vero che limitarsi a pensare all'uomo considerandone soltanto la corporeità biologica, biofisica, biomolecolare è riduttivo, ma tale corporeità è il ricettacolo primo della vita e della morte, e comunque, se ci si rivolge come è doveroso, alla completezza biografica della persona umana, non è a chimica, fisica, biologia alternativa che bisogna ricorrere, bensì al rapporto antropologico interpersonale, tra il medico e il malato, e alla psicologia, alle scienze umane, alla filosofia. Ci pare che le medicine delle quali si sta occupando la Camera dei Deputati, come l'agopuntura, la fitoterapia, la medicina omeopatica, la omotossicologia, la medicina antroposofica, la farmacoterapia cinese, la farmacoterapia ayurvedica, la chiropratica, l'osteopatia, lo shiatsu, la riflessologia e la pranoterapia vadano contro questa condivisione della cultura tra la medicina e le scienze, contro l'unità del sapere, comportando un regresso epistemologico».

Concordo perfettamente con quanto scrivono i due colleghi, che stimo profondamente, ma cerco anche di comprendere come mai il 31,7% della popolazione italiana ha fatto ricorso alle medicine non convenzionali negli ultimi 3 anni ricavandone stabili e costanti benefici come emerge da un sondaggio pubblicato sul numero 284 «Salute» di «La Repubblica» del 27 novembre 2003.

Se poi ci soffermiamo un attimo sull'agopuntura, la tecnica che da millenni guarisce i cinesi, e che è stata validata dall'OMS su 104 patologie fra cui l'asma, l'infertilità, la depressione, l'artrite, ecc. è ancora più difficile pensare semplicemente ad un regresso epistemologico quando si affrontano queste tematiche.

All'Ospedale Fatebenefratelli di Roma dal 1982 è attivo un ambulatorio di agopuntura e farmacologia cinese, diretto dal dottor Marco Visconti: «Siamo stati la prima struttura di medicina non convenzionale presente all'interno di un ospedale pubblico; curiamo all'incirca 2000 pazienti l'anno, in gran parte donne e bambini, dai neonati agli anziani e lavoriamo in costante sinergia con gli altri reparti. Quello che accade più di frequente – spiega Visconti – è che ci vengano indirizzati pazienti per i quali la medicina occidentale non riesce a fare più niente, infezioni ginecologiche, dolori osteoarticolari, le allergie dei bambini, sempre più frequenti e sempre più misteriose. In moltissimi casi i sintomi scompaiono, in altri si arriva alla guarigione completa. Noi usiamo anche la fitoterapia cinese ma con l'accortezza di importare dalla Cina le erbe e le materie prime e poi produciamo in Italia, e dunque con regole sicure, i farmaci».

Roberto Gatto, consulente del Ministero della Sanità, conferma come non sia più possibile alzare steccati radicali tra tecniche convenzionali e non, allopatiche o omeopatiche, orientali o occidentali, e come sia più giusto oggi parlare di *medicine complementari* (Supplemento domenicale a «La Repubblica», 23 gennaio 2005)

Joseph Needham, biochimico inglese, autore dell'opera *Scienza e Civiltà in Cina*, già negli anni Settanta intravedeva la possibilità di una medicina ecumenica che avrebbe combinato assieme tutte le autentiche capacità terapeutiche che si sono sviluppate tanto in Cina che in Europa.

Se poi consideriamo i recenti episodi legati ad alcuni farmaci messi sottoaccusa o perché favoriscono l'insorgenza di tumori, come gli estroprogestinici, o gli infarti, come alcune classi di antinfiammatori, o addirittura i suicidi, come gli antidepressivi di ultima generazione, emerge in modo ancora più evidente la difficoltà per i medici organicisti a contenere la fuga dei pazienti verso le terapie alternative.

Le competenze del medico di medicina di base dovrebbero essere a 360 gradi nel tenere sotto controllo i pazienti a cui prescrivono farmaci.

Prendiamo l'esempio del Prozac: è assolutamente vietato sospendere l'assunzione di questo farmaco antidepressivo senza avere prima consultato il medico perché la possibile conseguenza è un'induzione al suicidio dopo una fase di anoressia, in particolare nei giovani. Ma se il ragazzo che prende questi farmaci non è adeguatamente informato, il rischio che ciò avvenga esiste e nello stesso tempo nel momento in cui comunico al paziente questo tipo di controindicazione è molto probabile che egli rifiuti il farmaco.

E ancora: un farmaco apparentemente di semplice prescrizione come le statine; questi preparati riducono il colesterolo nel sangue, bloccando un enzima necessario alla sua produzione nel fegato. Che le statine abbiano un effetto protettivo sul cuore e vasi è un dato consolidato e forse non solo perché abbassano il colesterolo ma, probabilmente, anche perché hanno una buona attività antinfiammatoria. Quando ancora non conoscevo questo tipo di farmaci una mia paziente con gravi problemi di arteriosclerosi fu giustamente messa dal cardiologo in terapia con 20 milligrammi di statina al giorno. Poiché soffriva di bronchite asmatica, mi capitava di visitarla con una certa frequenza e ogni volta mi riferiva di sentirsi *mortalmente stanca* e di fare fatica a camminare. Gli esami del sangue che venivano eseguiti di routine erano normali ed era veramente difficile capire il perché di questa *stanchezza mortale*. Dopo un anno di queste comunicazioni mi capitò di suggerire ad una mia amica con cui giocavo a golf che aveva il colesterolo alle stelle e un alto rischio famigliare di ictus di assumere per prudenza 10 milligrammi di statina, ma dopo pochi giorni la signora mi telefonò comunicandomi che aveva avuto un dolore acuto al polso destro passatole rapidamente e se poteva attribuirne la colpa alla statina. La tranquillizzai dicendo che non era possibile e suggerendole di mantenere la terapia. Dopo una settimana il dolore ricomparve, questa volta ai muscoli delle gambe, allora le richiesi alcuni esami del sangue per escludere malattie reumatiche inserendo, per fortuna, anche l'esame di un enzima noto come CPK (creatinfosfochinasi).

Grande fu la mia sorpresa quando scoprii che il valore delle CPK era sopra la soglia ed era correlato con l'assunzione delle statine che possono in qualche caso essere male metabolizzate dal muscolo. Mi affrettai a chiamare la paziente che era in terapia da più di un anno a cui né il cardiologo, né il medico di base avevano mai chiesto questo esame. Il risultato fu drammatico: il valore di CPK era alle stelle e la paziente aveva corso il rischio di andare verso un'insufficienza renale. Da allora quando ho amici che mi telefonano dai campi di golf o dalle piste di sci dicendomi che sono stanchi e hanno dolori muscolari, la prima cosa che chiedo è se per caso stanno assumendo statine la risposta è positiva la sospensione del farmaco è provvidenziale.

Cito questo esempio semplicemente per ricordare che le malattie iatrogene sono oggi all'ordine del giorno, tanto che il regista Michael Moore ha annunciato il progetto di girare un film sul mondo del farmaco e il «New England Journal of Medicine» propone di creare un Registro delle sperimentazioni cliniche e di dare spazio sulle riviste scientifiche solo ai risultati dei ricercatori che si sono registrati.

La rivista «Jama» dell'American Medical Association chiede invece l'istituzione di un organismo indipendente che si occupi esclusivamente del controllo della sicurezza sui farmaci.

Si viene sempre più a conoscenza del fatto che le case farmaceutiche tendano ad insabbiare gli studi negativi e che vengano resi noti solo i dati favorevoli, creando tra i medici e il pubblico l'impressione che una nuova medicina sia più efficace di quanto lo sia in realtà.

Con le nuove conoscenze derivate dalla PNEI mi sono come conseguenza aperto senza difficoltà a molte terapie alternative riuscendo ad interpretarne il meccanismo d'azione. L'unica terapia di cui non riesco ad afferrare il significato è l'omeopatia.

L'omeopatia ha tre principi di base: a) l'utilizzo di quelle sostanze che provocano sintomi simili alla malattia da curare (principio del *similia similibus curantur*); b) la diluizione infinitesimale, tale che nella preparazione omeopatica rimangano solo poche molecole della sostanza; c) la particolare tecnica di preparazione delle diluizioni con numerose *succussioni*. Dal punto di vista strettamente immunologico è difficile ipotizzare che sostanze diluite oltre il limite di Avogadro possano esercitare qualche effetto biologico. Valga come esempio il caso della *memoria dell'acqua* non confermata e mai completamente smentita. Nel 1987 il chimico francese Jacques Benveniste fece un esperimento che doveva confermare i principi dell'omeopatia. Egli diluì con acqua un medicamento, al punto che secondo i calcoli matematici non potevano essere più presenti molecole della sostanza. Quando controllò l'efficacia del medicamento, constatò che era sorprendentemente identico a quello della soluzione originale. Inviò questo risultato alla rivista «Nature», che pubblicò l'articolo dopo un anno di revisioni critiche e forti dubbi, aggiungendo come commento che tutto ciò era privo di ogni base fisico-chimica. Dopo qualche mese la stessa rivista smentì la veridicità dell'esperimento. Per chi fosse comunque interessato ad approfondire questa tematica suggerisco la lettura del libro di Masaru Emoto, dal titolo *La risposta dell'acqua*. Questo scienziato giapponese, medico omeopata, da anni lavora al risanamento dell'acqua, dell'uomo e della terra. Egli fotografa i cristalli dell'acqua che si formano in modo diverso a seconda dei suoni e delle vibrazioni a cui l'acqua è esposta. Egli è riuscito anche a dimostrare che le vibrazioni della preghiera si trasmettono direttamente e immediatamente all'ambiente circostante e influenzano quindi l'acqua e che tutto questo avviene attraverso la trasmissione di onde elettromagnetiche (vi ricordate quando nel capitolo dell'effetto placebo ho parlato dei gruppi di suore laiche che intervengono a distanza con la preghiera?). Nel suo libro egli parla di uno scienziato, David Bohm, che studia la fisica dei quanti e che afferma che materia e spirito non sono separati. Secondo la sua teoria esisterebbe un mondo esplicito e un mondo implicito in cui è compreso olograficamente tutto l'universo. Se consideriamo inoltre le ultime teorie sull'esistenza dell'Universo e dell'antiuniverso entriamo in quel mondo metafisico da cui, per ora, preferisco tenermi lontano, suggerendovi di leggere la teoria della sincronicità o delle strane coincidenze «casuali» di Jung. Se poi il vostro interesse per le nuove frontiere della scienza fosse ancora più vivo vi consiglio di affrontare l'ultimo libro scritto recentemente da Hans Christian von Baeyer, Chancellor Professor di fisica presso il College of William and Mary a Williamsburg, in Virginia dal titolo: *Informazione. Il nuovo linguaggio della scienza*.

In questo libro l'autore affronta il tema dell'informazione alla luce della fisica moderna e chiarisce argomenti che vanno dalla teoria dei giochi al calcolo delle probabilità, dai buchi neri alla storia del codice Morse, dal futuro dei computer al ruolo della filosofia nella fisica contemporanea, sempre sottolineando come questo campo emergente e in rapido sviluppo sia la chiave per un nuovo linguaggio fondamentale della scienza.

L'omeopatia ha una lunga tradizione di studi clinici nella terapia delle malattie respiratorie e in particolare dell'asma e della rinite allergica.

Una revisione sistematica della letteratura sull'omeopatia (Passalacqua et al., 2000) conclude in maniera molto trasparente che non ci sono prove abbastanza solide che dimostrino l'efficacia dell'omeopatia per ogni singola condizione patologica.

Anche una revisione metaanalitica più recente di un gruppo di pubblicazioni scientifiche (Passalacqua et al., 2000) fa osservare che la qualità degli studi è in genere bassa e i risultati negativi sono tanto più frequenti quanto migliore è la qualità degli studi.

Poiché una caratteristica distintiva della medicina omeopatica è lo stretto rapporto personale ed emotivo tra l'omeopata e il paziente è possibile interpretare le risposte cliniche ottenute anche come unica conseguenza dell'effetto placebo che, come abbiamo visto, può raggiungere punte del 60%, senza per questo togliere nulla al valore della omeopatia.

Va puntualizzato inoltre che negli ultimi anni sono entrati nel bagaglio dei medici omeopati alcuni prodotti che, pur essendo a dosi infinitesimali, rispecchiano fedelmente il network biologico del nostro organismo.

È questo il caso della microimmunoterapia in cui mi sono imbattuto casualmente qualche anno fa. Si tratta di preparati brevettati da un medico omeopata belga e che sono costituiti da un pool di citochine associate ad un frammento di RNA del virus che si vuole combattere.

Quando ho letto la composizione di queste capsule ho realizzato che la proposta terapeutica era in tutto simile a ciò che avviene nell'organismo quando questi deve lottare contro un virus. Come ho spiegato nei capitoli precedenti, il sistema immunitario, all'ingresso di un virus nell'organismo, produce anticorpi per eliminarlo; per far questo entrano in gioco alcune citochine che favoriscono la risposta immunitaria e cioè la produzione di anticorpi specifici contro quel determinato virus.

Qualche volta può succedere che il virus rimanga endemico nel nostro organismo e quindi il sistema immunitario è costretto a produrre con continuità anticorpi per tenerlo sotto controllo. Se poi per qualche motivo contingente, stress, infezioni virali o batteriche, depressione o stanchezza, il sistema immunitario viene ulteriormente impegnato i virus endemici possono riattivarsi rendendo più problematica la guarigione. È mia abitudine, da quando utilizzo questi preparati, richiedere sistematicamente ai miei pazienti molto stanchi dopo una banale influenza, gli esami del sangue che mi diano una panoramica completa dei virus o batteri con cui convivono; i più frequenti riscontri riguardano gli herpes virus 1 e 2, il virus di Ebstein Barr, responsabile della mononucleosi infettiva che contagia l'80% della popolazione mondiale mentre la malattia si manifesta raramente, il cytomegalovirus, il toxoplasma, la clamydia e il mycoplasma oltre naturalmente i tre virus dell'epatite A-B-C; in qualche particolare caso richiedo anche le sottopopolazioni linfocitarie comprensive anche della famose cellule NK (natural killer) per valutare lo stato di efficienza del sistema immunitario.

Sulla base della storia clinica e del puzzle degli esami richiesti sono in grado di impostare una microimmunoterapia atta a controllare meglio o ad eliminare il tipo di virus o batterio presenti nel paziente

Ho ottenuto successi in molte forme di herpes labiale e genitale oltre che nelle stomatiti erpetiche con due o tre mesi di trattamento. Il risultato più interessante l'ho avuto in una paziente che negli ultimi 7 anni aveva sviluppato circa 10 episodi di polmoniti ed era stata studiata da tutti gli specialisti del caso, pneumologi, immunologi, allergologi, internisti. Dal pannello degli esami di cui ho parlato, peraltro mai richiesti dai miei predecessori, è emerso che la paziente era portatrice cronica di un Cytomegalovirus con elevato titolo anticorpale ed è stato sufficiente un trattamento di 6 mesi di microimmunoterapia per guarire la signora che ormai da due anni non presenta più episodi infettivi e in cui anche la ricerca del DNA del Cytomegalovirus negli ultimi esami è risultata negativa. Ho la sensazione, con questo particolare tipo di terapia, di sviluppare con il virus implicato un duello molto raffinato in cui stimolo lo stesso organismo ad eliminare il nemico usando le sue stesse armi.

L'unico studio scientifico attuato con questa terapia l'ha pubblicato una ginecologa dell'Università La Sapienza di Roma che ha curato con successo 46 casi di papillomatosi cervicale contro cui è noto non esistono terapie ufficiali validate.

In sostanza dopo 35 anni di lavoro specialistico onco-polmonare in cui ho sempre usato farmaci della medicina ufficiale mi trovo a sviluppare una medicina integrata e a verificarne i risultati stupendomi io stesso dei successi ottenuti, peraltro tutti documentabili dalle cartelle cliniche e dagli stessi pazienti.

Si può pensare oggi che la medicina mente/corpo possa rappresentare l'applicazione di un nuovo modello scientifico sempre più documentato da ricerche specifiche. Spesso ho citato in questo libro un volume di 700 pagine dal titolo *The biological basis for Mind body interaction* (Le basi biologiche dell'interazione mente corpo), in questo testo, che rappresenta la summa di oltre 40 articoli scientifici, viene chiarito in modo definitivo che l'organismo umano è un network di comunicazione continua fra sistema nervoso, sistema neuroendocrino e sistema immunitario. Gli ultimi capitoli di questo libro sono dedicati all'agopuntura, alle tecniche corporee, allo yoga, alla meditazione buddista, ecc. a conferma che l'equilibrio salute-malattia può essere influenzato dal cervello con le sue connessioni con i vari altri sistemi e dalla periferia dell'organismo che, in funzione della parte che si attiva, è in grado di stimolare positivamente o negativamente l'attività cerebrale.

Un'ulteriore riflessione che sto facendo da alcuni anni in relazione alle nuove scoperte della PNEI e dell'enorme quantità di neurotrasmettitori cerebrali che è stata identificata, riguarda il potenziale terapeutico degli stimoli elettromagnetici sul tessuto cerebrale.

La stessa elettroshockterapia (EST), considerata negli anni Settanta un provvedimento *traumatizzante*, *punitivo* e *dannoso*, attualmente è stata rivalutata ed è considerata efficace analogamente ad altre tecniche terapeutiche, in particolare nella depressione endogena in cui ha indicazione elettiva.

Si tratta di un disturbo affettivo accompagnato da manifestazioni di alterazioni funzionali, rappresentate dall'insonnia, dall'anoressia, dalla perdita di peso, dalla diminuzione della libido, da una riduzione delle secrezioni corporee e da pensieri suicidi. Queste manifestazioni disfunzionali si osservano sopratutto nella cosiddetta depressione primaria, che si presenta senza alcun rapporto evidente con fatti specifici riguardanti la vita del paziente, come un evento luttuoso o una condizione di alcoolismo.

Altre indicazioni terapeutiche dell'EST sono la catatonia, la sindrome maniacale e la schizofrenia.

Non entro in merito alle indicazioni e alla validità dell'EST oggi, ma la mia riflessione è legata alla quantità di neurotrasmettitori che l'EST induce negli animali da esperimento. In altre parole, l'EST va considerata analogamente ad una farmacoterapia, in quanto nel liquor si liberano notevoli quantità di acetilcolina, noradrenalina, serotonina, ecc. e quindi la corrente elettrica va considerata semplicemente un mezzo per stimolare l'encefalo a produrre una maggiore quantità dei suoi vari prodotti psicoattivi. A conferma di queste mie considerazioni è la recente notizia che negli Stati Uniti sta per essere commercializzato un pacemaker antidepressione. L'azienda produttrice è la Cyberonics di Houston che sta perfezionando alcuni aspetti qualitativi del congegno prima di immetterlo sul mercato sanitario. Si tratta di un elettrostimolatore da impiantare sotto la cute del torace, analogamente ad un pace-maker che invierà impulsi al cervello attraverso il nervo vago.

Le indicazioni saranno per quei pazienti colpiti da depressione maggiore che non rispondono ai trattamenti farmacologici (circa il 20%). L'idea di utilizzare un neuro-pacemaker è venuta ad un radiologo americano che aveva osservato come un dispositivo analogo, usato per combattere le crisi epilettiche, in realtà si era rivelato euforizzante. Ho spiegato nei precedenti capitoli come anche alcuni prodotti farmacologici che attivano il sistema immunitario possono risultare euforizzanti e l'interpretazione è legata al network di neurotrasmettitori e di recettori cellulari che mette in comunicazione i neuroni con i linfociti.

Nel caso del neuro-pacemaker, l'apparecchio è dotato di due fili che vanno a stimolare il nervo vago, nervo di provenienza viscerale che passando attraverso il collo raggiunge l'encefalo innervandolo in più aree. Questi stimoli elettrici attivano evidentemente alcune aree cerebrali, in particolare quelle ipotalamiche, più legate ai disturbi dell'umore, che giocano un ruolo chiave nella depressione. L'FDA ha raccomandato l'impiego del dispositivo solo dopo ripetuti fallimenti delle cure farmacologiche, ma sinceramente mi pare meno rischiosa la terapia con stimoli elettrici che quella chimica con tutte le controindicazioni note. Sicuramente questo tipo di trattamento andrà validato nel tempo, ma in ogni caso conferma quale sia la via da battere, analogamente al miglior sfruttamento dell'effetto placebo. Si tratta quindi di mettere in condizione l'organismo di sfruttare al meglio tutte le sue risorse endogene.

Un tipo di terapia che risponde adeguatamente a queste caratteristiche è la CRM terapia.

Da anni ero afflitto da una lombalgia cronica che si riacutizzava dopo ogni partita di golf. Per due giorni, dopo avere giocato, mi dovevo impegnare con ginnastica a terra, sauna, mesoterapia con arnica, massoterapia e fisioterapia per superare il dolore lombare che si riacutizzava dopo il week-end di gioco, penalizzato dal fatto che se assumo un fans dopo poche ore mi viene acidità gastrica. Analogamente la mia collaboratrice di studio, esperta di riabilitazione respiratoria e anch'essa buona giocatrice di golf era afflitta da tempo da una sciatalgia oltre che da una stitichezza cronica. Venuti a conoscenza, attraverso un collega di Milano, di questo tipo di terapia con il Convogliatore di Radianza Modulante (CRM) ci siamo entrambi sottoposti al trattamento e dopo poche sedute abbiamo risolto i nostri problemi.

Il dato più significativo che ho potuto rilevare, già dopo la prima applicazione, è stato quello del cambio di postura avvenuto automaticamente. Ricordo perfettamente che, quando avevo il dolore mi sforzavo di camminare più eretto per scaricare la zona lombare. Dopo la prima applicazione, sceso dal lettino, ho avuto l'immediata sensazione che il fulcro della mia colonna vertebrale si fosse spostato intorno alla XII vertebra dorsale e da allora cammino più dritto scaricando in tal modo la zona lombare.

Come mi ha poi spiegato il prof. Rinaldi, il primo trattamento di CRM terapia mi ha corretto quella che lui ha definito *dismetria funzionale*.

Data la complessità della materia ho preferito chiedere direttamente al collega di spiegarmi come è arrivato a questa scoperta e qui di seguito riporto il suo contributo:

Dalla Ottimizzazione Neuro Psico Fisica alla
Terapia con Convogliatore di Radianza Modulante

Salvatore Rinaldi
Docente di ottimizzazione psicofisica e CRM Terapia
Facoltà di Medicina e Chirurgia dell'Università di Firenze

«L'interazione uomo-ambiente è ciò che ci definisce come individui complessi nel mutevole punto di coesistenza tra fattori esterni e interni. Da questo divenire si sviluppa il senso di una identità tanto più strutturata quanto più plasmata dagli eventi che l'hanno circoscritta. Lo stress è sia l'elemento di coesione, sia forza disgregante e nella sua complessa interazione con le potenzialità individuali si trasforma, a seconda dei casi, in fattore evolutivo e distruttivo allo stesso tempo. È dalla comprensione di questi meccanismi che derivano l'insieme delle intuizioni che hanno portato a identificare, nell'interazione, l'elemento strutturale di un approccio terapeutico che utilizza un fenomeno fisico come catalizzatore delle dinamiche stress-correlate.

Ed è in questo contesto neuro-psico-fisio-relazionale che si può individuare il senso di una nuova prospettiva scientifica fondata sulla complessità dell'organismo umano rispetto all'intenso divenire delle dinamiche ambientali. Ciò che si è potuto constatare non è altro che la modulazione derivante dall'applicazione di uno stimolo tarato in modo da non generare un semplice effetto adattativo, ma la stabilizzazione del sistema psicofisico del paziente, come dimostra la remissione dei sintomi stress-correlati.

Questo effetto tanto inedito quanto soggettivo nelle sue multiformi estrinsecazioni poteva essere misurato solo attraverso l'elaborazione di un nuovo parametro di valutazione. Da questa esigenza di validazione scientifica è nata l'intuizione della Dismetria Funzionale. Il salto concettuale è stato un cambiamento nella percezione clinica del concetto di normalità. La Dismetria Funzionale in quanto alterazione dell'atteggiamento neuro muscolare, sempre presente in tutti gli individui, non poteva essere rilevata perché elemento connaturato e insieme snaturante rispetto alla fisiologia umana. Una costante alterazione così mimetizzata nella morfologia adattativa dell'individuo da identificarsi con la struttura funzionale dell'organismo. Decifrare la Dismetria Funzionale come parametro clinico di valutazione dello stress ha aperto la strada verso una nuova interpretazione dell'equilibrio neuro-psico-fisio-relazionale. Riguardo allo stimolo e al principio fisico in grado di generarlo, questo non è altro che l'applicazione del concetto di interazione uomo-ambiente sul piano spazio-tempo-energia, nel caso specifico emissione radio in campo lontano per un periodo di n.millisecondi. In questo tempo un nuovo tipo di segnale, o meglio di stimolo modulante capace di attivare il sistema nervoso centrale nella sua innata capacità autoriparatrice. Un particolare stimolo in grado di resettare il complesso dell'interazione neuro-psico-fisio-relazionale dell'individuo e quindi produrre la remissione dei sintomi stress-correlati. Ma questo non sarebbe bastato per accreditare il fenomeno su base sperimentale, la complessità dell'ambito di conoscenza che questa ricerca stava sfiorando non poteva estrinsecarsi attraverso comuni scale di valutazione. Ed ecco che si è reso necessario quel salto concettuale che ha portato a una diversa interpretazione dell'interazione uomo ambiente e degli effetti disfunzionali che da essa derivano. Da questo nuovo presupposto è partita l'identificazione della Dismetria Funzionale come parametro oggettivo di valutazione clinica e della sua stabile scomparsa, dopo la somministrazione di stimolo modulante, la prova dell'efficacia della terapia. Una scoperta che è diventata invenzione in un affinamento applicativo che è partito dall'osservazione scientifica e ben presto ha portato ad una nuova tecnologia.

Lo strumento terapeutico che ne è derivato sfrutta l'interazione uomo-ambiente per creare un effetto radianza costituito da un segnale a bassissima intensità che attraversando il corpo del paziente si modifica plasmandosi in una frequenza che lo rappresenta. Attraverso il convogliamento di questo segnale carico di informazioni al sistema centrale si crea una reazione autopercettiva che stimola istantaneamente capacità innate di riequilibrio che sono ancora oggetto di studio.

È un segnale capace di veicolare al sistema nervoso la rappresentazione di se stesso baipassando ogni mediazione sensoriale. Una comunicazione diretta che attiva capacità autoregolanti che altrimenti il cervello non potrebbe mettere in pratica. Da questa attivazione si determina un insieme di modificazioni neuro-psico-fisio-relazionali che coinvolgono la complessità dell'individuo non solo nel rapporto con se stesso, ma nelle dinamiche di interazione ambientale.

Seguendo queste direttrici è stato possibile tracciare un percorso di studi e conoscenze che, partendo dal concetto di Ottimizzazione, inteso come miglioramento dell'esistente riguardo alle capacità gestionali dell'organismo, ha portato all'affinamento di uno specifico protocollo terapeutico. Originariamente perseguito con metodi tradizionali di stimolazione neuro-psico-fisio-relazionale e in seguito per mezzo del Convogliatore di Radianza Modulare. Un percorso che ha portato alla creazione di una specifica tecnologia i cui effetti continuano a suscitare interesse crescente dal punto di vista scientifico perché stanno svelando un nuovo livello di complessità neurofisiologica che è attualmente il nostro principale ambito di studio».

Dal 2005 collaboro con il Convogliatore di Radianza Modulare e la mia sensazione, già dai primi casi clinici che ho affrontato, è quella di sviluppare con questo tipo di terapia una vera Medicina Integrata. Ferma restando l'immediata correzione della Dismetria Funzionale e cioè della correzione della postura di cui io sono un esempio libero da dolori ormai da tre mesi e data per scontata la sicura attività antalgica della CRM terapia che ho già rilevato in numerosi pazienti; la prima osservazione che ho potuto sviluppare su questo trattamento riguarda la sua relazione con i farmaci. Su 7 casi di stipsi cronica che ho affrontato, 5, che non avevano mai assunto lassativi hanno risposto molto precocemente al trattamento, 2 che invece prendevano regolarmente dosi elevate di farmaci non hanno avuto alcuna risposta dopo il primo ciclo di applicazioni. Analoga osservazione l'ho potuta fare su 3 ragazzi con crisi ipocondriache; due che assumevano solo poche gocce di benzodiazepina da qualche mese, dopo poche sedute non hanno più avuto risvegli notturni con attacchi di panico, il terzo che da due anni è in terapia con il Prozac non ha avuto apparenti vantaggi dopo il primo ciclo di trattamento. Un discorso analogo l'ho potuto fare osservando gli ipertesi in terapia. Se pertanto come clinico darò più fiducia alla CRM terapia, il prossimo passo dovrebbe essere quello di convincere i miei pazienti, sotto la mia responsabilità, a ridurre e successivamente abbandonare i farmaci proponendo periodici cicli di trattamento con la CRM terapia.

Scrive Ivan Cavicchi nell'articolo pubblicato sulla rivista «Keiron» (dicembre 2000) *Il medico tra Arte e Scienza*: «Oggi la scienza la si può definire come un'impresa collettiva volta a cogliere gli aspetti riproducibili di un numero sempre maggiore di fenomeni naturali e a comunicarli attraverso lo spazio e il tempo in forma sinottica e internamente non contraddittoria in modo da porre chiunque in condizione di fare previsioni fondate e di progettare e mettere in atto *macchine funzionanti* siano esse di natura materiale o mentale».

Ritengo che il Convogliatore di Radianza Modulare rappresenti a tutti gli effetti una *macchina funzionante* di natura materiale e mentale che sfrutta al meglio le risorse endogene dell'organismo.

È possibile che la CRM terapia rientri nel capitolo della medicina quantistica che, come scrive il professor Piergiorgio Spaggiari (Spaggiari, Trebbia, 2005) si occupa di energie infinitamente piccole.

«Attraverso speciali strumenti diagnostici e terapeutici, si possono produrre variazioni quantiche di energia così sensibili da interagire con le *energie sottili* del corpo, al fine di ripristinare l'equilibrio e lo stato di benessere». Anche in questo caso si può parlare di medicina integrata che non deve sostituire la medicina convenzionale ma affiancarsi ad essa sia in senso diagnostico, sia terapeutico.

Secondo il professor Spaggiari, il benessere è una questione di oscillazioni elettromagnetiche *ordinate*. «Esiste un codice di riconoscimento tra le biomolecole, come quello, accertato, tra le basi del DNA e aminoacidi, che implica l'esistenza di un livello elettromagnetico della materia vivente che dialoga con il livello chimico, assicurando che il traffico delle molecole sia ben ordinato. Se questo *traffico* è armonico, ordinato per l'appunto, l'organismo è in salute. Al contrario la malattia *nasce* all'origine e può essere rilevata come un disturbo nella rete elettromagnetica di controllo del traffico molecolare». Inoltre i campi magnetici a bassa frequenza sarebbero capaci di modificare la distribuzione degli ioni ai due lati della membrana cellulare e, di conseguenza, i processi flogistici che sono caratterizzati da un'alterazione della distribuzione degli ioni ai due lati della membrana cellulare risentirebbero dell'azione terapeutica dei campi magnetici. Quest'interpretazione spiegherebbe come la medicina quantistica sia molto attiva nelle flogosi articolari e si stia diffondendo prevalentemente in campo ortopedico.

Abituato come sono a ragionare con l'EBV (medicina basata sull'evidenza), di fronte a questo tipo di medicina scientifica, ai limiti della filosofia, come lo è peraltro la fisica quantistica, mi limito ad osservare i risultati clinici e ad esprimere un mio giudizio sulla base di questi.

Per ora mi godo la schiena che non duole, noto con piacere che la mia allergia alle betulle è scomparsa e registro che a tutt'oggi 5 pazienti con stipsi cronica dopo poche sedute di CRM terapia hanno risolto definitivamente il loro problema.

14. *La relazione medico paziente*

Iscritto nell'elenco dei medici mutualisti, al mattino svolgevo il ruolo di assistente in anatomia patologica all'Ospedale di Niguarda e al pomeriggio facevo il medico generalista in attesa di specializzarmi in pneumologia.

Poiché il mio studio si trovava nello stesso palazzo dove era la sede della Cedit, nota industria di ceramiche, avevamo un accordo con la direzione generale affinché io visitassi tutti i nuovi impiegati da assumere.

Si trattava in prevalenza di giovani impiegate e, mediamente, ne visitavo un paio al mese: dopo un colloquio anamnestico e un'accurata visita internistica compilavo un certificato di idoneità a svolgere il ruolo previsto.

Il lavoro era assai semplice in quanto si trattava sempre di ragazze giovani, sane, carine e simpatiche.

Un tardo pomeriggio fui chiamato d'urgenza da una segretaria perché una delle nuove assunte si era barricata nel bagno dell'ufficio e desiderava parlare solo con me. Mi precipitai con il mio borsino di medico preoccupato per il tipo di urgenza che ero chiamato ad assolvere, non molto chiara nelle sue motivazioni. La porta del bagno era chiusa a chiave e molte impiegate erano accalcate in corridoio, preoccupate per la salute della collega. Bussai qualificandomi e come per incanto la porta si aprì, la giovane impiegata mi fece entrare e subito richiuse la porta a chiave. Si trattava di una ragazza, minuta e dimessa, con lo sguardo terrorizzato; mi prese per la mano e mi fece accomodare, senza dire una parola, sul bordo della vasca, vicino a lei; poi cominciò a parlare dicendo che vedeva luci, stelle e firmamenti; una serie di frasi sconnesse che lentamente mi fecero capire come la giovane fosse in preda ad una condizione di profonda angoscia e di come io rappresentassi l'unico legame possibile con la realtà. Si trattava del primo caso di paziente schizofrenico con cui venivo a contatto; pazienti definiti dagli psichiatri *borderline* in quanto passano da una condizione di normalità ad una di stato psicotico. Il disturbo borderline di personalità rappresenta una modalità di instabilità delle relazioni interpersonali, dell'immagine di sé e dell'umore con una marcata impulsività che compare nella prima età adulta. La ragazza era stata assunta da pochi mesi e anche se io non me la ricordavo l'avevo giudicata evidentemente idonea ad essere assunta in quanto dalla mia visita nulla era trapelato di questa sua potenzialità di malattia. Seduto sul bordo della vasca riflettevo su come avrei potuto convincerla a farsi fare un'iniezione di Valium che avevo nel borsino; non nego di essere stato angosciato per questa strana esplosione di pazzia a cui assistevo. Senza parlare cominciai ad accarezzarla sulla testa con tenerezza quando mi resi conto di averla tranquillizzata semplicemente standole seduto vicino le dissi che le avrei fatto un'iniezione che l'avrebbe calmata.

Lei acconsentì e senza problemi la feci ricoverare con l'ambulanza che nel frattempo era arrivata. Mi resi conto lentamente, nei giorni successivi, di come il mio intervento in realtà fosse stato poco medico e molto umano e che in quel caso era stata la condizione di empatia e di comprensione della *mente dell'altro* a favorire la soluzione.

Come ha scritto Francisco J. Varela (2000) è concezione comune che una mente risieda all'interno di un cervello e che quindi la mente degli altri sia impenetrabile e opaca.

Le nuove ricerche delle scienze cognitive hanno dimostrato con molta chiarezza che l'individualità e l'intersoggettività non stanno in opposizione, e che tutti i fenomeni cognitivi sono anche emozionali e affettivi: questo porta quindi a considerare la genesi della mente come un fenomeno empatico e affettivo. In uno studio sui primati, Provinelli e Preuss concludono che il risultato di molti anni di ricerca sulla possibilità di un linguaggio in questi animali ha portato all'interessante scoperta che la caratteristica degli scimpanzè è quella di eccellere nel fornire un'interpretazione della mente dell'altro. Studi analoghi condotti su bambini nei primissimi mesi di vita hanno dimostrato la stupefacente capacità di risposta empatica già presente dopo poche ore dalla nascita. Scrive Varela: «Esiste, naturalmente, un legame diretto tra affezione ed empatia che vale la pena esaminare più a fondo come punto conclusivo. L'affezione è una dinamica preriflessiva di auto-costituzione del sé. Un'autoaffezione in senso letterale. L'affezione è primordiale, nel senso che io sono colpito o commosso prima di ogni *io* che conosca. La qualità primordiale o pre-verbale dell'affezione la rende inseparabile dalla presenza degli altri, e qui entriamo nell'ultima parte delle mie enunciazioni. Per capire perché sia così, è meglio concentrarsi sui correlati fisici dell'affezione, che non si mostrano semplicemente come comportamenti esterni, ma anche come comportamenti sentiti direttamente, come parti del nostro corpo vissuto. Questa caratteristica del nostro corpo vissuto ha un ruolo decisivo nel modo in cui io apprendo l'Altro, non come un oggetto ma come un'altra soggettività simile alla mia, come alter ego. Tramite il corpo di lui/di lei sono legato all'altro anzitutto come organismo simile al mio, ma percepito poi come presenza incarnata, luogo e strumento di un campo esperenziale. Questa doppia dimensione del corpo (organico/vissuto; *Korper/Leib*) è parte integrante dell'empatia, la via più facile di accesso alla vita sociale cosciente, al di là della semplice inter-azione, come fondamentale inter-soggettività» (Varela, 2000).

Un'ulteriore conferma di ciò che scrive Varela, l'ho avuta quando partecipai ad un seminario di metodologia analitica tenuto dal professor Rocella, psichiatra, che per anni aveva lavorato in Germania in una clinica per malattie mentali.

Nella clinica erano ricoverati pazienti schizofrenici e una in particolare viveva segregata da anni nella sua stanza senza mai aprire la porta. Rocella, appena assunto, prese l'abitudine tutte le mattine di andarsi a sedere per qualche minuto fuori dalla stanza della malata, senza dire una parola. Dopo parecchio tempo scoppiò un incendio che costrinse tutti ad abbandonare la clinica. Il centralino telefonico in quell'occasione fu gestito dalla malata, telefonista di professione, che alla fine della giornata, quando tutto era rientrato nella normalità, prima di rinchiudersi di nuovo nella sua stanza lasciò un biglietto con uno scritto a stampatello: «grazie professor Rocella».

Lo stesso psichiatra raccontava che, per raggiungere la clinica, tutte le mattine era solito prendere l'autobus alla stessa ora. Una ragazza faceva sempre di tutto per sederglisi vicino, finché un bel giorno, prima di scendere, lo guardò e gli disse: «Grazie!».

Io stesso partecipando ai suoi seminari mi resi conto della capacità empatica che possedeva di guidare il gruppo. Si trattava in prevalenza di psicologi e psichiatri e io ero l'unico medico. All'inizio della seduta qualcuno di noi presentava il caso clinico su cui discutere e successivamente si procedeva in libere associazioni; Rocella parlava pochissimo ma, non so come, riusciva a condizionare l'andamento del gruppo e il percorso da seguire per meglio interpretare le problematiche del caso in discussione; i suoi silenzi valevano molto più delle parole di ognuno di noi. Fu uno degli esempi di *mente senza linguaggio* più interessanti che conobbi.

Michael Dummet asserisce che il linguaggio è lo strumento privilegiato per l'analisi del pensiero (Byrne, 2001) e questa posizione conduce ad escludere gli animali dal regno di esseri pensanti ma lascia aperte le possibilità che essi siano dotati di proto-pensieri.

Attualmente diversi etologi sono orientati verso l'ipotesi della presenza di stati mentali negli animali; in altre parole identificare comportamenti possibili solo come conseguenza di questi. Ricordo che un giorno portai mia figlia in visita a Gardaland: prima di entrare nel parco giochi vedemmo in una grossa gabbia un orango che continuava a ripetere una determinata azione. Raccoglieva da terra un piccolo legno e quindi tenendolo con le due mani si attaccava ad una trave appesa al soffitto, lasciandosi dondolare. Poiché il legno era fragile dopo qualche oscillazione si spezzava e l'animale cadeva a terra fra l'ilarità dei presenti. Alla fine di questa esibizione l'animale passava a raccogliere cibo e ripeteva di nuovo il medesimo giochetto. Non penso fosse difficile attribuire a quell'orango un preciso disegno mentale e una capacità di comprendere la mente degli altri. Tutto questo meccanismo è evidentemente assai semplificato e rientra in una *teoria ingenua della mente* che, in assenza di linguaggio, permette di prevedere i comportamenti degli altri; al momento in cui nasce il linguaggio diventano possibili anche le spiegazioni e le descrizioni di tali comportamenti. Il linguaggio quindi, come scrive Gozzano, consente di rendere estremamente articolata questa capacità predittiva. Ma questo non significa che senza di esso tale capacità non sia possibile.

Ma allora è proprio la nascita del linguaggio che ha reso l'*Homo sapiens* così straordinario per capacità e acquisizioni? Secondo l'antropologo Ian Tattersal (2002), l'acquisizione del linguaggio e la realizzazione di opere d'arte simboliche potrebbero essere i tratti qualificanti delle straordinarie abilità cognitive che distinguono gli esseri umani da tutti gli altri animali.

Osservando durante le mie autopsie la lunghezza della nostra faringe, consideravo come mai il linguaggio fosse stato così tardivo rispetto alla configurazione anatomica che ne avrebbe permesso la comparsa almeno 500.000 anni prima.

Per parlare, in realtà, come scrive Tattersal, occorre un cervello che ordini all'apparato vocale di farlo, ma anche un apparato vocale che reagisca in modo appropriato alle istruzioni; e quello dei primati non umani non ne è capace. In effetti gli uomini adulti sono gli unici esseri viventi, scimmie antropomorfe incluse (anche se alcuni uccelli possono imitare la parola), a potere emettere fisicamente i suoni essenziali per articolare il discorso. Ho già accennato al principio della *esaptazione* anche nel caso del linguaggio, questo termine risulta utile per definire un carattere che insorge in un determinato contesto per poi essere sfruttato in un altro. Il classico esempio di un'*esaptazione* che diventa adattamento è fornito dalle penne degli uccelli. Per milioni di anni queste strutture sono state usate come isolanti termici e furono inserite nel programma del volo molto tardivamente, assumendo un ruolo adattativo in questa funzione. Riferendosi allo sviluppo del linguaggio, quando i primi uomini di Cro-Magnon arrivarono in Europa circa 40.000 anni fa, portarono con sé tutta una gamma di comportamenti che distingue gli esseri umani moderni da ogni altra specie mai esisitita. Scultura, incisione, pittura, ornamento del corpo, musica, notazione aritmetica, raffinata conoscenza di diversi materiali, elaborati rituali funebri, minuta decorazione di oggetti utilitari: tutto ciò era parte integrante dell'esperienza quotidiana dei primi *Homo sapiens*, come documentano molti siti europei, anteriori a 30.000 anni fa. Secondo Tattersal, ciò che accomuna questi comportamenti è il fatto che tutti hanno come presupposto l'acquisizione di processi cognitivi simbolici. Pertanto l'adozione di processi cognitivi simbolici diede agli esseri umani moderni il vantaggio finale che rappresentò la fine dell'uomo di Neanderthal. Quindi, non un nuovo tipo di ominide, bensì un passaggio *in continuum* spinto da processi culturali, analogamente a ciò a cui stiamo assistendo nel nostro contesto storico in cui convivono civiltà fortemente lontane dal punto di vista cognitivo. A conferma di ciò, l'esame del cervello dal punto di vista anatomico non mostra significative differenze in volumi e morfologia fra quello, dell'*Homo sapiens* e quello di Cro-Magnon. Naturalmente, allorché gli esseri umani di tipo moderno giunsero sulla scena, dovevano essere state gettate le basi necessarie per l'adozione di processi cognitivi moderni, ma ciò non equivale a dire che si fosse sviluppato uno specifico meccanismo neurale.

Le nuove strutture, continua ancora Tattersal, non appaiono finalizzate già a qualcosa ma si originano da sole come sottoprodotti di copiatura che avvengono quando l'informazione genetica viene trasmessa da una generazione a quella successiva. Secondo questo antropologo, tutte le nuove varianti genetiche devono avere origine come *esaptazioni*, cioè caratteri che si sono manifestati senza un fine preciso ma potenzialmente disponibili ad essere sfruttati per qualche nuova funzione.

Il linguaggio è una capacità peculiare che non sembra essere derivata direttamente dal protolinguaggio delle scimmie. Da una quarantina d'anni è nata una nuova scienza chiamata cognitiva che si serve degli strumenti della psicologia, dell'informatica, della linguistica, della filosofia e della neurobiologia per spiegare l'intelligenza umana e il linguaggio è stato il tipo di ricerca che ha avuto l'impatto e forse il tipo di progresso più spettacolare. Steven Pinker e Noam Chomsky sono attualmente i due più brillanti ricercatori in scienze cognitive che hanno rivoluzionato con le loro teorie la scienza del linguaggio.

Secondo Pinker (1994), l'uomo sa parlare più o meno nello stesso senso in cui il ragno sa tessere la sua tela. La ragnatela non è stata inventata da uno sconosciuto aracnide geniale e non dipende dall'educazione ricevuta o da un'attitudine all'architettura e alla costruzione. In realtà il ragno tesse ragnatele perché ha un cervello da ragno che gli fornisce la spinta a tessere e la competenza per farlo. Anche se ci sono differenze tra ragnatela e parole, Pinker suggerisce di vedere il linguaggio proprio come una ragnatela. Il linguaggio va inteso come un adattamento biologico per comunicare informazioni e non come un particolare privilegio dell'unicità umana, in particolare non va interpretato come condizionante il pensiero astratto.

L'implicita conoscenza della grammatica che un bambino possiede in età prescolare è più sofisticata del più denso manuale di stilistica o del più aggiornato linguaggio per programmazione di computer.

Secondo Chomsky (1981), i bambini devono avere uno schema innato comune a tutte le lingue, una Grammatica Universale che dice loro come distillare forme sintattiche a partire dai discorsi dei loro genitori. Analogamente allo sviluppo fisico in cui si dà per scontato che la struttura di un organismo sia determinata geneticamente anche per le strutture cognitive superiori si deve ragionare con lo stesso principio. Sostiene che l'acquisizione di una struttura cognitiva quale il linguaggio vada studiata come qualunque altro organo complesso dell'uomo. Anche il linguaggio, come la vista, si sviluppa in una specifica *finestra formativa* e il termine dei 3 anni è quello in cui deve avvenirne lo sviluppo, analogamente ai primi mesi di vita per la vista, pena il rischio di non sviluppare adeguatamente quest'organo. Ho già spiegato per quanto attiene la vista che se il neonato con un difetto visivo non viene operato tempestivamente, i neuroni specifici non si attivano, ma si attiveranno invece dei neuroni vicari meno specializzati e quindi il bambino crescerà con un difetto visivo. Analogamente avviene per il linguaggio: se il bambino non parla entro il tempo previsto, i neuroni del sistema specializzato non si attiveranno correttamente e il bambino potrà crescere con seri problemi.

Quando i bambini sordi sono educati da genitori che fanno uso della lingua dei segni, imparano tale lingua allo stesso modo in cui i bambini che sentono imparano il linguaggio verbale. Ma i bambini sordi che non nascono da genitori non udenti, cioè la maggior parte, spesso non hanno vicino persone che utilizzano la lingua dei segni e, anzi, a volte, ne sono deliberatamente tenuti lontani dai loro educatori, che nella tradizione *oralista* vogliono forzarli a imparare a leggere le labbra. Quando diventano adulti, i bambini sordi tendono ad avvicinare le comunità di persone non udenti e a imparare la lingua dei segni che consente di valersi dei mezzi di comunicazione a loro disponibili. Ma a quel punto solitamente è troppo tardi, e devono affrontare la lingua dei segni come se fosse un difficile rompicapo intellettuale, come ad esempio è accaduto a me quando ho iniziato da adulto a studiare l'inglese. I sordi, scrive Pinker, proprio perché sono le uniche persone neurologicamente normali che arrivano all'età adulta senza avere appreso una lingua, confermano con le loro difficoltà il fatto che il pieno apprendimento di una lingua avviene nell'infanzia durante una ben precisa *finestra formativa*.

Secondo la tesi di Chomsky, l'architettura del linguaggio è innata nei bambini e segue leggi universali che vincolano le regole grammaticali.

La mente, di conseguenza, deve contenerne il progetto anche se per ora non è stato ancora ritrovato il gene della grammatica o identificato con le tecniche di imaging cerebrale l'organo del linguaggio.

Esistono alcuni tipi di ictus cerebrale che creano un danno selettivo alle parti basse del lobo frontale dell'emisfero di sinistra, compromettendo irrimediabilmente il linguaggio ma lasciando intatte le capacità di ragionare. Chi ne è vittima soffre di una sindrome di afasia definita *afasia di Broca*. Questo non significa che il linguaggio sia separato dall'intelligenza, ma sottintende che per un corretto linguaggio sia necessario un funzionamento al 100% delle strutture cerebrali implicate. Un esempio opposto di cattivo funzionamento mentale con un buon linguaggio è quello degli *idiots savants*.

Si tratta di persone molto loquaci e dotate di un linguaggio sofisticato ma mentalmente ritardate.

Molti di noi ritengono che il pensiero sia la stessa cosa del linguaggio ma questa affermazione è assolutamente scorretta; quello che invece può avvenire è il condizionamento del pensiero da parte del linguaggio ed è questo il motivo per cui nella professione di medico è interessante sapere stare in silenzio accanto al malato in una relazione empatica in grado di fornirgli sicurezza. A Niguarda, quando mi occupavo dell'ambulatorio di oncologia polmonare, molti dei malati che venivano a visita per la prima volta, accompagnati dai parenti, erano chiaramente terrorizzati dall'ipotesi di avere un tumore polmonare e mi rendevo conto che evitavano di farmi domande. Io, dopo avere esaminato tutta la documentazione, ampiamente probante per la diagnosi di cancro del polmone non operabile, evitavo di dare qualsiasi tipo di comunicazione diagnostica e iniziavo invece a sviluppare un concreto programma di chemioterapia con appuntamenti per i successivi 3 mesi. Era sufficiente sviluppare questo programma terapeutico per sollevare dall'ansia il malato evitando di comunicare sia una diagnosi sia una prognosi. Nel corso dei successivi incontri l'ansia del malato si stemperava e iniziava una comunicazione più chiara per quanto riguardava la diagnosi ma sempre molto sfumata in riferimento alla prognosi *quoad vitam*.

Per anni io e i miei colleghi ci siamo comportati così, confortati in questo sia dall'atteggiamento dei parenti che da quello dei malati. Come scrive Ivan Cavicchi (2002) «Viviamo in un'epoca in cui la medicina sta diventando sempre più protocollare, ma probabilmente la qualità dell'opera medica si deve più che al protocollo, cioè a indicazioni di dettaglio decise a priori, a un lavoro in corso d'opera. Per quanto si voglia guidarla, incanalarla, l'opera medica segue il piano dell'esperienza. Questa ha tutta l'autorità, e a volte le capita di smentire lo stesso protocollo. L'opera attraverso l'esperienza a volte implica una resa della razionalità protocollare. Insomma, per il suo valore un'esperienza artistica in medicina non si può scindere dal pratico, dall'emotivo, dal razionale, dall'umano, esattamente come non si può scindere la storia dalla natura, l'umano dal naturale. La passione del medico collega tutte le cose, la sua *razionalità* indica i significati scientifici dell'esperienza, la sua *pratica* indica che il suo malato interagisce con le sue scelte. L'esperienza di un'opera medica è molto simile a un componimento sinfonico. Non di meno in medicina le esperienze sembrano principalmente razionali e pratiche, piuttosto che particolarmente artistiche, in ragione dell'interesse che perseguono e controllano. In un'esperienza razionale, la conclusione ha valore per proprio conto. Essa può essere astratta e separata dal resto. E ciò capita frequentemente. Ma essa non dà conto di tutto quello che c'è nel percepibile. James paragonò il corso di un'esperienza al volo e alle soste di un uccello. In medicina, *i voli e le soste* sono intimamente legati fra loro. Scrive Dewey: «adempiere, portare a termine, sono funzioni continue, non semplici mete».

Quanto sia vero ciò che scrive Cavicchi, lo si può capire dal seguente aneddoto. Un giovane collega medico, già obiettore di coscienza, incaricato da un centro ricerche di valutare l'impatto delle linee guida terapeutiche sul cancro della mammella nei vari ospedali italiani, si rese conto dall'esame delle cartelle cliniche che alcune istituzioni che avevano partecipato alla stesura delle linee guida non le rispettavano a conferma della difficoltà di protocollare in generale l'atto medico.

Con la PET e la FMRI si è osservato che all'elaborazione del linguaggio partecipano più aree cerebrali, e che la stessa area del Broca si attiva anche nella comprensione della musica, nell'imitazione e nel controllo dei movimenti. La nostra conoscenza delle parole potrebbe quindi essere diffusa in diverse regioni del cervello e non confinata solo nell'area ritenuta essenziale per il linguaggio (Marcus, 2004). Le aree visive potrebbero giocare un ruolo nella comprensione della parola, le aree uditive nella comprensione del suono di una parola, le aree motorie nella comprensione dei verbi d'azione.

Io stesso, quando seppi che la differenza fra il genoma dello scimpanzè e il nostro è dell'1, 5% ebbi l'immediata fantasia di ascrivere questa differenza alla codifica del linguaggio, ma, giustamente obbietta Gary Marcus, il linguaggio non viene solo da quell'1, 5% che ci separa dalle scimmie ma anche dal 98, 5% di genoma che è condiviso. Se il linguaggio è infatti entrato in scena in modo relativamente rapido per gli standard evolutivi (circa 100.000 anni) ciò è dovuto al fatto che molti degli strumenti genetici per costruire una cognizione complessa esistevano già. Per capire l'origine del linguaggio, bisognerà capire il modo in cui un insieme relativamente piccolo di nuovi geni coordini le azioni di un insieme molto più grande di geni preesistenti.

Ma, afferma il neuroscienziato Gary Marcus, ci possono essere pensieri senza linguaggio ma è certo che il linguaggio gioca un ruolo importante nel pensiero. Il linguaggio in altre parole rende possibili alcuni tipi di pensieri e comportamenti.

Quando al quarto anno di Università iniziai a frequentare il reparto facendo il giro dei malati con il docente di Clinica Medica, noto come grande barone dell'epoca, mi colpì immediatamente il tono formale con cui si rivolgeva ai malati che sottintendeva, a mio modo di vedere, una notevole presa di distanza da questi. Personalmente non condividevo quel tipo di rapporto e cercavo di capire dentro di me che cosa mi irritasse di quel comportamento distaccato. Si può parlare, pensavo, in modo educato ma comunicando con loro maggiormente su un piano emozionale. Altre volte, se mancava il Primario e facevo il giro con uno dei suoi aiuti che veniva da una lunga esperienza di ospedali sanatoriali, mi irritava quel modo di rivolgersi ai malati, paternalistico ma, nello stesso tempo, severo se in qualche modo il loro abbigliamento o la loro posizione nel letto lo irritavano. In sostanza la relazione tra pensiero, comportamento e linguaggio del medico in corsia divenne uno dei miei pallini interpretativi, senza rendermi conto che praticamente la mia attenzione era semplicemente verso una presa di coscienza corretta della relazione medico-paziente e di tutte le sue complesse implicazioni, non ultima l'analisi del controtransfert da parte del medico.

Fu per questo motivo che pensai di partecipare ai seminari per medici generici, nati in Inghilterra e noti come *Gruppi Balint*.

Michael Balint, nato a Budapest nel 1896 e morto a Londra nel 1970, medico, psichiatra e psicanalista affermava: «l'idea di permettere allo stesso medico di utilizzare indistintamente una terapia farmacologica e la psicoterapia, in vista dei bisogni del suo malato è stato per me una fonte di interesse fin dall'epoca dei miei studi in medicina». Balint iniziò la sua esperienza con un gruppo di medici generici, in Ungheria, già negli anni Trenta; questo tipo di lavoro suscitò allora molte perplessità. Nel 1938 fu costretto ad emigrare a Londra dove riprese le sue esperienze, affiancato dalla moglie Enid, dapprima lavorando con assistenti sociali, successivamente con medici generici. Ricordo che quando a Niguarda, nel 1969, furono proposti questi gruppi di lavoro io ero ancora assistente in Anatomia Patologica. Pieno di entusiasmo mi iscrissi a questi seminari organizzati da un giovane psichiatra. Il gruppo non decollò mai per mancanza di utenza, nonostante in quegli anni l'antipsichiatria e il '68 avessero sensibilizzato ampiamente la popolazione su queste problematiche. Giovanni Jervis ipotizzava la *psichiatria povera*, la Palazzolo Selvini iniziava le prime esperienze sulla *terapia della famiglia* partendo dall'osservazione che la presenza di un elemento caratteriale all'interno di un gruppo famigliare implicasse una serie di modificazioni e di giochi di equilibrio da affrontare lavorando sull'intero gruppo.

Fu di quel periodo il film di Marco Bellocchio *Matti da slegare*, quasi un manifesto basagliano. Sulla legge 180 di Basaglia si fece in quel periodo molta confusione in quanto veniva genericamente interpretata come *lasciare i matti fuori dal manicomio*. In realtà la legge prevedeva strutture precise per affrontare i disagi della malattia mentale e in alcune città d'Italia come a Trieste e ad Arezzo la sua applicazione aveva portato a buoni esempi organizzativi.

Sostanzialmente si volevano liberare i malati dalla schiavitù dei lager manicomiali che ricevevano delle sovvenzioni esagerate.

Una bella esperienza di nuova psichiatria o come la si definì allora di *antipsichiatria* la propose Richard Laing, psichiatra inglese, che, affittato un caseggiato vicino al manicomio, vi trasferì i suoi malati organizzandoli come in una comune. Quando venne a sapere di questo *studio pilota* il cineoperatore che aveva partecipato con Jack Nicholson alle riprese di *Qualcuno volò sul nido del cuculo* propose a Laing di girare un film.

Non ricordo il titolo, ma ebbi la fortuna di vederlo per caso un pomeriggio in un cinema d'essai milanese. Per circa un'ora rimasi affascinato dalla vita in comune di queste persone che, nonostante avessero chiari disturbi della personalità, convivevano in grande armonia, mi resi conto solo nelle ultime scene che all'interno del gruppo di *matti* vi erano alcuni psicoterapeuti. Fu quando durante l'assemblea un vecchio schizofrenico iniziò ad intervenire con molta aggressività destabilizzando tutti i presenti; un terapeuta che gli sedeva a fianco lo convinse ad allontanarsi con poche battute, bene assestate.

Il tipo di lavoro che il professor Balint proponeva è stato bene ricostruito dal professor A.M. Comazzi dell'Istituto di Clinica Psichiatrica dell'Università degli Studi di Milano e si può riassumere nello scritto da lui elaborato (2005) di cui riporto di seguito alcuni stralci.

Il *Gruppo Balint* si basa su due cardini:

1. la discussione di un caso reale, scelto perché ha creato problemi al medico (imbarazzo, sorpresa, reazioni impreviste). La presentazione va fatta senza l'aiuto di annotazioni particolari o cartelle cliniche, così che possa risultare più immediata;
2. la definizione dell'azione terapeutica: il medicamento più utilizzato in medicina è il medico stesso, il rapporto è per se stesso farmaco.
   Nella relazione medico-paziente avvengono attorno alla malattia una serie di transazioni: il paziente pone spesso domande esplicite che ne mascherano altre implicite e offre sintomi dietro i quali si nascondono situazioni, richieste o difficoltà che egli non sa esprimere.

Il medico con la propria personalità e le proprie reazioni emotive che influenzano il suo modo di rispondere alla domanda del paziente e il suo modo di ascoltarlo, cerca di scoprire ciò che il sintomo sottende. La funzione terapeutica della relazione medico-paziente va valutata soppesando le sue indicazioni, i tempi e i suoi effetti secondari. Per questo Balint spesso affermava che: «Fra paziente e medico passano molte più cose di quanto non dicano i manuali di medicina». Ignorare questo aspetto può far vanificare i risultati terapeutici. Lo sviluppo del suo metodo si può interpretare dal continuo aumento delle richieste di formazione psicologica da parte dei medici (soprattutto generici) e degli operatori psico-sociali.

Il *Gruppo Balint* poggia su tre fondamenti:

1. reale rispetto per il paziente, questo implica anche l'assenza di qualsiasi genere di atteggiamento autoritario o burocratico;
2. atteggiamento amorevole a favore del paziente, da essere umano verso un altro essere umano, con attenzione e cura;
3. il paziente va trattato non come oggetto da *laboratorio*, ma come un essere *vivo* che si può comprendere soltanto con empatia, anche se con l'ausilio di una teoria che, comunque, non può né deve mai essere dogmatica; ciò implica che il paziente non va adattato alla teoria ma va osservato prima di potere trarre qualsiasi conclusione teorica.

Balint ha evidenziato l'importanza delle emozioni del medico nell'esercizio della sua professione insegnando ai medici ad accantonare la parte emozionale o impulsiva della nostra funzione.

Ricordiamoci che a tutt'oggi la medicina si basa su scienze di base ma non è una scienza. Scrive Proust: «Una gran parte di ciò che i medici sanno viene insegnata dal malato». Oggi, inoltre, con tutte le nuove responsabilità legali che l'atto medico implica, il medico è diventato come un pubblico ufficiale che ha il dovere di presentare i vari *documenti diagnostici* al malato cercando di spiegarli nel modo più corretto e discutendo con lui l'approccio terapeutico più consono a quella determinata malattia.

Negli Stati Uniti una paziente denunciò il sanitario che la aveva guarita da un linfoma di Hodgkin con uno schema terapeutico che prevedeva 8 cicli di chemio senza metterla al corrente che ne avrebbe potuto affrontare un altro altrettanto valido di solo 6 cicli.

Ricordo che negli anni in cui ero Primario del servizio di Fisiopatologia Respiratoria mi fu inviata da un ospedale dell'hinterland una paziente di 32 anni con un grave stato di insufficienza respiratoria. La malata era stata trattata con chemio-radioterapia per un linfoma ed era perfettamente guarita dalla malattia neoplastica. Verso la fine della radioterapia era però insorta una polmonite da raggi interpretata dai clinici come stato di male asmatico. Il mancato tempestivo trattamento della polmonite attinica portò allo sviluppo di una fibrosi polmonare che rese la paziente invalida cronica per mancanza di adeguata ossigenazione. L'esito drammatico fu la guarigione dal tumore ma la condanna all'uso cronico dell'ossigeno per potere sopravvivere. Ricordo che quando mi recavo ai primi congressi di Oncologia Polmonare negli Stati Uniti, rimanevo stressato dalle relazioni di alcuni giovani oncologi rampanti che tranquillamente comunicavano i dati di protocolli aggressivi di chemioterapia in cui circa il 20% dei malati moriva per tossicità agli inizi della terapia. Se questa è la nuova medicina, pensavo fra me e me, io non sono in grado di affrontarla scientificamente. Spesso con i colleghi di Niguarda quando dovevamo applicare, in studi controllati, alcuni protocolli di chemioterapia molto aggressivi avevamo grosse difficoltà psicologiche. Si discuteva a lungo e, talvolta capitava che per non intossicare i nostri pazienti preferivamo non partecipare allo studio.

Fra linee guida, studi randomizzati, protocolli di chemioterapia, forse i giovani medici, secondo René Thom, sperimentano tanto ma pensano poco; tornare a pensare e a ragionare potrebbe essere un'interessante esperienza per noi tutti quando applichiamo la scienza medica. Nel mondo occidentale siamo arrivati ad un laureato in medicina ogni 150 abitanti e in alcune zone rurali dove una volta c'era un medico ogni 3000 abitanti possiamo trovarne oggi fino ad uno ogni 200. Questa elevata incidenza è solo in parte legittimata da impegni prescrittivi, diagnostici e burocratici, ma sicuramente rappresenta un esubero. È confortante sapere che, comunque, in un sondaggio europeo, il medico italiano è risultato il più amato dai pazienti. In un suo recente intervento ad un convegno sulla relazione medico-paziente, il professor Ranieri Fossati parlando dei trapiantati d'organo ha precisato l'importanza di sviluppare non più un'etica individuale finalizzata ad un solo malato, bensì un'etica sociale che si prenda cura di tutti i malati in attesa di trapianto. Egli invita giustamente il medico a superare l'atteggiamento paternalistico e a proporsi in un ruolo tecnico, l'unico che consente in questi casi di salvare una vita. Nello stesso tempo va tenuto in giusta considerazione che oltre la metà dei pazienti presi in cura dai medici di famiglia è afflitta da malattie funzionali (cervicopatie, colon irritabile, gastropatie, ernie iatali, ecc.) e nello stesso trattato di clinica medica dell'Harrison, circa il 60% delle malattie risultano di natura funzionale. Quando iniziai la mia professione, l'ernia iatale, cioè la tendenza dell'esofago ad erniare verso l'alto, era una malattia quasi sconosciuta; ora come pneumologo una buona parte delle tossi o dei disturbi respiratori di tipo asmatico è sostenuta da questa patologia. Ormai quando affronto l'anamnesi di un nuovo paziente, cerco sempre, assieme a lui di capire quanto pesi lo stress nella sua vita al fine di valutare, prima dell'ascoltazione del torace, se non sia portatore di un'ernia iatale non ancora diagnosticata. Qualche volta può capitare che, solo alla fine della visita, quando sto impostando una cura per la bronchite asmatica, il paziente mi comunica di essere da tempo in terapia con farmaci per l'ernia iatale.

Spesso penso al medico di medicina generale e alle difficoltà oggi di gestire i malati con adeguata cultura. Se io, pneumologo, trovo difficoltà a districarmi nei meandri della complessa sintomatologia del paziente, come riesce il medico di famiglia anche solo ad identificare lo specialista a cui inviarlo? Ormai, con una certa frequenza, nel caso di tossi ribelli da ernia iatale io stesso devo appoggiarmi ad uno specialista gastroenterologo di comprovata esperienza per risolvere il problema.

Scrive giustamente il dottor Gianpaolo Mantovani, medico di famiglia: «Quando il malato era totalmente gestito dal Mmg (medico di medicina generale), la nostra professione era considerata di grande prestigio ed era gratificante esercitarla. Anche se la nostra figura professionale è ancora considerata importante nell'immaginario collettivo dei media, nella realtà il malato ci sfugge: pretende la visita specialistica per un banale raffreddore, si ricovera, sopporta ore di attesa al Pronto Soccorso, chiama il 118, tutto ciò senza averci interpellato. Tale realtà è l'epifenomeno, strutturatosi gradualmente nel tempo, di un inesorabile calo di fiducia nei confronti del Mmg che in poco tempo ci porterà alla perdita del potere gestionale del malato, potere inteso come capacità professionale». Continua ancora l'articolo: «Possedere la padronanza totale della professione ed essere messi nella condizione di poterla esercitare bene sono due aspetti del nostro lavoro che si intersecano e ai quali risulta difficile dare la priorità». Su queste premesse giustamente il collega afferma la necessità di migliorare i percorsi di formazione già intrapresi dai medici di famiglia e proprio con queste finalità a Mantova i medici dell'AIMEF hanno dato vita a un progetto che li ha riportati a frequentare da circa due anni le corsie ospedaliere. Ciò ha permesso di realizzare contemporaneamente diversi obbiettivi:

1. equiparazione delle conoscenze;
2. instaurazione di rapporti di amicizia *inter pares*;
3. possibilità di seguire il malato anche fuori dal proprio territorio di competenza (Mantovani, 2004).

Questo tipo di esperienza inoltre renderebbe anche più semplice la comunicazione fra Mmg e specialisti ospedalieri facilitando il passaggio di informazioni sul paziente in maniera chiara e comprensibile. Ricordo un caso clinico particolarmente difficile con il paziente afflitto da un anno da tosse ribelle indotta da una grossa ernia iatale. Né la terapia con i broncodilatatori, né quella per l'ernia avevano risolto il problema; bastò una semplice telefonata fra noi due specialisti (pneumologo e gastroenterologo) con la messa a fuoco del paziente dal punto di vista caratteriale, per risolvere il tutto con la semplice aggiunta di poche gocce di benzodiazepina. Comunicare, infatti, vuol dire non passare informazioni ma anche sensazioni che talvolta i due consulenti possono percepire in modo non analogo.

Ivan Cavicchi, docente di Sociologia dell'organizzazione sanitaria presso la Facoltà di Psicologia dell'Università *La Sapienza* di Roma ha affrontato nel libro *La clinica e la relazione* il problema del rapporto medico-malato (Cavicchi, 2004). Questo libro è il quinto di un ciclo di pubblicazioni che contribuiscono alla «costruzione di un pensiero e di una idea nuova di medicina scientifica».

Giustamente, osserva Cavicchi, l'identità *scientifica* della medicina è recente e deriva dall'identità secolare, soprattutto filosofica, della medicina nella storia.

La relazione tra il medico e il malato, precisa, è una realtà di *natura* e *cultura*. Il linguaggio del malato, ad esempio, è una realtà al pari di quello sintomatico del corpo. *Cultura* e *natura* quindi, o, se si preferisce, *filosofia* e *scienza*. È la *relazione* che li contiene entrambi.

La clinica in questo modo deve fare i conti con la *relazione* che invece noi medici, secondo l'autore, diamo per scontata in quanto tendiamo ad estendere la logica della clinica al mondo del malato *colonizzandolo* con le nostra visione del problema considerata come l'unica valida.

Nella seconda parte del libro si affronta il significato, completamente nuovo, della *relazione*: «Essa è soprattutto relatività ontologica. Per questo la relazione è, suo malgrado, la difficoltà maggiore per la clinica perché la sua conoscenza di un malato è molto diversa da quella scientifica. È una conoscenza filosofica che si incarica di capire il mondo della relatività e della vaghezza che pur appartengono al malato e che sono l'opposto dell'idea di evidenza, di verificazione, così care alla scienza. La relazione è ontologia perché in essa tutto il malato è esattamente come è. Non come vorrebbe che fosse la clinica, un puro oggetto di studio. Ontologia per il medico significa servirsi di ciò che c'è nella relazione tra lui e il malato per fare semplicemente una clinica migliore».

Infine nell'ultima parte del libro si sostiene che la *relazione* tra clinica e malato non è solo comunicazione, cioè scambio di informazioni, ma è soprattutto realtà linguistica.

«*Relazione* e *linguaggio* sono in pratica le due facce della stessa medaglia. Il linguaggio, diversamente dalla comunicazione, rappresenta chi parla, mentre la comunicazione si occupa solo di organizzare messaggi. La relazione tra un medico e un malato non è riducibile ad uno scambio di informazioni, ma è il luogo dove i soggetti si conoscono come tali attraverso il linguaggio».

Questo della *relazione medico-malato* è sicuramente il problema che ho maggiormente sofferto nella mia professione, in particolare negli anni di vita ospedaliera. Con i malati di tumore polmonare non operabile, presi in carico dalla divisione di Pneumologia, il problema della *relazione* si poneva a due diversi livelli. Il primo lo avevamo risolto con *l'azione medica*: il paziente veniva inserito in un percorso terapeutico molto bene organizzato che lo sollevava, relativamente, dall'angoscia della sua malattia e della morte imminente in quel caso più che il linguaggio contava la comunicazione empatica all'interno di un percorso terapeutico. A essere sincero, meno si parlava e meglio era per tutti: l'omissione della *prognosi* era la nostra regola e spesso questo silenzio era gradito anche ai parenti. Il modello anglosassone con la chiara comunicazione al paziente era da noi rifuggito non so se per vigliaccheria o per *pietas* ma in fondo che logica aveva proporre cicli di chemioterapia in pazienti candidati all'exitus? Certo, noi stessi pubblicavamo articoli scientifici rimarcando l'importanza della chemioterapia palliativa per migliorare la sopravvivenza del malato, ma in realtà i reali vantaggi non erano facilmente dimostrabili, fermo restando, a detta di tutti gli studi clinici, che la sopravvivenza non si spostava di un mese. Nasceva quindi il secondo livello di relazione, quello con il malato terminale. E a questo punto il linguaggio non era più praticabile e ci si rifugiava, soprattutto nelle corsie ospedaliere, nella terapia farmacologica. Di frequente, durante le guardie notturne di reparto, si era chiamati ad assistere un malato terminale e, sempre, concordi con l'infermiere di turno, si abbondava nella terapia sedativa; era questa, in realtà, l'unica reale comunicazione *farmacologica* utile in quel momento. Per carità, non ci si negava mai a nessuno ma, in quel caso, era più l'efficacia dell'intervento farmacologico che non il linguaggio a dominare nella relazione.

Una volta attuato l'intervento terapeutico si stava vicini al malato assieme all'infermiere, in attesa della risposta sedativa o antalgica e si tentava nel frattempo di sollevarlo dall'angoscia di morte con parole di conforto. La sensazione era comunque quella di sfruttare più strumenti impressionistici che verbali. Forse è difficile insegnare queste cose al medico; ognuno attiva in queste situazioni risorse personali. Poco tempo fa una signora mi ha raccontato che una dottoressa della ASL, chiamata ad assistere il padre morente, si mise a recitare vicino a lui il rosario suscitando in lei, profondamente laica, molto fastidio.

Entriamo qui in un altro campo della relazione basato sull'intuizione. Una rivista americana «Monitor» dell'American Psychological Association ha dedicato un numero intero all'intuizione, dono che tutti possiedono e che sembra avere qualcosa di magico.

Secondo Seymour Epstein, psicologo dell'Università del Massachusetts, l'intuizione si apprende senza renderci conto di averla imparata. Quanto nella relazione medico-paziente l'intuizione reciproca gioca nell'instaurarsi di un rapporto di fiducia? Anni fa, ancora giovane assistente, uno degli aiuti più anziani, dovette partire per una vacanza e mi lasciò in carico un paziente ricoverato in clinica privata. Al mio ingresso nella stanza ebbi la percezione di un paziente con cui non avrei potuto instaurare alcun rapporto e con tutta probabilità la relazione fu reciproca nella sua negatività.

Assolsi per dovere il mio compito, visitandolo regolarmente per il periodo richiesto, senza mai instaurare un reale rapporto. Alcuni esperti parlano di *intelligenza sociale* cioè la caratteristica da parte di alcuni di cogliere aspetti della personalità di chi si ha di fronte. Chiaramente gioca nella relazione medico-paziente lo stato d'animo in cui ci si trova. Sicuramente l'allegria da parte del medico, oltre a rendere più disponibili, consente maggiore capacità di intuire le caratteristiche degli altri rispetto alla depressione. L'intuizione nella relazione medico-paziente, riferita al rapporto umano, è diversa naturalmente dall'intuizione diagnostica. Qualche tempo fa, chiamato a consulto al letto di un paziente che da 15 giorni aveva febbre elevata, ebbi la netta sensazione di trovarmi di fronte ad un caso raro di meningite tubercolare. Gli elementi che avevo a disposizione erano scarsi ma, non so per quale motivo, posi subito questa ipotesi diagnostica. Forse l'avere vissuto da bambino in mezzo a radiografie e con mio padre sempre impegnato nella lotta alla tubercolosi, mi ha fornito questa capacità intuitiva. Sta di fatto che la puntura lombare, eseguita tempestivamente dal neurologo, confermò la diagnosi e il paziente guarì in qualche mese con le cure appropriate.

Sia nell'intuizione clinica, sia sociale, vale il principio di essere sempre molto attenti e fidarsi relativamente della prima impressione. Appena laureato, mio padre mi insegnò a valutare le radiografie con una tecnica che un tempo i radiologi applicavano nella diagnosi di sarcoidosi. Questa malattia, che colpiva i lavoratori del silicio in miniera o nelle fabbriche di vetro, ha la caratteristica di infiltrare i polmoni in modo variabile, tanto che è stata suddivisa in 4 stadi in funzione del grado di infiltrazione polmonare.

Quando ci si trova davanti ad una radiografia del torace per esprimere il reale grado di interessamento del polmone si fa la prima diagnosi e dopo una lunga riflessione la si conferma o la si nega. Ad esempio: I grado°/II°grado oppure I° grado/I° grado se la prima impressione diagnostica è confermata. Da allora, per abitudine, applico questa strategia sia nelle diagnosi mediche che nella valutazione dell'umano che ho di fronte.

15. *Dare un senso alla morte*

Dal 1966 al 1970 ho totalizzato circa 1400 autopsie; ero un giovane medico pieno di entusiasmi scientifici e, nonostante l'ambiente di lavoro, ero lontano mille miglia dal concetto di morte. Sembra un paradosso, ma la *relazione* con i cadaveri che dovevo esaminare non mi coinvolgeva al di fuori dei contenuti anatomo patologici che dovevo redigere nelle autopsie.

Quando passai nel reparto di Pneumologia l'impatto fu molto diverso e, nonostante la giovane età, la relazione con il malato terminale mi coinvolse profondamente.

Iniziarono le riflessioni sui pazienti affetti da tumore polmonare e in particolare sui diversi modi in cui questi malati affrontano la morte. Di fronte a questi pazienti il medico è chiamato ad una prescrizione terapeutica di cui non ha nessuna certezza. In questo caso la famosa EBV che poggia su un numero adeguato di dati clinici raccolti non ha nessun senso. Il medico non ha alcun modello prestabilito e deve decidere sulla base della sua esperienza. D'istinto, quando potevo, cercavo di dimettere il malato terminale per farlo morire a casa. Fu per questo motivo che sentii il bisogno di fondare una Associazione (APEC.TP) che mi permettesse di mandare i medici del reparto e gli infermieri ad assisterli adeguatamente una volta dimessi. C'è da dire che era anche più semplice in quegli anni avere il *cardiostenol* a domicilio piuttosto che in ospedale. Si tratta di un cocktail di morfina e atropina con un ottimo potere di sedazione. Eseguita l'iniezione il malato dopo pochi minuti si assopisce e non sente più dolore per parecchie ore. Ricordo che prima di subire l'intervento di appendicectomia nel 1956 mi fecero mezza fiala di cardiostenol intramuscolo, dormii come un angelo e al mio risveglio tutto era finito.

Per i nostri pazienti gravi inoltre, una volta dimessi, potere avere a casa gli stessi medici e infermieri dell'ospedale era la soluzione migliore e in genere tutti noi, conoscendo il malato, eravamo preparati ad attuare la terapia più consona per quel tipo di problema. L'efficacia degli interventi terapeutici era finalizzata a sollevare dal dolore o dal sintomo i malati e nello stesso tempo gli stessi parenti si sentivano psicologicamente molto appoggiati dalla nostra équipe.

Anche in ospedale, nei limiti del possibile, cercavamo di affiancare sempre lo stesso medico al malato perché, nonostante le linee guida e i protocolli, ci siamo sempre resi conto dell'importanza di rispettare la relazione medico-paziente.

Dare un senso alle morti a cui ho assistito da medico e laico non è stato semplice, e in realtà, intimamente, come darwinista mi affianco ad Edelmann quando afferma che con la morte l'esperimento è finito.

Pochi giorni fa, e non mi succedeva da tanto tempo, mi sono trovato al capezzale di una paziente che praticamente è morta fra le mie braccia.

Ho immediatamente riprovato la sensazione che per anni mi ha accompagnato e cioè un immediato distacco dalla realtà che avevo appena affrontato e risolto senza fare soffrire la paziente. Al momento della morte mi cade qualsiasi tensione e il mio compito di traghettatore verso il nulla per me è finito. Tanto combatto in vita per alleviare le sofferenze e favorire una morte meno traumatica e consapevole possibile, tanto una volta portato a termine il mio dovere di medico sono assalito da una straordinaria calma. Anche sulla consapevolezza della morte spesso mi sono domandato se non fosse giusto intervenire in modo diverso cercando di aiutare il malato a tollerare la conoscenza della propria morte, ma solo raramente mi è stato concesso o dai parenti o dallo stesso malato. Certo, diverso è il rapporto con la morte dei nostri cari ma, anche in questo caso, mentre per la morte di mio padre, avvenuta a 67 anni dopo un tumultuoso infarto e una serie di micidiali errori sanitari a cui ho dovuto assistere, mi è rimasta addosso un'angoscia per anni, nel caso di mia madre, morta serenamente a 84 anni in casa sua, la morte ha perso ogni significato. L'ho accettata con tranquillità e, senza alcun senso di colpa, mi sono sentito liberato dal dovere quotidiano di una difficile assistenza.

In Belgio da poco tempo hanno messo in vendita un kit per l'eutanasia. Si tratta di una scatolina che contiene 5 fiale, qualche siringa usa e getta e un foglietto; il costo è di 60 euro e lo possono acquistare solo i medici depositando una dettagliata e motivata prescrizione. Il kit per la dolce morte contiene 3 fiale di barbiturici (Pentotal), 2 di paralizzanti neuromuscolari (Norcuron) e 1 di sonnifero. In Olanda esiste un protocollo per praticare l'eutanasia anche sui neonati. In Belgio i casi di eutanasia nel 2004 sono stati complessivamente 259. Il 54% di questi si è verificato in ospedale, il 41% al domicilio dei malati e il 5% nelle case di riposo.

Robert Pogue Harrison, professore di letteratura italiana e direttore del Dipartimento di francese e italiano presso l'Università di Stanford ha pubblicato un libro dal titolo *Il dominio dei morti* (Harrison, 2004) in cui affronta con grande sapienza una serie di quesiti: quale è l'importanza dei morti per i vivi? Qual è la funzione del lutto e del ricordo? Cos'è in gioco quando seppelliamo i cadaveri e costruiamo per loro tombe e cimiteri? Secondo Harrison, ad esempio, lo scopo della sepoltura è quello di umanizzare il territorio in cui diamo vita al nostro tempo e immaginiamo il futuro; finchè sono presenti nelle tombe, i morti non abbandonano realmente il mondo ma conservano invece un'esistenza fra noi guidando potentemente le nostre azioni e il nostro pensiero. Si tratta di una interessante lettura *laica* dell'aldilà che mi trova d'accordo semplicemente per ciò che riguarda i valori culturali dei morti che appartengono alla storia dell'uomo. Ognuno di noi costruisce i propri personali contenuti esperenziali sulla base delle affinità di pensiero.

Ricordo un libro particolare di Henry Miller, *Il tempo degli assassini*, in cui lo scrittore racconta in modo febbrile la riflessione sulla sua vita affine in modo speculare alla vita di Rimbaud.

Nello stesso modo, in diversi momenti della mia vita, mi sono imbevuto dei valori culturali di morti sulle cui tracce ho costruito il mio castello di esperienze. Questa professione consente di aver accesso a storie individuali di persone praticamente sconosciute.

Se quindi, come medico e come uomo, io sono il frutto delle mie relazioni non posso che ringraziare non solo i vivi ma anche, ahimè, i numerosi morti che ho dovuto assistere. E questa considerazione, in fondo, mi è di conforto.

16. *Ritorno a casa*

Ecco: l'autopsia è finita. I tecnici della sala anatomica sono già al lavoro per lavare e cucire le salme; io, appollaiato su uno sgabello di fronte ad un bancone, redigo a mente fresca il referto con lo scopo di non omettere ciò che ho riscontrato all'esame del cadavere. I numerosi frammenti degli organi prelevati per l'esame istopatologico galleggiano nel vaso ripieno di formalina, al mio fianco, in attesa di essere trasportati in laboratorio per la preparazione dei vetrini da esaminare al microscopio. Non c'è autopsia che si possa risolvere solo con l'esame macroscopico del cadavere; da ogni caso clinico emergono quesiti risolvibili solo con l'esame istologico dei preparati. Spesso anche dopo questo esame rimangono dubbi sulla soluzione del caso e qui emergono le competenze specifiche dei vari patologi. Quello dell'anatomo patologo è un lavoro sommerso di grande responsabilità. Ricordo quando, giovane assistente, bussavo timidamente alla porta del primario per chiedergli di dare un occhio ai vetrini appena allestiti; mi sedevo con grande umiltà vicino a lui e lo ammiravo quando, con la sua memoria d'acciaio, risolveva il caso clinico con diagnosi a me assolutamente sconosciute. Una volta, dopo avere discusso il caso con l'aiuto primario e gli altri colleghi, eravamo tutti concordi nella diagnosi istopatologica di tumore maligno di tipo sarcomatoso: un killer che non lasciava speranza alla giovane a cui era stato asportato il tumore. Prima di dare la risposta definitiva andai per maggior sicurezza nello studio del professor Parini che trovai, come al solito, seduto davanti al microscopio con l'eterna sigaretta in bocca. Convinto di una sua risposta immediata e scontata rimasi sconcertato quando, dopo parecchi minuti di osservazione al microscopio, non mi aveva ancora confermato la nostra diagnosi. Continuava a cambiare l'ingrandimento del microscopio fino a passare all'esame ad immersione in olio che permette di vedere le cellule al massimo ingrandimento. Ad un certo punto alzò lo sguardo e mi disse: «Soresi mi prenda il 2° volume del Saphir (un trattato di Anatomia patologica) e apra a pagina 236, mi pare di ricordare una fotografia simile al caso che stiamo discutendo». Aprii il volume e vidi le fotografie a cui si riferiva: si trattava di un caso di *miosite ossificante* del tutto simile al caso in discussione; un tumore benigno che si può formare dopo un trauma contusivo muscolare, le cui cellule atipiche possono simulare cellule tumorali di tipo sarcomatoso. Vista la delicatezza della diagnosi mi pregò di andare a fare esaminare i preparati ad un suo amico anatomo patologo, primario di un istituto ortopedico, secondo lui dotato di maggiore esperienza in questo tipo di patologia. La diagnosi di miosite ossificante fu confermata e tutti noi rimanemmo sconcertati per il grave errore in cui stavamo incorrendo e che avrebbe condannato ad angosce assurde parenti e malata. Quante volte, pensai, questi errori possono accadere? Anni fa ad un mio amico fu asportato un linfonodo sopra la clavicola. La diagnosi emessa fu di metastasi di seminoma del testicolo ma l'oncologo che lo aveva in cura non era d'accordo e pregò il mio amico e paziente di riportare i preparati istopatologici al consulente anatomo patologo affinché li riesaminasse. Dopo pochi giorni, quando il patologo lo chiamò per la risposta, ridandogli i preparati disse: le chiedo scusa, in effetti si tratta di una metastasi di melanoma, non di seminoma, ma questa diagnosi, mi spiace per lei, è molto peggiore della precedente. Quando il mio amico, angosciato, mi raccontò questo episodio rimasi mortificato per l'aggressività del consulente incapace di incassare una sconfitta diagnostica e di controllare il proprio controtransfert.

Con la coda dell'occhio, mentre scrivo l'autopsia, guardo i tecnici della sala anatomica che si affannano attorno alla salma; dopo avere riposizionato i vari organi stanno cucendo la cute dell'addome e lavando il cadavere. L'ultima azione riguarda il riposizionamento del cervello nella scatola cranica, li guardo con interesse: è questo infatti l'ultimo gesto ma il più delicato. L'encefalo dopo essere stato sezionato in numerose fettine si è come espanso e il mio dubbio ogni volta è che non riescano a farlo stare tutto all'interno del cranio. La consistenza di quest'organo è difficile da definire: è molliccio ed elastico, ricoperto dalle meningi che lo contengono e lo modellano. Una volta tagliato tende ad espandersi sul telo dove è appoggiato e ricomporlo in modo corretto non è un'impresa semplice.

Cervello e Complessità è l'articolo in cui il neuroscienziato Giulio Tononi ne spiega l'organizzazione.

«Un sistema va considerato complesso – scrive Tononi – solo se è costituito da un gran numero di parti ciascuna con funzioni diverse, che interagiscono fra di loro in modo eterogeneo. Ma, come corollario, un sistema è complesso solo se non è né completamente regolare né completamente irregolare. In sostanza sono complessi i sistemi le cui parti interagiscono obbedendo a precise regole, così numerose ed eterogenee da non potersi riassumere in pochi principi o equazioni.

Il cervello è quindi particolarmente complesso se pensiamo che la sola corteccia cerebrale è costituita da 30 miliardi di cellule nervose le quali interagiscono tramite più di un milione di miliardi di connessioni o sinapsi. Tali connessioni – chiarisce Tononi – non sono né omogenee né ripetitive, né distribuite a caso, ma organizzate in maniera altamente specifica. Nel sistema talamo-corticale, come già abbiamo visto parlando dei neurotrasmettitori, che comprende corteccia cerebrale e talamo, le connessioni fra gruppi neuronali sono organizzate in modo da conferire a ciascuna cellula nervosa un ruolo unico e specifico (specializzazione funzionale) ma nello stesso tempo si può sviluppare una efficace comunicazione fra miliardi di cellule (integrazione funzionale)».

Un esempio specifico di specializzazione e integrazione deriva dai recenti studi sui componenti della memoria. Un tempo la memoria era interpretata come sistema unitario; oggi invece è comunemente accettata la suddivisione in memoria a breve termine, che consente di raccogliere informazioni limitate solo per pochi secondi, e memoria a lungo termine, che consente il ricordo di quantità di informazioni illimitate per intervalli di tempo più lunghi, anche mesi e anni (Perani, 2000).

La memoria a lungo termine è stata a sua volta frazionata in *memoria episodica* che consente di apprendere e immagazzinare gli eventi della propria esperienza personale e contribuisce a formare il vissuto biografico di un individuo, e *memoria semantica* che riguarda la conoscenza di fatti, nozioni, del significato delle parole, delle regole necessarie per la manipolazione di simboli e di concetti.

Come recentemente ha scritto il neurofisiologo Mauro Mancia (2004) vi sono state ulteriori suddivisioni in memoria a lungo termine (esplicita) e memoria implicita o procedurale di cui abbiamo già diffusamente parlato nel capitolo su *Arte e creatività*.

Da qualche anno ho in cura un ragazzo che, a seguito di un trauma cranico, peraltro modesto, ha sviluppato un'amnesia che lo rende praticamente invalido. Egli ha perso la memoria episodica e quindi i contenuti della sua biografia. Questo tipo di amnesia lo rende a tutti gli effetti incapace di autogestire la propria vita e da brillante professionista è passato a lavori saltuari di tipo prevalentemente manuale.

Il danno neurologico specifico nel caso di questo ragazzo dovrebbe essere a carico dell'ippocampo, il *cavalluccio marino* della regione temporale che contribuisce alla memoria capace di aggregare gli eventi in sequenze. Nel suo libro *Più grande del cielo*, Gerald Edelman (2004) cita il film *Memento* per esemplificare questo particolare danno. In questo film (Christopher Nolan, 2000) l'investigatore assicurativo Leonard Shelby cerca di identificare il violentatore, killer di sua moglie, per vendicarla. L'indagine è complicata dal fatto che Shelby (per un trauma cranico subito nella lotta contro l'omicida incappucciato) soffre di un'alterazione della memoria: ricorda nitidamente tutto quello che è successo prima dell'omicidio ma non riesce a ricordare per più di dieci minuti le esperienze avvenute dopo. Per difendersi da questa sofferenza Shelby costruisce un'intricato sistema di foto, appunti e tatuaggi al fine di riorganizzarsi in qualche modo il suo percorso emotivo-cognitivo più recente.

Nello studio della memoria il contributo delle tecniche PET (scintigrafia a emissione di positroni) consente la determinazione *in vivo* di diversi parametri funzionali cerebrali. Gli studi mediante PET hanno dimostrato l'interazione tra flusso ematico, metabolismo e funzione cerebrale. Stimoli sensoriali semplici o semplici attività motorie così come attività mentali complesse determinano l'attivazione di aree cerebrali multiple tali da consentire la ricostruzione di vere e proprie mappe cerebrali dei circuiti funzionali coinvolti nelle diverse attività cognitive.

Con tecniche PET è oggi possibile lo studio delle basi funzionali dell'attività cognitiva mediante due modalità (Perani, 2000).

La prima utilizza la PET per studiare soggetti con lesioni del sistema nervoso centrale quali disordini della memoria, del linguaggio, dell'attenzione; in questo modo si possono ricostruire modelli di studio per mappare quella determinata funzione cognitiva che è stata compromessa. La seconda modalità prevede l'utilizzo di tecniche di *attivazione* che valutando le modificazioni di parametri funzionali cerebrali come il flusso ematico e il metabolismo regionale, sono in grado di localizzare la regione cerebrale responsabile dell'attività mentale studiata.

Il contributo della PET e della RMN funzionale allo sviluppo della comprensione dell'attività cerebrale ha come presunzione l'obiettivo di ricostruire il nostro stato di coscienza. Scrive Tononi: «Il nostro cervello è il depositario e il responsabile di uno dei più grandi misteri che l'uomo moderno debba ancora affrontare. Per qualche ragione apparentemente imperscrutabile, questo pugno di sostanza gelatinosa, molliccia adagiata nel cranio di ciascuno di noi è l'unica fonte di tutto ciò che percepiamo, ricordiamo, decidiamo o immaginiamo. In altre parole è la fonte della nostra coscienza, senza la quale il mondo intero quale lo conosciamo sarebbe solo buio e silenzio, in un certo senso non esisterebbe, o perlomeno non ci sarebbe nessuno a rendersene conto. Non c'è quindi da stupirsi se la coscienza è spesso considerata come un segreto che non riusciremo mai a carpire alla natura».

Antonio R. Damasio è lo scienziato che da lungo tempo si sta chiedendo come sia possibile l'esistenza di una mente cosciente. I continui studi in atto sul cervello, secondo questo ricercatore, dovrebbero portarci alla soluzione del problema.

In che modo, si chiede Damasio, la *mente* emerge dal cervello? Negli anni Novanta il cosiddetto decennio dedicato al cervello, si sono raggiunte più conoscenze su quest'organo che in tutti gli anni precedenti di studi della neurologia e della psicologia.

Come ho tentato di spiegare in questo libro il problema del rapporto mente-corpo è stato quasi completamente superato dalla PNEI. La continua crescita esponenziale di conoscenze sta portando tutti noi alla convinzione che ogni problema possa essere affrontato e risolto dalla scienza.

Secondo Damasio, i processi biologici che sembrano semplicemente corrispondere a processi mentali, in realtà *sono* i processi mentali e quindi anche la mente va considerata un'entità biologica che andrà descritta in termini biologici.

La proposta di questo ricercatore per risolvere l'enigma della mente cosciente è quella di suddividere il problema in due parti: «La prima riguarda il modo in cui generiamo ciò che chiamerei il *film nel cervello*. Questo *film* è una metafora di quella struttura integrata e unificata composta da diverse immagini sensoriali-visive, uditive, tattili, olfattive e di altro tipo che costituisce lo spettacolo multimediale della mente. La seconda questione è quella del *sé* e di come riusciamo a generare automaticamente la sensazione di possedere il film nella mente. Le due parti del problema sono incastrate l'una nell'altra, separarle è un'utile strategia di indagine, poiché ognuna richiede una soluzione particolare» (Damasio, 1999).

I progressi nello studio del cervello sono appena iniziati, le tecniche di analisi continuano a migliorare e la relazione fra stati cerebrali e stati mentali è sempre più messa a fuoco.

Damasio è ottimista sulla possibilità di risolvere il problema dell'emergere della mente cosciente e cioè del *senso del sé*.

«Se – scrive Damasio – consideriamo il cervello in un contesto darwiniano l'evoluzione ha prodotto un cervello che serve alla rappresentazione diretta dell'organismo e alla rappresentazione indiretta di ogni cosa con cui l'organismo interagisca». L'articolo si chiude con una previsione da lui definita *temeraria*, cioè quella che nel 2050 la conoscenza dei fenomeni biologici giungerà ad eliminare la tradizionale separazione dualistica corpo-cervello, corpo-mente e cervello-mente. «Quando conosceremo la mente a un livello più profondo potremo vederla come un insieme complesso di fenomeni di natura biologica anziché come un mistero. La mente sopravviverà alle spiegazioni, proprio come il profumo di una rosa, una volta dedotta la sua natura molecolare, continua ad affascinarci».

Edelman e Tononi sono più scettici sulla possibilità di mappare la coscienza; essi infatti sostengono che essa è il prodotto del confluire in un processo di aree disperse nel sistema talamo-corticale (il talamo è la parte più antica del cervello e la corteccia è la più recente). La coscienza coinvolgerebbe ampie popolazioni di neuroni e nessuna area specifica ne sarebbe responsabile. I contenuti della coscienza verrebbero poi elaborati dalla corteccia e quindi la coscienza deriverebbe dal *dialogo* fra diverse aree neuronali, dalla rielaborazione e processamento delle informazioni; un processo che data l'unicità di ogni cervello rende irripetibile il modo di funzionare di ogni mente. Ciò che è irripetibile di conseguenza non potrà mai essere clonato né costruito artificialmente.

Nuovamente si conferma il principio secondo il quale le connessioni cerebrali che creano la mente sono il frutto delle relazioni interpersonali a conferma che le relazioni umane modellano la struttura cerebrale dalla quale la mente prende corpo.

Alberto Oliverio cita il modello animale in cui, per esempio nei ratti, è stato visto che i contatti fisici con la madre influenzano nel figlio parametri fisiologici come il battito cardiaco, la temperatura ma anche il comportamento. Se a un topolino viene sottratto il contatto materno tra i 7 e i 14 giorni di vita, nel suo cervello si forma un numero di recettori ormonali non normale che condiziona il suo sviluppo. Anche le madri umane coccolando, toccando e nutrendo i piccoli indurrebbero la formazione nei loro organismi di fattori ormonali che modulano lo sviluppo neurologico, soprattutto nei primi anni di vita.

Con la PET è stato dimostrato che questi stimoli agiscono sulle sinapsi mentre costruiscono le connessioni cerebrali. Al momento della nascita, il cervello ha molti neuroni e poche sinapsi che raggiungerebbero il numero analogo a quello di un adulto entro i due anni. Molti circuiti nello stesso tempo verrebbero eliminati. Questo tipo di organizzazione è sostenuto dai fattori neurotrofici quali l'NGF o il BDNF di cui abbiamo già parlato e la cui increzione, a sua volta, è condizionata da numerosi fattori esterni relazionali e ambientali. In conclusione – scrive Oliverio – il codice genetico non organizzerebbe il cervello secondo uno schema prestabilito ma darebbe solo uno schema di base che farebbe da guida alla realizzazione del progetto sotto stimoli provenienti dall'ambiente esterno.

Questo principio dell'influenza dell'ambiente esterno sulla plasticità cerebrale è valido anche in età avanzata, ed è quello che spesso mi consente di essere molto provocatorio con i miei pazienti *old* che si considerano ormai arrivati ad una serena vecchiaia priva di stimoli. Oltre infatti a invitarli a camminare almeno 40 minuti al giorno per mantenere un buon allenamento muscolare, suggerisco loro di andare a mostre d'arte, di sentire musica contemporanea, di cambiare spesso percorsi urbani sia a piedi, sia in macchina, di stimolare, in altre parole, il più possibile il loro apparato cognitivo e la loro memoria.

È di pochi mesi fa la notizia che Arturo Alvarez Buylla, dell'Università della California, ha identificato la presenza di cellule staminali nel cervello. Queste cellule staminali scorrono come in un alveo di un fiume nella zona sub-ventricolare e non è chiaro quale sia lo sbocco. Angelo Vescovi, il maggiore esperto italiano di cellule staminali cerebrali, ipotizza che queste cellule possano dirigersi verso l'ippocampo che, come abbiamo già visto è il piccolo cavalluccio marino coinvolto nella memoria e per questo motivo necessita di grande plasticità. Se così fosse, il nostro potenziale cognitivo a qualsiasi età potrebbe essere molto ampio e non sarebbe la vecchiaia così nefasta come ci hanno condizionato socialmente a credere. Se poi le staminali diventassero un ausilio anti invecchiamento cellulare e contro le malattie, il futuro per noi *young old* potrebbe essere assicurato.

Una gelida mattina d'inverno mentre mi accingevo ad eseguire l'autopsia di un bambino, morto per una crisi ipertensiva endocranica, all'esame esterno del cadavere palpai, al lato del collo, una formazione di consistenza duro elastica. Iniziai a tagliare la cute con molta attenzione e scoprii un tubicino di plastica che sfociava all'interno della vena giugulare. Come al solito chiamai il primario per avere spiegazioni e scoprii quel giorno che esisteva la valvola di Spitz. Si tratta di un presidio terapeutico che viene inserito nei ventricoli cerebrali quando, per i più svariati motivi, si instaura una ipertensione endocranica. Questa valvola infatti, unidirezionale, permette di scaricare il liquor dalle cavità ventricolari cerebrali nel sistema venoso. Ogni tanto può succedere che la valvola si inceppi ed è sufficiente massaggiare il lato del collo dove è posizionata per rifavorire il deflusso del liquor. Nel caso specifico, non avendo i genitori segnalato questo problema, nessuno al Pronto Soccorso aveva eseguito questa manovra e il bambino, che aveva perso conoscenza, morì per crisi ipertensiva endocranica. Cito questo episodio perché immagino per noi medici e per gli anatomo patologi un futuro estremamente complicato, sarà opportuno che ognuno di noi venga dotato di una carta magnetica in cui vengano memorizzati tutti presidi artificiali di cui si sia portatori.

Dal pace-maker contro la depressione impiantato nel cervello, alle valvole cardiache artificiali, ai pace-maker per i disturbi elettrici del cuore agli organi artificiali in titanio: penso che a fianco del tavolo autoptico sarà opportuno posizionare vari scatoloni colorati per la *raccolta differenziata dei rifiuti tecnologici*.

Nel film *The Final cut* un chip viene impiantato nel cervello al momento della nascita ed è in grado di registrare tutto quanto accade durante la vita del soggetto che ne è portatore. Alla sua morte tutto il film girato viene estratto dal chip ed editato da uno specialista perché possa essere mostrato ad amici e familiari dopo il funerale dello scomparso. Rudy Rucker, matematico e *computer scientist* della Silicon Valley, è stato un pioniere del filone cyberpunk e già parecchi anni fa ipotizzò la possibilità per un essere umano di riversare tutti i propri ricordi e pensieri su un supporto digitale.

L'immortalità tecnologica da lui definita *lifebox* dovrebbe in un futuro essere rappresentata da una *scatola nera digitale* in grado di registrare tutto ciò che avviene nella nostra vita.

Secondo i robotecnici Marvin Misky (co-fondatore del MIT Artificial Intelligence Lab), Hans Moravec (esperto di cibernetica di fama mondiale) e Kevin Warwick (professore di cibernetica all'Università di Reading), l'intera complessità della mente umana potrà un giorno essere riversata dall'attuale supporto biologico (il cervello) a un futuro supporto digitale. Secondo questi ricercatori si potrà scannerizzare (copiare) l'intera struttura del nostro cervello e riportare la massa d'informazioni raccolte all'interno di un computer neurale; verrà di conseguenza trasportata la nostra consapevolezza, il nostro senso del sé, le nostre emozioni. Se questo dovesse avvenire sarà possibile per i nostri figli dialogare con noi *post-mortem* così come fanno regolarmente con un software e il nostro destino sarà quello di diventare ciò che pensiamo come ha scritto il profeta psichedelico Terence Mckenna sulle pagine della Rivista «Archaic Revival».

Stavo per concludere il libro con queste considerazioni e con la fantasia di rimettere nella scatola cranica, alla fine dell'autopsia, non il cervello ma un CD-ROM sostitutivo quando un giovane amico, Alberto Guardone, dottorando del Dipartimento di Ingegneria Aerospaziale del Politecnico di Milano, a cui avevo comunicato questa ipotesi mi ha inviato la seguente e-mail:

«Sembrerebbe ora possibile effettuare un completo scanner del nostro cervello, sia in termini di composizione chimica che di attività elettrica e di poter salvare una volta per tutte queste informazioni su, ad esempio, un CD-ROM. In questo processo di misura e salvataggio potremmo addirittura pensare di *filtrare* in qualche modo quest'informazione per depurarla dai condizionamenti negativi accumulatisi nel corso della nostra vita e sostituire al nostro cervello biologico un cervello elettronico programmato con tali informazioni. L'esistenza di una tale possibilità, affascinante da un punto di vista scientifico, avrebbe conseguenze enormi da un punto di vista filosofico e religioso. Il poter mappare in modo esatto il nostro cervello equivale alla possibilità di ottenere una mappa, una descrizione esatta dei nostri ricordi e dei nostri sentimenti, ovvero, in ultima analisi, della nostra anima. Una volta che siano state misurate la composizione chimica e lo stato elettromagnetico istantaneo del nostro cervello, potremmo perfino predirne l'evoluzione nel tempo, in quanto gli atomi che lo compongono devono in ogni istante obbedire alle leggi della fisica. Non più esseri umani liberi e, per chi crede, dotati di anima, ma nuvole di atomi destinate, condannate a pensare e ad agire obbedendo alle sole leggi della fisica. Come mele che, staccatesi da un albero, non possono evitare di cadere al suolo.

Ma a dirci che la scienza non può sostituirsi alla filosofia e alla religione è la scienza stessa.

Nel 1927 il fisico tedesco Weiner Heisemberg, uno dei padri fondatori della fisica quantistica, enuncia un teorema concettualmente molto semplice destinato a cambiare l'idea stessa della relazione che intercorre tra lo scienziato inteso come osservatore della realtà e l'oggetto che viene studiato. Questo teorema stabilisce che l'accuratezza con cui è possibile misurare la posizione di una particella è inversamente proporzionale all'accuratezza con cui è possibile misurare la velocità. Questo limite risulta essere indipendente dal tipo di apparecchiatura o dalla particolare procedura sperimentale che è stata seguita e non può essere superato da alcuna innovazione tecnologica negli strumenti e nei metodi di misura.

L'approccio ontologico proprio della fisica classica Newtoniana viene minato nelle sue basi dal teorema di Heisemberg. Nell'immaginario comune, si pensa sia sempre possibile misurare, con l'accuratezza massima degli strumenti disponibili, la posizione e la velocità di, ad esempio, una pallina da golf in volo verso una buca. Quest'idea viene confutata dal teorema di Heisemberg. Quali che siano gli strumenti e le tecniche di misura, esiste un limite di accuratezza al di sotto del quale questa misura non è possibile: si deve scegliere se misurare molto accuratamente la posizione a scapito dell'accuratezza sulla misura della velocità o viceversa.

Il principio di indeterminazione di Heisemberg nega quindi la possibilità a ricercatori equipaggiati con strumenti anche *infinitamente* accurati di effettuare quelle misure che ci consentirebbero di clonare i nostri cervelli e di masterizzare su CD-ROM la nostra coscienza. Possiamo pensare di masterizzare in modo perfetto la composizione chimica e la struttura del cervello e di riprodurla, ma non possiamo misurarne, nello stesso istante, il contenuto elettromagnetico. Possiamo riprodurre la nostra macchina cervello ma non *riempirla* con i dati che rappresentano i nostri pensieri o sentimenti o almeno, come ci insegna Heisemberg, non *riempirla* completamente.

Come scienziati, non possiamo che essere rassicurati, in fondo, dell'esistenza di tale limite e del dovere necessariamente delegare alla filosofia e alla religione l'esplorazione di questi mondi».

E se allora, caro lettore, anche l'immortalità virtuale ci viene negata, l'unico consiglio che ti posso dare è quello di camminare almeno un'ora al giorno, mangiare in abbondanza frutta verdura e pesce crudo e, nel caso tu fossi un fumatore di oltre 30 *pack's year* (20 sigarette al giorno per 30 anni), di buttare via le sigarette e farti comunque una TAC a spirale del torace una volta all'anno.

In questo modo non raggiungerai l'immortalità ma avrai la certezza di invecchiare e morire *sano* lasciando almeno un buon ricordo di te ai tuoi cari.

Bibliografia

Accinni R., *Stress ossidativo e patologie polmonari*, Istituto di Fisiologia Clinica C.N.R. Milano.

Altomare E., 2004, *Un'altra mente*, «Mente e Cervello», settembre-ottobre.

Bateson G., 1976, *Verso un'ecologia della mente*, Adelphi, Milano.

Bizzarri M., 1999, *La mente e il cancro*, Frontiera, Milano.

Bocchi G., Cerruti M., 1993, *Origini di Storie*, Feltrinelli, Milano.

Bodei R., 2002, *Destini personali*, Feltrinelli, Milano.

Boncinelli E., 2000, *Il medico tra arte e scienza*, «Keiron», 4, settembre.

–, 2004, *Il posto della scienza. Realtà, miti, fantasmi*, Mondadori, Milano.

Bottaccioli F., 2002, *Il sistema immunitario. La bilancia della vita*, *Immunologia*, Tecniche Nuove, Milano.

Bottaccioli F., 1995, *PsicoNeuroImmunologia*, Edizioni RED, Novara.

Brown W., 1998, *The placebo effect*, «Scientific American», gennaio.

Byrne R., 2001, *Mente senza linguaggio. Il pensiero e gli animali*, a cura di S. Gozzano, Editori Riuniti, Roma.

Canali S., Pani L., 2003, *Emozioni e Malattia*, Bruno Mondadori, Milano.

Cavalli Sforza L.L., 2004, *L'evoluzione della cultura. Proposte concrete per studi futuri*, Codice, Torino.

Cavicchi I., 2002, *Filosofia della pratica medica*, Bollati Boringhieri, Torino.

–, 2004, *La clinica e la relazione*, Bollati Boringhieri, Torino.

Cellerino A., 2002, *Eros e Cervello*, Bollati Boringhieri, Torino.

The Childood Asthma Management Program Research Group, 2000. *Long Term effects of Budesonide or Nedocromil in children with asthma*, «The New England Journal of Medicine», vol. 343, 12 ottobre, 15 pp. 1054-63.

Chomsky N., 1981, *Riflessioni sul linguaggio*, Einaudi, Torino.

Cioran E.M., 1987, *Il funesto demiurgo*, Adelphi, Milano.

–, 1996, *Sommario di decomposizione*, Adelphi, Milano.

–, 2004, *Un apolide metafisico*, Adelphi, Milano.

COMAZZI A., *I gruppi Balint e la formazione psicologica del medico*, Istituto di Clinica Psichiatrica dell'Università degli Studi di Milano.

CORBELLINI G., 1990, *L'evoluzione del pensiero immunologico*, Bollati Boringhieri, Torino.

–, 1999, *Le grammatiche del vivente*, Laterza, Roma-Bari.

COSMACINI G., 2002, Recensione pubblicata sul «Corriere della Sera» 16 gennaio 2005 libro di DANIEL E. MOERMAN, *Placebo Biologia Significato*, Vita e Pensiero, Milano.

DAMASIO A.R., 1995, *L'errore di Cartesio*, Adelphi, Milano.

–, 1999, *Mente e Cervello*, «Le Scienze» 376, dicembre.

–, 2003, *Emozione e coscienza*, Adelphi, Milano.

DORFLES G., 2005, Recensione al libro di M. Mancia *Sentire le parole*, «Corriere della Sera», 16 gennaio.

DRAKE BENNET, 2005, *Doctor ecstasy*, «Internazionale 584», 1° aprile.

EDELMAN G., 2004, *Più grande del cielo. Lo straordinario dono fenomico della coscienza*, Einaudi, Torino.

EDELMAN G., 1993, *Sulla materia della mente*, Adelphi, Milano.

ENGLERT H., 2003, *Meglio uno shock del mobbing*, «Mente e Cervello», I, 2, marzo-aprile.

BIANCHI A., Forest Medicine, 2003, *Le medicine tradizionali una risorsa da conoscere. Centro orientamento educativo*, Unione Europea.

FRA FABELLO M., OSSICINI A., 1999, *Le emozioni all'alba del 3° millennio*, 14-16 ottobre, Ospedale Fatebenefratelli. Roma.

FREUD S. *Progetto di una psicologia*, Opere Sigmund Freud, vol. 2, 1895, Edizioni Astrolabio.

GAZZANIGA M., 1997, *La mente della natura*, Garzanti, Milano.

–, 1999, *Mente e Natura*, Mondadori, Milano.

GOLDBERG E., 2001, *L'anima del cervello. Lobi frontali mente e civiltà*, UTET Libreria, Torino.

GOOD B.J., 1999, *Narrare la malattia. Lo sguardo antropologico sul rapporto medico paziente*, Edizioni di Comunità, Torino.

HARRISON R.P., 2004, *Il dominio dei morti*, Fazi, Roma.

HILMAN J., 1991, *Saggio su Pan*, Adelphi, Milano.

HOBSON J.A., 2003, *La scienza dei sogni*, Mondadori, Milano.

KANDEL E.R., 1998, *A new intellectual framework for psychiatry*, «American Journal Psychiatry», 155, pp. 457-69.

KATHARINA B., SORG B., *Le cicatrici dell'infanzia*, «Mente e Cervello», 2003, Speciale *Mamma e Bambino*, I, 6.

LEDOUX J., 2002, *Il Sé sinaptico*, Raffaelo Cortina, Milano.

MAGNONI G., *Biografia della pittrice Marisa Todeschini*, Edizioni APEC.TP.

MANCIA M., 2004, *Sentire le parole*, Bollati Boringhieri, Torino.

MANTOVANI G.P., 2004, *Dobbiamo riappropriarci del malato*, «M.D. Medicinae Doctor», XI, 33, 10 novembre.

MARCUS G., 2004, *La nascita della mente*, Codice, Torino.

MAYER E.A., SAPER C.E. (a cura di), 2000, *The Biological Basis for Body interactions*, Elsiever, Amsterdam-Oxford.

MOERMAN D., 2002, *Placebo Biologia Significato*, Vita e Pensiero, Milano.

NARDONE G., 2004, *Dialogo strategico*, Feltrinelli, Milano.

NENCINI P., 2004, *Il fiore degli Inferi*, Muzzio, Massa.

OLIVERIO A., 1997, *L'arte di pensare*, Rizzoli, Milano.

PASSALACQUA G. et al., 2000, *Terapie e diagnostiche complementari e alternative per l'asma e le malattie allergiche*, Rassegna di Patologia dell'Apparato Respiratorio, giugno.

PERANI D., 2000, *Valutazione scintigrafica nei disturbi della memoria e contributo delle tecniche di neuroimmagine PET allo studio delle componenti della memoria*, Istituto di Neuroscienze e Bioimmagini C.N.R. Università di Milano, Istituto S. Raffaele, Milano.

PINKER S., 1994, *L'istinto del linguaggio*, Mondadori, Milano.

PIZZO RUSSO L., 2004, *Le Arti e la Psicologia*, Il Castoro, Milano.

ROGER A. e COLL., *Neuroni stupefacenti*, «Le Scienze», 2005, 438, febbraio 28 aprile.

ROSATO L., 2003, *I Tumori Neuroendocrini*, Club delle UEC.

ROSE S., 2001, *Linee di vita, Oltre il determinismo*, Garzanti, Milano.

ROSENTHAL M., *La riscoperta del sé e ulteriori sviluppi*, Action Painting -Arte Americana 1940-1970, Foro Boario Modena 2004.

SACHS O., 1998, *Un antropologo su Marte*, Adelphi, Milano.

SERVAN-SCHREIBER D., 2003, *Guarire*, Sperling e Kupfer, Milano.

SHARMA H., 2002, *Radicali liberi*, Tecniche Nuove, Milano.

SIMONTON O.C., MATTEWS-SIMONTON S., CREIGHTON J.L., 1996, *Ritorno alla salute*, Armenia, Milano.

SOLMS M., 1995, *New findings on the neurological organization of dreamings: implications for psychoanalysis*, «Psychoanalitic Quaterly» 44, pp. 43-67.

SORESI E., 2000, *Anche l'effetto placebo fa parte di una medcina basata sull'evidenza*, «M.D. Medicinae Doctor» VII, 12, 5 aprile.

SORESI E. et al., 2001 *L'auricoloterapia con laser a bassa potenza (Laserfit)*, in *Un programma per la cessazione del fumo. Il Cancro del polmone*, G. De Nicola, Napoli.

SORESI E., BONFIOLI U., ACCINNI R., 2004 *Le prevenzione secondaria del danno biologico nei fumatori. Progetto globale salute*, Editeam, Castello D'Argile (Bologna).

SORESI E., BORGHINI U., 1992, *Il tumore polmonare e le sue complicanze. Compendio pratico per il medico curante*, Edizioni APEC.TP.

SPAGGIARI P., TREBBIA C., 2005, *Medicina Quantistica*, Tecniche Nuove, Milano.

TAGLIAGAMBE S., 2002, *Il sogno di Dostoevskij*, Raffaelo Cortina, Milano.

TATTERSAL I., 2002, *La nascita del linguaggio*, «Le Scienze», 401, gennaio.

TONONI G., 2001, *Cervello e complessità*, «Keiron», giugno.

VALENTINI F., 1999, *La risposta neuroendocrina allo stress*, «S. Camillo e Forlanini», vol. I, n. 4, ottobre-dicembre, pp. 406-17.

VARELA F.J., 2000, *Quattro pilastri per il futuro della scienza cognitiva*, «Pluriverso», 2, pp. 6-15.

VERGANI C., 1999, *La nuova longevità*, Mondadori, Milano.

VESCOVI A., 2005, *La cura che viene da dentro*, Mondadori, Milano.

VULPIANI A., 2004, *Determinismo e Caos*, Carocci, Roma.

WALL P., 1999, *Perché proviamo dolore*, Einaudi, Torino.

WALLACE F., 2002, *Storia compatta dell'infinito*, Codice, Torino.

WEIGENT D.A., BLALOCK J.E. (a cura di), 1967, *Production of Peptide Hormones and Neurotransmitters by the Immune System*, «Neuroimmunoendocrinology», 69, pp. 1-30.

ZORN F., 1976, *Il cavaliere la morte il diavolo*, Mondadori, Milano.

Ultimi volumi pubblicati

Stefano Bartezzaghi, *Il falò delle novità. La creatività al tempo dei cellulari intelligenti*

Aa.Vv., *Dono, dunque siamo. Otto buone ragioni per credere in una società più solidale*

Michela Marzano, *L'amore è tutto: è tutto ciò che so dell'amore* (10ª ediz.)

Andrea Ventura, Mimmo Franzinelli, *Una mattina mi son svegliato. Cinque storie dell'8 settembre 1943*

Jim Holt, *Perché il mondo esiste? Una detective-story filosofica* (2ª ediz.)

Barbara Frale, *L'inganno del Gran Rifiuto. La vera storia di Celestino V, papa dimissionario* (3ª ediz.)

Jacques de Saint Victor, *Patti scellerati. Una storia politica delle mafie in Europa*

Adam Zamoyski, *Marcia fatale. 1812 Napoleone in Russia* (3ª ediz.)

Marco Magnani, *Sette anni di vacche sobrie. Come sarà l'Italia del 2020? Sfide e opportunità di crescita per sopravvivere alla crisi* (2ª ediz.)

Sergio Schiavone, Antonio Nicaso, *Cacciatori di tracce. Storie e tecniche di investigazione sulla scena del crimine*

Felix Martin, *Denaro. La storia vera: quello che il capitalismo non ha capito*

Aa.Vv., *L'oltre e l'altro. Sette variazioni sul viaggio* (2ª ediz.)

Elido Fazi, *Mefistofele. Come uscire dalla crisi economica con le ricette del diavolo*

Lia Celi, Andrea Santangelo, *Mai stati meglio. Guarire da ogni malanno con la Storia*

Josef Joffe, *Perché l'America non fallirà. Politica, economia e mezzo secolo di false profezie*

Eva Cantarella, *Ippopotami e sirene. I viaggi di Omero e di Erodoto* (4ª ediz.)

Andrea Camilleri, *Segnali di fumo*

Hans Ulrich Obrist, *Fare una mostra* (2ª ediz.)

Roberto Cotroneo, *Il sogno di scrivere. Perché lo abbiamo tutti. Perché è giusto realizzarlo* (2ª ediz.)

Jesse Bering, *Perv. Viaggio nelle nostre perversioni*

Laura Bosio, Bruno Nacci, *Da un'altra Italia. 63 lettere, diari, testimonianze sul "carattere" degli italiani*

Slavoj Žižek, *Evento*

Laura Grandi, Stefano Tettamanti, *Il cibo non era niente di speciale. Incontri, e scontri, di 239 scrittori con cibi, bevande e alberghi d'Europa*

Roderick Bailey, *Target: Italy. I servizi segreti contro Mussolini, 1940-1943*

Marco Scardigli, *Viaggio nella terra dei morti. La vita dei soldati nelle trincee della Grande Guerra* (2ª ediz.)

Joe Bastianich (con Sara Porro), *Giuseppino. Da New York all'Italia: storia del mio ritorno a casa* (2ª ediz.)

Marco Aime, *Tra i castagni dell'Appennino. Conversazioni con Francesco Guccini*

Andrea Carandini, *La Roma di Augusto in 100 monumenti* (2ª ediz.)

Piero Bianucci, *Vedere, guardare. Dal microscopio alle stelle, viaggio attraverso la luce* (2ª ediz.)

Michela Marzano (con Giovanna Casadio), *Non seguire il mondo come va. Rabbia, coraggio, speranza e altre emozioni politiche*

Aa.Vv., *L'arte della condivisione. Per un'ecologia dei beni comuni*

Lella Ravasi Bellocchio, *I sogni delle donne*

Susan Neiman, *Perché diventare grandi?*

Gigi Di Fiore, *La Nazione napoletana. Controstorie borboniche e identità suddista* (2ª ediz.)

Maddalena Santeroni, Donatella Miliani, *La cuoca di d'Annunzio. I biglietti del Vate a "Suor Intingola". Cibi, menù, desideri e inappetenze al Vittoriale* (2ª ediz.)

Marco Aime, *Senza sponda. Perché l'Italia non è più una terra d'accoglienza*

Roberto Cotroneo, *Lo sguardo rovesciato. Come la fotografia sta cambiando le nostre vite* (2ª ediz.)

Cristina Giudici, *Mare monstrum, mare nostrum. Migranti, scafisti, trafficanti. Cronache dalla lotta all'immigrazione clandestina*

Lia Celi, Andrea Santangelo, *Caterina la Magnifica. Vita straordinaria di una geniale innovatrice* (3ª ediz.)

Vittorio Sabadin, *Elisabetta, l'ultima regina* (3ª ediz.)

Violetta Bellocchio (a cura di), *Quello che hai amato. Undici donne. Undici storie vere*

Andrea Ventura, *Giulia. Una ragazza del Novecento*

Barbara Graziosi, *Gli dèi dell'Olimpo. Storia di una sopravvivenza*

Michela Marzano, *Papà, mamma e gender* (5ª ediz.)

Tim Parks, *Di che cosa parliamo quando parliamo di libri*

Giuseppe Scaraffia, *Gli ultimi giorni di Mata Hari*

Lorenzo Del Boca, Angelo Moia, *Sulla via Francigena. Storia e geografia di un cammino millenario*

Marco Scardigli, Andrea Santangelo, *Le armi del diavolo. Anatomia di una battaglia: Pavia, 24 febbraio 1525*

Umberto Veronesi, *Tre sere alla settimana. 300 film, 12 anni di passione cinematografica*

Arrigo Petacco, *Come eravamo negli anni di guerra. La vita quotidiana degli italiani tra il 1940 e il 1945* (2ª ediz.)

Marco Ansaldo, *Le molte feritoie della notte. I volti nascosti di Fabrizio De André*

Paolo Cirino Pomicino, *La Repubblica delle Giovani Marmotte. L'Italia e il mondo visti da un democristiano di lungo corso*

Enzo Soresi (con Pierangelo Garzia), *Mitocondrio mon amour. Strategie di un medico per vivere meglio e più a lungo*

Andrew Roberts, *Napoleone il Grande*

Gianfranco Pasquino, *La Costituzione in trenta lezioni*

Franco Cardini, *Il califfato e l'Europa. Dalle crociate all'ISIS: mille anni di paci e guerre, scambi, alleanze e massacri* (2ª ediz.)

Francesca Paci, *Un amore ad Auschwitz. Edek e Mala: una storia vera*

Aa.Vv., *Le case dell'uomo. Abitare il mondo*

Frances Larson, *Teste mozze. Storie di decapitazioni, reliquie, trofei, souvenir e crani illustri*

Marco Magnani, *Terra e buoi dei paesi tuoi. Scuola, ricerca, ambiente, cultura e capitale umano: quando l'impresa investe nel territorio*

Barbara Frale, *La guerra dai Francesco. Gioventù di un santo ribelle*

Armando Massarenti, *20 lezioni d'amore di filosofi e poeti dall'antichità ai giorni nostri*

Giacomo Pellizzari, *Il carattere del ciclista*

Vittorio Sabadin, *Carlo il principe dimenticato*

Marta Verna, *Nessuno esca piangendo* (2ª ediz.)

Riccardo Chiaberge, *1918. La grande epidemia. Quindici storie della febbre spagnola*

Stefano Bartezzaghi, *La ludoteca di Babele. Dal dado ai social network: a che gioco stiamo giocando?*

Giovanni Arduino, Loredana Lipperini, *Schiavi di un dio minore. Sfruttati, illusi, arrabbiati: storie dal mondo del lavoro oggi*

Lorenzo Del Boca, *Venezia tradita. All'origine della "questione veneta"*

Lia Celi, Andrea Santangelo, *Casanova per giovani italiani*

Arrigo Petacco, *La nostra guerra 1940-1945. L'Italia al fronte tra bugie e verità*

Cinzia Sasso, *Moglie*, prefazione di Natalia Aspesi (3ª ediz.)

Andrea Carandini (con Mattia Ippoliti), *Giove custode di Roma. Il dio che difende la città*

Lars Mytting, *Norwegian Wood. Il metodo scandinavo per tagliare, accatastare e scaldarsi con la legna* (4ª ediz.)

Giovanni Caprara, *Rosso Marte. La grande avventura dell'uomo nello spazio*

Giuliano Volpe, *Un patrimonio italiano. Beni culturali, paesaggio e cittadini*

Elbert Hubbard, *Un messaggio per García* (con una nota di Luciano Canfora e un ritratto di Giuseppe Scaraffia)

Franco Cardini, *I giorni del sacro. I riti e le feste del calendario dall'antichità a oggi*

Aa. Vv., *Da qui in poi. La cura delle parole in 21 racconti*

Sebastian Smee, *Artisti rivali. Amicizie, tradimenti e rivoluzioni nell'arte moderna*

Guido Davico Bonino, *«Ti scrivo che ti amo.» 299 lettere d'amore italiane*

Catherine Merridale, *Cremlino. Dalle origini all'ascesa di Putin: il cuore politico della Russia*

Arthur Conan Doyle, *Avventura nell'Artico. Sei mesi a bordo della baleniera* Hope

Marco Romano, *Le belle città. Cinquanta ritratti di città come opere d'arte*

Sara Porro, *Prenotazione obbligatoria. Partenze, vagabondaggi e quello che ho mangiato*

Tadeusz Pankiewicz, *Il farmacista del ghetto di Cracovia* (2ª ediz.)

Aa.Vv., *L'umanità in gioco*

Luca Lo Sapio, *Bioetica cattolica e bioetica laica nell'era di papa Francesco. Che cosa è cambiato?* (con un saggio di Giovanni Fornero)

Simone Regazzoni, *Ti amo. Filosofia come dichiarazione d'amore*

Gianfranco Pasquino, *L'Europa in trenta lezioni*

Andrea Santangelo, *Eccentrici in guerra. Storie e personaggi stravaganti della seconda guerra mondiale*

Catherine Merridale, *Lenin sul treno*

Flavio Caroli, *Storia di artisti e di bastardi*

Giovanni Ziccardi, *Il libro digitale dei morti. Memoria, lutto, eternità e oblio nell'era dei social network*

Giacomo Pellizzari, *Storia e geografia del Giro d'Italia* (2ª ediz.)

Tiffany Watt Smith, *Atlante delle emozioni umane. 156 emozioni che hai provato, che non sai di aver provato, che non proverai mai* (2ª ediz.)

Marco Scardigli, *Il viaggiatore di battaglie. Sulle tracce delle piccole e grandi guerre combattute in Italia*

Salvatore Settis, *Cieli d'Europa. Cultura, creatività, uguaglianza*

Arrigo Petacco, *La guerra dei mille anni. Dieci secoli di conflitto fra Oriente e Occidente*

Massimo Bocchiola, Marco Sartori, *La battaglia di Canne. Il trionfo di Annibale*

Gigi Di Fiore, *Briganti!. Controstoria della guerra contadina nel Sud dei Gattopardi*

UtetExtra

1. Lucrezio, *La natura dell'amore. Con un racconto di Marcel Schwob*
2. Carlo Collodi, *Pipì o lo scimmiottino color di rosa*
3. Shaftesbury, *Lettera sull'entusiasmo*
4. *Il cavo e il vuoto. 50 storie taoiste* (3ª ediz.)
5. Giacomo Leopardi, *Questa città che non finisce mai. Lettere da Roma, 1822-32. Con un saggio di Emanuele Trevi* (2ª ediz.)
6. Ovidio, *I rimedi dell'amore. Con le massime consolanti sull'amore di Charles Baudelaire*
7. *Il saggio e l'elefante. 30 rinascite del Buddha*
8. Charles Sanders Peirce, *Come rendere chiare le nostre idee*
9. Joseph Conrad, *Karain. Con un* Ritratto *di Bertrand Russell*
10. Ignazio di Loyola, *Autobiografia*
11. Antoine de Saint-Exupéry, *La pasta umana. Taccuini 1935-1940*
12. Sha'rāni, *Vite di santi musulmani*
13. *Il momento propizio. 99 storie confuciane*
14. *La società dell'orso. La spiritualità degli indiani del Nord America*
15. Francesco Bacone, *Miniere di sale. Aneddoti sugli antichi e sui moderni*

Classici

Immanuel Kant, *Critica della ragion pura*, a cura di Pietro Chiodi (2ª ediz.)

Baruch Spinoza, *Etica e Trattato teologico-politico*, a cura di Remo Cantoni e Franco Fergnani

John Maynard Keynes, *Teoria generale dell'occupazione, dell'interesse e della moneta*, a cura di Terenzio Cozzi (2ª ediz.)

Adam Smith, *La ricchezza delle nazioni*, a cura di Anna e Tullio Bagiotti

Plutarco, *Vite parallele I*, a cura di Antonio Traglia

Plutarco, *Vite parallele II*, a cura di Domenico Magnino

Ovidio, *Metamorfosi*, a cura di Nino Scivoletto (2ª ediz.)

Lucrezio, *De rerum natura*, a cura di Armando Fellin

Apocrifi dell'Antico Testamento, a cura di Paolo Sacchi, 2 voll.

Avestā, a cura di Arnaldo Alberti

Mosè Maimonide, *La guida dei perplessi*, a cura di Mauro Zonta

Karl Marx, *Il capitale*, a cura di Aurelio Macchioro e Bruno Maffi, 3 voll.

Giuseppe Flavio, *Antichità giudaiche*, a cura di Luigi Moraldi, 2 voll.

Ammiano Marcellino, *Le Storie*, a cura di Antonio Selem

Giordano Bruno, *Opere italiane*, a cura di Nuccio Ordine, 2 voll.

Alexis de Tocqueville, *La democrazia in America*, a cura di Nicola Matteucci

Il Corano, a cura di Gabriele Mandel, Introduzione di Khaled Fouad Allam

Isidoro di Siviglia, *Etimologie o origini*, a cura di Angelo Valastro Canale, 2 voll.

Erodoto, *Le Storie*, a cura di Aristide Colonna e Fiorenza Bevilacqua, 2 voll.

Omero, *Odissea*, a cura di Franco Ferrari

Immanuel Kant, *Critica della ragion pratica e altri scritti morali*, a cura di Pietro Chiodi

Georg Wilhelm Friedrich Hegel, *La filosofia dello spirito*, a cura di Alberto Bosi

Severino Boezio, *La consolazione della filosofia*, a cura di Claudio Moreschini

GUIDO GOZZANO, *Opere*, a cura di Giusi Baldissone

MARZIALE, *Epigrammi*, a cura di Giuseppe Norcio

TUCIDIDE, *Le Storie*, a cura di Guido Donini, 2 voll.

ARISTOTELE, *La metafisica*, a cura di Carlo Augusto Viano

MONTESQUIEU, *Lo spirito delle leggi*, a cura di Sergio Cotta, 2 voll.

ABELARDO ED ELOISA, *Epistolario*, a cura di Ileana Pagani

ORAZIO, *Opere*, a cura di Tito Colamarino e Domenico Bo

AVICENNA, *Libro della guarigione. Le cose divine*, a cura di Amos Bertolacci

LUDOVICO ARIOSTO, *Orlando furioso e cinque canti*, a cura di Remo Ceserani e Sergio Zatti, 2 voll.

ARISTOTELE, *Retorica e poetica*, a cura di Marcello Zanatta

ELIODORO, *Le Etiopiche*, a cura di Aristide Colonna

MICHELANGELO, *Rime e lettere*, a cura di Paola Mastrocola

ARISTOTELE, *Politica e Costituzione di Atene*, a cura di Carlo Augusto Viano

AVERROÈ, *L'incoerenza dell'incoerenza dei filosofi*, a cura di Massimo Campanini

CICERONE, *Epistole ad Attico*, a cura di Carlo Di Spigno, 2 voll.

AA.VV., *Viaggiatori del Seicento*, a cura di Marziano Guglielminetti

LUCANO, *La guerra civile*, a cura di Renato Badalì

SENOFONTE, *Anabasi*, a cura di Fiorenza Bevilacqua

FEDRO E AVIANO, *Favole*, a cura di Giannina Solimano

Talmùd. Il trattato delle benedizioni, a cura di Sofia Cavalletti

BACONE, *Scritti filosofici*, a cura di Paolo Rossi

CICERONE, *Opere filosofiche*, a cura di Nino Marinone

TOMMASO D'AQUINO, *Compendio di teologia e altri scritti*, a cura di Agostino Selva e TIto S. Centi

PLUTARCO, *Vite parallele III*, a cura di M.L. Amerio e D.P. Orsi

PLUTARCO, *Vite parallele IV*, a cura di Domenico Magnino

NICCOLÒ MACHIAVELLI, *Il principe*, a cura di Rinaldo Rinaldi, Introduzione di Tim Parks

BLAISE PASCAL, *Pensieri*, a cura di Bruno Nacci

Questo volume è stato realizzato nel rispetto dell'ambiente,
utilizzando carte che impiegano cellulosa proveniente
da foreste gestite in modo ecosostenibile.

Finito di stampare nel mese di maggio 2017 da:
Puntoweb s.r.l. Ariccia (Roma)
per conto di DeA Planeta Libri S.r.l.